Brasilien

Manaus

Salvador

Barra Grande

Itacaré

Ilhéus

Arraial d'Ajuda

d

Wenn ich dich umarme, hab keine Angst

Eine wahre Geschichte

erzählt von Fulvio Ervas
Aus dem Italienischen von
Maja Pflug

Diogenes

Inhalt

»Hoffnung« ist das Federding –
Das in der Seele schwingt –
Und Lieder ohne Worte –
Ohne Ende singt –

Emily Dickinson

Dieser Roman erzählt die wahre Geschichte der langen Reise durch die Vereinigten Staaten und Lateinamerika, die Franco Antonello im Sommer 2010 mit seinem Sohn Andrea unternommen hat.

Andrea war zum Zeitpunkt der Reise siebzehn Jahre alt, im Alter von drei Jahren wurde bei ihm Autismus diagnostiziert.

Im Lauf eines Gesprächs, das sich über ein Jahr hinzog, hat Franco Antonello sein Abenteuer Fulvio Ervas erzählt.

Ervas hat daraus einen Roman gemacht, in dem sich authentische Begebenheiten und Gefühle mit Phantasie und Erzählkunst mischen.

Bilder der Reise und von Andreas Leben finden sich unter der Internet-Adresse www.andreaantonello.it *oder auf seinem Facebook-Profil.*

Manche Reisen beginnen nicht erst mit der Abfahrt. Sie beginnen früher.

Zuweilen viel früher.

Vor fünfzehn Jahren stand ich zusammen mit meinen Lieben ruhig und zufrieden im Leben, umgeben von Dingen, die mir vertraut waren. Plötzlich schüttelt Andrea mich, stülpt meine Taschen um, wechselt die Schlösser an den Türen aus. Alles gerät durcheinander.

Wenige Worte genügten: »Ihr Sohn ist wahrscheinlich autistisch.«

Die erste Reaktion war Ungläubigkeit: Das kann nicht sein, es muss sich um eine falsche Diagnose handeln. Dann fing ich an, eins und eins zusammenzuzählen, kleine Dinge, die ich vorher fälschlicherweise für nebensächlich gehalten hatte.

Da bricht ein Orkan los, der alles mit sich reißt.

Von da an herrscht Sturm.

Nach der Diagnose ging ich hinaus, betrat eine Bar und bestellte ein Glas stilles Wasser.

»Möchten Sie sonst noch etwas?« Die Bedienung musste meine Starre bemerkt haben.

»Wissen Sie etwas über Autismus?«

»Nein.«

»Ich auch nicht.«

Forschend betrachtete ich den Inhalt des Glases, trank langsam, als könnte das Wasser meine Gedanken wegspülen, das Problem den Nieren zuführen und durch die Nieren ausscheiden – weg damit, weit weg von mir. Aber so läuft das nicht.

»Wie läuft es dann?«, habe ich unseren Hausarzt gefragt. Wie alle im Dorf nannte ich ihn ›Barnard‹, wie den großen Herzchirurgen, denn seine fixe Idee waren Herzkrankheiten, Koronargefäße und solche Sachen, die mich jedoch nie interessiert hatten. Wenn es dir gutgeht, geht es jedem einzelnen Körperteil gut, Herz eingeschlossen.

»Stell dir eine große Glockenkurve vor: In der Mitte gibt es gewöhnliche Störungen, und an den Rändern findet man die sonderbarsten Abweichungen. In der Mitte ist das Leben verdünnt und außen herum zu dicht.«

»Das verstehe ich nicht.«

»Das Leben ist unvollkommen, aber es hat seine eigene Kraft.«

Er hatte recht. Die Biologie hat ihre eigene Kraft und lässt auch Kinder mit Autismus heranwachsen.

Manche Leute sagen, dass das Leben mit einem autistischen Kind fremdbestimmt sei, ja dass man einer Art Tyrannei zum Opfer falle. Wenn ich mir vorstelle, was passieren würde, wenn Andrea die Welt regierte, muss ich lachen.

Als Erstes hätten die Wochen eine Farbe. In der roten Woche Bahn frei für den Handel mit Karotten, Orangen, Tomaten. Subventionen nur für diese Produkte und totales Fahrverbot für Lastwagen mit Broccoli, Wirsing oder Erbsen. Wenn aber die grüne Woche anbricht, füllen sich die Geschäfte mit dem vorher nicht erlaubten Gemüse, die Kisten mit Orangen werden unverzüglich nach Sizilien zurückgeschickt und die Karotten eine um die andere wieder in die Erde gesteckt. Natürlich genau da, wo man sie herausgezogen hat, schließlich haben aus Frankreich stammende Karotten in der Gegend von Ferrara nichts zu suchen.

Nie gäbe es eine violette Woche, zum Leidwesen aller Fans von Pflaumen und Auberginen.

Halb voll oder halb leer, dieses Dilemma wäre unbekannt. Flaschen und andere Behältnisse müssen immer entweder leer oder voll sein und die Kugelschreiberminen alle drin oder alle draußen, nie halb so, halb so, sonst geht immer ein Stift kaputt und einer nicht. Dieses Risiko muss vermieden werden.

Von T-Shirts oder Pullovern mit Reißverschluss würde abgeraten, denn es ist schnell passiert, dass dieser ein wenig offen steht. Bitte, Reißverschlüsse entweder auf oder zu. Schluss auch mit den ewigen Haarspaltereien, ob es warm oder kalt ist. Ein bisschen Entschlossenheit kann nie schaden.

Niemand soll glauben, er könne eine Pizza so essen, dass er sie einfach in Stücke schneidet, irgendwo anfängt und einen beliebigen Bissen zum Mund führt. Zuerst isst man nämlich die weiße Mozzarella, dann das grüne Basilikum und zum Schluss, aber erst ganz zum Schluss, den Boden mit der Tomatensoße.

Dreihundertfünfundsechzig Mal im Jahr wäre Tag der Schokolade. Diese Regel wäre immerhin leicht einzuhalten.

Thermostaten würden nicht geduldet. Entweder ist die Heizung abgestellt oder voll aufgedreht. Übergangszeiten sind eine Katastrophe.

Kirchtürme würden mit automatischen Seifenblasenspendern ausgerüstet, jeden Freitag Seifenblasen in Hülle und Fülle, um das Wochenende anzukündigen, und auch jeden Montag, um den Wochenbeginn zu feiern, Feuerwerk an Silvester, bei Sonnwende, bei Tagundnachtgleiche und zu jedem Anlass, wenn es finanziell drinliegt.

Eine Tyrannei mit absolut klaren Regeln.

Vorgegeben von einem hochsensiblen Tyrannen, der seine Freiheit braucht.

Deshalb schicken wir ihn allein zur Schule. Es sind seine zwanzig Minuten freier Ausgang, zehn hin und zehn zurück. »Habt ihr denn keine Angst?«, fragt man uns. Doch, sicher. Jeden Tag. Aber Andrea hat ein so strahlendes Lächeln, wenn er morgens den Rucksack schultert und nach der Schule wieder ablädt, dass es alle Sorgen wettmacht. Denn frei zu sein ist mehr, als nur zu atmen und ein Herz zu haben, das schlägt – das allein genügt nicht.

Sicher, umsonst ist Freiheit nicht zu haben: Wir mussten unterschreiben, dass wir die Verantwortung übernehmen; ein autistischer Junge, der allein zur Schule geht, ist ein großes Problem, ganz klar: für die Lehrer, für die Verkehrspolizisten, für die Bürger, für all die europäischen Autofahrer und litauischen Touristen, die hier vorbeikommen.

Es war an einem Abend Ende Mai, ich konnte nicht einschlafen. Ich dachte an einen Aufschrei von Andrea ein paar Tage zuvor, nach einem der vielen Zwischenfälle: Er strolchte durchs Haus, war schrecklich unruhig; ich fragte ihn mehrmals, was los sei, und seltsamerweise hat er mich an den Schultern gepackt. Er hat mir direkt in die Augen geschaut wie noch nie, hat den Mund aufgerissen und einen Schrei losgelassen, der klang, als hätte er sich seit Tagen angebahnt. Mir war, als hätte er gesagt und als hätte ich es wirklich gehört: Ich schaffe es nicht, ich schaffe es nicht, ich schaffe es nicht …

Das weckte in mir Bilder aus der Vergangenheit: ein Unfall, das Motorrad, das einen Satz macht, und dann Andreas Schrei, irgendwo am Boden, vor mir, Leute, die herbeirennen und mir die Sicht verdecken, das rechte Bein ganz verdreht, das Morphium, »der Junge ist autistisch«, zwei Ambulanzen, »lasst uns zusammen«, dann zwei Krankenhausbetten nebeneinander. Wir sind durchgekommen, aber dieser gellende Schrei von Andrea taucht ab und zu in meinen Träumen wieder auf, vielleicht war es nicht einmal Schmerz, vielleicht war es diese seltsame Welt, in der er lebt und die sich so eine Stimme verschafft. Irgendetwas schrie nach Freiheit, kam im Hals und in der Lunge kratzend heraus.

Ich stand auf, schaltete den Fernseher an und wieder aus, drehte ein bisschen am Radio herum. Dann öffnete ich das Schränkchen, in dem ich die Straßenkarten und Reiseführer aufbewahre. Auf dem Teppich breitete ich eine längst überholte Weltkarte aus, löschte im Kopf die alten Grenzen und zog sie neu: Kroatien, Slowakei, Mazedonien, Moldawien …

Am nächsten Morgen war Andrea schon sehr früh auf. Im Schlafanzug lief er um den Tisch herum, strich am Sofa entlang, kontrollierte das Wohnzimmerfenster. Ich suchte vergeblich nach meinen Pantoffeln. Dann fand ich sie wie schon öfter unter dem Stuhl im Arbeitszimmer, sorgsam parallel zueinander gestellt. Barfuß trat ich auf ein Papierfetzchen, dann noch eins, bis ich auf dem Tisch ein Häufchen winziger Schnitzel sah – das war alles, was von meiner alten Landkarte noch übrig war. Unendlich kleine Stückchen von Welt, die im Recyclingpapier enden würden.

»Andre, Andre«, murmelte ich. Ich konnte ihm nicht böse sein.

Er hatte diesen leicht schwermütigen Blick. Macht nichts, die Welt ändert sich ja ständig, und außerdem hätte ich es mir denken können: Zeitungen und Illustrierte wurden schließlich auch zerkleinert. Andrea arbeitet mit beneidenswerter Präzision, als streute er Wortkrümel für unsichtbare Rotkehlchen, die in unserer Wohnung herumfliegen.

In einem Monat endet das Schuljahr, die Ferien beginnen. Meine Freunde werden ihre Kinder ins Sommerlager schicken, bestimmt gibt es ein Angebot für eine schöne Wanderwoche in der Toskana, oder sie werden sie zu den Großeltern bringen, sie mit zum Zelten nehmen oder sie den ganzen Tag draußen Fußball spielen lassen. Recht so, Kinder müssen auch mal abschalten und sich austoben können.

Ich dagegen werde die üblichen Probleme haben: Wer bleibt wann und wo bei Andrea? Was soll er in der Zeit tun? Ist dies oder jenes das Richtige für ihn? Komplizierte Schichten, damit keine Lücken entstehen, akrobatische Absprachen, um bis September durchzukommen.

Man wird es leid, ob man will oder nicht.

Jedes Mal, wenn Schwierigkeiten auftauchen, jedes Mal, wenn du die Ärmel hochkrempelst, um sie zu lösen, ist es, als würdest du für teures Geld eine Fahrkarte erstehen, die nur bis zur nächsten Haltestelle gilt.

Nein, dieses Mal wird alles anders. Wenn ich mich schon derart anstrengen muss, dann für ein echtes Abenteuer.

Wir sind sowieso immer auf dem Sprung, auch wenn wir nur darauf warten, dass Andrea aus der Schule kommt, oder wenn er uns in der Menge mal wieder zu entwischen droht.

Die Zeit ist reif, um den Sprung zu wagen und etwas Neues zu riskieren.

Die Idee einer großen Reise begann in mir zu arbeiten. Wie ein Virus. Ohne erkennbare Anzeichen. Ich hatte nicht das Bedürfnis, einen detaillierten Plan zu machen. Für Andrea ist sowieso alles unvorhersehbar, jeder einzelne Tag, jede Stunde: So sollte es auch für mich sein, und es würde kommen, wie es kommen musste.

Eines Tages bin ich Andrea entgegengegangen. Ich sah ihn von weitem, wie er mit seinem raschen Schritt aus der Schule kam, und fragte ihn, ob es ihm Spaß machen würde, mal etwas ganz anderes in den Ferien zu unternehmen. Doch er wurde von der Wäsche abgelenkt, die in einem Hof an der Leine flatterte. Eilig lief er hin und begann die Laken zu falten, die Wäscheklammern zu versetzen, die Socken glattzuziehen.

»Wollen wir weit weg fahren?«, fragte ich.

Er sah mich flüchtig an und lächelte.

»Andrea, fahren wir nach Amerika?«

»Amerika schön.«

Da, bei dieser Wäsche, die nun so sorgfältig geordnet war, dass unverkennbar Andrea am Werk gewesen sein musste, sagte ich mir: Andrea und ich, wir fahren quer durch Amerika und schauen, wohin es uns verschlägt. Wir werden den ganzen Sommer umherstreifen und den Kontinent in all seinen Facetten erkunden.

Tankstellen, Asphaltbänder, rasche Mahlzeiten, nette Leute, Leute, die davonlaufen, Leute, die uns am Straßenrand zuwinken. Weiter, immer weiter, ein bis zwei Monate, wir werden nicht anhalten, bis wir müde werden, uns doch etwas zu viel wird. Vielleicht ist es ein großartiger Kontinent für zwei wie Andrea und mich. Hauptsache, niemand sagt zu uns: »Stopp, was wollt ihr hier? Aufruhr stiften?« Was für einen Aufruhr denn? Sie meinen die Papierschnitzel, die Andrea überall zurücklässt, und die Bäuche, die er gern anfasst, und die Küsse, die er freigiebig austeilt? Na gut, wir werden aufpassen, uns mäßigen, nicht stören, Amerika, versuche, tolerant zu sein!

Ich wollte wissen, was er von der Idee mit der Reise hielt, weshalb wir uns mit seiner Mama an den Computer setzten. Wenn er mit mir allein ist, schreibt er nicht, er ist an die Anwesenheit seiner Mutter gewöhnt.

Seine Antwort hat mich verwirrt. »erträgst du andrea mit autismus«, hat er geschrieben.

Klar werde ich Andrea ertragen, was denn sonst? Keine Sorge, habe ich erwidert, du wirst mich genauso ertragen müssen.

Ich habe ihn auch gefragt, was ihm denn lieber wäre: eine ruhige Reise oder viele Feste? »ruhig und feste«, hat er mir geschrieben. Beides. Super, Andrea, das ist super. Das wird *unsere* Reise. Verrückt, aufregend, ein bisschen leichtsinnig. Und ein bisschen heilsam.

Wie immer sah ich staunend zu, wie Andrea die Tasten

drückte, wie er die Faust aufs Herz legte, bevor er einen Buchstaben tippte. Faust aufs Herz, Buchstabe, Buchstabe, Buchstabe, Faust aufs Herz, Wort.

Die ganze Welt dringt ungehindert in Andrea ein, wie ein bergab rollender Stein, wie eine Lawine. Andrea hat keine Abwehr, keine Barrieren, er saugt alles auf wie ein Schwamm, und man braucht ihn nur anzuschauen, um zu verstehen, dass er ein anderes, ganz eigenes, inniges Verhältnis zur Realität hat. Wenn er spricht, drückt er sich zusammenhanglos mit abgehackten Worten aus: »daheim«, »unterwegs«, »das grüne«. Seine Antworten klingen mechanisch, sie nehmen einen Teil der Frage wieder auf.

Was er durchsickern lässt, ist ein Konzentrat: Er ist ein Alchemist, der Worte destilliert. Man muss nur lernen, sie zu hören.

Am Computer kann er ganze Sätze schreiben. Das hat er in jahrelanger Übung gelernt, mit Hilfe einer Person, die ihn anleitete.

Unweigerlich gab es Leute, die mir ihre Zweifel an dieser Methode kundtaten, und lange habe ich selbst nicht an das geglaubt, was ich sah. Ich dachte, die Sätze, die auf dem Bildschirm erschienen, kämen durch das Eingreifen des Betreuers zustande, der neben ihm saß. Doch mit der Zeit lernte Andrea zu meinem großen Erstaunen, sich selbständig mitzuteilen. Inzwischen schreibt er am Computer, ohne dass irgendwer seinen Arm lenkt, und äußert seine Meinung zu unterschiedlichsten Themen: Autismus, Leben, Liebe. Ich hebe alle seine Texte auf, von den wirrsten und zusammenhanglosesten bis zu den rührendsten. Es sind Botschaften aus seiner Welt.

Dann habe ich das Abreisedatum festgelegt: Mit dem 6. Juli sollte eine neue Zeitrechnung beginnen. Noch lieber wäre ich am 4. Juli gestartet, am Tag der Unabhängigkeit, aber das war nicht möglich. Deshalb ging es erst nach Erlangung der Unabhängigkeit los, was vielleicht auch sicherer ist.

»Eine Reise? Auf keinen Fall!«, haben die Lehrer und die Eltern von Andreas Schulkameraden sofort gesagt, Autisten fühlen sich nur in geregelten Verhältnissen wohl, sie leben gern in ihren gewohnten Bahnen, ertragen keine Veränderungen et cetera et cetera. Was hätte ich anderes erwarten können? Ich konnte diese Reaktionen durchaus nachvollziehen, vielleicht war ich ja wirklich zu unvernünftig. Um noch eine zweite Meinung einzuholen, ging ich zu den Ärzten, die Andrea behandelten, aber ich bekam dieselben Bedenken zu hören.

»Also wäre es besser, ich würde mit ihm zu Hause bleiben?«

»Na ja, zu Hause ... Machen Sie doch einfach einen Erholungsurlaub hier in Italien. Es gibt doch genug schöne Ferienorte bei uns.«

»Zum Beispiel?«, fragte ich, doch so eine Frage überfordert offenbar die Ärzte.

»Jesolo.«

»Der Strand ist immer überfüllt ...«

»Dann fahren Sie eben ins Gebirge.«

»Und wohin, meinen Sie?«

»In die Dolomiten ...«

Ich sah sie an, die Doktoren. Selbstverständlich mit Respekt. Doch ohne zu vergessen, dass Andreas Körper von Kuren aller Art gezeichnet ist. Dass wir zu diesem Zweck schon in alle Richtungen mit ihm gereist sind. Viele Kilometer weit weg von zu Haus: Mailand, Genua, Schweiz, Modena, Bologna, Siena, hektische Fahrten nach Apulien ... Andrea hat schon die halbe Welt kennengelernt durch seine Behandlungen: deutsche, amerikanische, französische Ansätze. Schulmedizin, alternative Heilmethoden, spirituelle Praktiken. Immer hatten wir Vertrauen und nahmen Anregungen, Ratschläge und Hilfe an. Vorurteilslos. Wir schauten nach vorn. Jetzt fassen wir mal eine andere Art von Kur ins Auge. Ich bin überzeugt, dass sie funktioniert. Drei Monate lang werden wir frei sein.

Die engsten Freunde haben sofort begriffen, dass es mir nicht um Ferien, sondern um Freiheit ging.

»Aber was machst du dort?«

»Die blaue Raupe suchen.«

Sie wussten, dass Andrea genau zu der Zeit, als uns die Diagnose mitgeteilt wurde, sein Lieblingskuscheltier verloren hatte: eine blaue Raupe. Auch ich mag diese kleinen biegsamen Tiere, ihre Farben, ihre Hartnäckigkeit, ihre Gefräßigkeit, wie sie an Blatträndern und auf dünnen Stielen balancieren, wie sie im Leeren hängen oder auf der Erde herumkriechen.

»Ja meinst du, ihr findet sie wieder, die blaue Raupe?«

»Wir probieren es.«

Ganz verblüfft wollten sie dann jeweils wissen, wo, wie und wann.

Ich stellte mir die ersten Etappen unserer Route vor. Quer durch Amerika, von einer Küste zur anderen, auf dem Motorrad, dann weit hinunter in den Süden oder vielleicht auch nordwärts, wer weiß?

Die Rückreise allerdings konnte ich mir noch gar nicht vorstellen, als könnte Andrea mich zwingen, für immer unterwegs zu sein.

Ein paar Ängste kamen hoch. Und was für welche.

An einem Regentag, an dem Andrea sehr unruhig gewesen war, lag ich auf dem Bett. Ich fand, es sei an der Zeit, dass wir ein Gefühl für die Reise entwickelten, nur mit Geschwätz kommt man nirgendwohin. Ich nahm Andrea beiseite und sagte: »Wir müssen ein bisschen für unsere Reise trainieren.«

»Die Reise, Papa.«

»Bist du bereit?«

»Ja.«

»Wirst du mich nicht zur Verzweiflung treiben?«

»Bleib immer ganz ruhig.«

Wir begannen, lange Touren auf unserem Motorrad zu unternehmen, ich sagte: »Halt dich fest, als ob du in Amerika wärst, in Amerika muss man sich nämlich ordentlich festhalten, da gibt es Orkane und Wirbelstürme!«, und Andrea erdrückte mich fast mit seiner Kraft. Wir fuhren schöne Strecken, Andrea brav an mir festgeklammert, ich fühlte, wie aufmerksam er war, keine Bewegung entging ihm, und wie immer übersah er keinen einzigen Wegweiser. Wo geht es lang, Andre? Hier, bis ganz ans Ende, Papa. Sicher und präzise wie ein Navigationssystem. Aufsteigen, absteigen, an der Tankstelle anhalten, tanken, etwas essen, denn die hiesigen Tankstellen wollen ja so amerikanisch wie möglich sein und du kannst den ganzen Vormittag dort frühstücken oder auch zum Aperitif kommen. Wir fuhren ein Stück in die Berge

hinauf. »Setz bitte immer den Helm auf!« Ich werde es trotzdem kontrollieren müssen, weil er ihn nie zumacht. Manchmal raste Andrea sofort nach dem Absteigen davon, ich hatte
noch nicht den Helm abgenommen, und schon war er verschwunden. »Achtung, Andre«, sagte ich, »behalt Papa immer
im Auge.«

»Wen im Auge?«

»Papa.«

Ich zeigte auf die Polizeiautos, die Blinklichter, wir ahm-
ten die Sirenen nach, schossen auf einem Pass mit den Fingern
auf imaginäre Kojoten. Manche Pässe in den Alpen sind voll
mit Kojoten.

Das war unsere Feuerwehrübung, unsere Art, ein kleines,
aber eingespieltes Team zu werden. Sich auf Anhieb verstehen, eine akzeptable Koordination hinkriegen. Abends dann
jede Menge Filme und Sendungen über Amerika, weil ich
wollte, dass er sich an Landschaften und Details erinnert, damit er nicht auf dem Mond landet, ohne zu wissen, was für
Steine er dort findet.

»Wer ist John Wayne?«

»John Wayne schön.«

»Ach was, schön! Ein Cowboy ist er.«

Er lachte.

Alles okay, sagte ich mir.

Und jetzt, Andre, versuche ich mal, dir zu erklären, welchen Weg wir fahren: Miami, dann links Richtung Key West,
quer durch Florida und dann Alabama, Mississippi, Louisiana
und zum Schluss Los… Los…

»Loslassen.«

»Quatsch, loslassen, du Blödmann, Los Angeles! Und

dann? Was machen wir, wenn wir in Los Angeles müde sind?«

»Müde Papa.«

»Werden wir müde sein?«

»Ja.«

Coast to coast, ein Klassiker. Klassiker haben etwas Beruhigendes, was wären es sonst für Klassiker? Ich beschloss, nur ein Motorrad und ein Hotel in Miami zu buchen.

Zum Abschied haben wir uns alle zusammengesetzt: die Mutter, unser jüngerer Sohn, Andrea und ich. Um uns auf diese Trennung vorzubereiten.

Auch unser Hund Filippo war dabei. Er durfte nicht fehlen: An seinem ersten Tag bei uns hatte Andrea ihn zur Begrüßung schwungvoll aus dem Fenster geworfen. Filippo war zwei Monate alt und hatte keine Absicht, das Fliegen zu lernen.

Ich sah Andrea an und schrieb am Computer einen Satz: »Ciao, gleich geht es los.«

Erstaunlich prompt antwortete er: »Wir haben Spaß danke Papa.«

Weisst du, was meine einzige Angst ist? Dass wir uns nicht wiederfinden, wenn wir uns aus den Augen verlieren. Was meinst du dazu?

ich bleibe bei papa

Und was machst du, wenn du dich verläufst und mich nicht mehr siehst?

ich sterbe

Aber doch nicht sofort. Was würdest du vor dem Sterben machen?

ich schaue mich um

Und wenn du mich ganz lang nicht siehst … dann …

rufe ich papa

Aber wenn wir uns verloren haben und ich nicht komme und es dunkel wird … was machst du dann?

ich setze mich ins café und schlafe und warte

Gut. Weisst du, was du noch machen musst? Sobald du einen Polizisten siehst, hängst du dich an ihn und lässt ihn nicht mehr los, kapiert?

ja gut

Und was sagst du zu ihm?

papa weggelaufen

Du musst sagen »lost«, das heisst auf Englisch, dass du dich verirrt hast. Und wenn sie spanisch reden, musst du sagen »perdido« … Okay?

perdido

Bist du zu jedem Abenteuer bereit? Dauernd woanders schlafen, essen, was wir finden, und sich allem anpassen?

andrea bereit

Willst du noch etwas fragen oder wissen, bevor wir losfahren?

ob papa sich freut

Riesig, ich kann's kaum erwarten. Ich habe ja auch noch nie so eine Reise gemacht …

wir sind abenteurer

Klar. Fürchtest du dich vor irgendwas?

nein

Ich bat ihn, sich von seinem Bruder zu verabschieden.

ruhig allein ohne brüderlein

Und auch von Mama.

ciao liebe mama die küsse geb ich dir

Wir waren alle gerührt. Es kam uns vor wie beim Abschied der Besatzung einer Mondrakete. Andrea und ich waren die Astronauten. Wer weiß, ob wir genug trainiert hatten. Ich fragte mich, ob die Schwerkraft in Amerika stärker oder schwächer war als hier, ob wir uns leichter oder schwerer fühlen würden.

Kurz vor der Abreise wurde mir plötzlich bang: Ich lief zum Schreibtisch und suchte in den Schubladen nach den Ausdrucken von Andreas Texten. Mit der Schere schnitt ich die schönsten Sätze heraus und die, die mich besonders beeindruckt hatten. Ich beschloss, sie mitzunehmen, zusammen mit einigen Post-its, auf denen ich mir notiert hatte, welche Stationen wir uns nach Ansicht unserer Freunde keinesfalls entgehen lassen durften.

Eine Reise aus Papier, aus Papieren.

Den letzten Abend verbrachte ich allein und versuchte, alles noch einmal durchzugehen. Zwei Rucksäcke und die Tasche mit den Motorradanzügen sollten reichen: Ich hatte die nötige Anzahl Unterhosen berechnet und dabei die Dichte der Waschsalons pro Quadratkilometer berücksichtigt; falls es knapp werden sollte, würde es der Stoff unserer groben Jeans auch tun, noch nie ist jemand an einem aufgescheuerten Hintern gestorben.

Da es keine Formel zur Berechnung der angemessenen Menge Socken gibt, hatte ich vom vorgesehenen Haufen nur die Hälfte eingepackt, obwohl schmutzige Socken Menschen einsam machen können – womöglich sind wir an einem schwierigen Punkt unserer Reise, fragen Passanten, ob wir hier oder da lang fahren müssen, jemand nähert sich, fällt wegen der Ausdünstungen in Ohnmacht, und wir wissen im entscheidenden Moment nicht weiter.

Ich konnte auch nur die Hälfte der Jeans einpacken, die meine Frau bereitgelegt hatte, denn Frauen haben zwar einen wunderbaren Sinn fürs Praktische und sorgen dafür, dass du nichts vergisst, konzipieren das Gepäck aber wie für die Tasche von Mary Poppins und ziehen sechs Paar Jeans einem GPS-Gerät vor. T-Shirts kann man nie zu viel haben, auch Andreas Zauberstab war mit von der Partie, »Wozu brauchst du denn den Zauberstab?«, fragte ich ihn. »Zauberstab, Zauberstab«, überzeugte er mich, ein bisschen Aufsehen und Magie konnten ja nicht schaden, Windjacken, okay, Pantoffeln, ich sprang vom einen zum anderen, von oben nach unten, Hauptsache, alles Notwendige war dabei, Duschgel, Zahnbürsten, Fotoapparat, Handy und Computer, Pass, Kreditkarten und etwas Geld. Stopp, jetzt ging nichts mehr rein. Was fehlte, würden wir unterwegs kaufen.

Beim Einschlafen dachte ich über Sinn und Zweck dieser Reise nach. Aus dem Urteil der anderen hörte ich heraus, dass manche sie wohl für Angeberei hielten, für zu waghalsig. Vielleicht hatten sie recht.

Vielleicht war es aber auch Andrea, der *mich* mitnahm? Mancher Aufbruch hat eine so geheimnisvolle Triebkraft, dass man nicht begreift, was da innerlich vor sich geht, zwischen Kopf und Bauch. Also reisen, um zu begreifen …

Unterwegs

Auch zu solchen Reisen bricht man schließlich irgendwann auf. Ohne Trara, ohne Fanfaren. Andrea umarmt seine Mama, drückt sie, lässt sie los, dann küsst er sie. Sie schärft ihm ein, niemanden zu umarmen, niemandem an den Bauch zu fassen.

»Das mögen die Amerikaner nicht… Da werden sie böse und schießen.«

Wir sehen uns an und denken beide daran, wie wir damals mehrere T-Shirts gekauft und draufgeschrieben hatten: »Wenn ich dich umarme, hab keine Angst«. In der Schule empfand Andrea nämlich ständig das Bedürfnis, seine Mitschüler fest zu umarmen, und wir hofften, damit allen Beteiligten das Leben zu erleichtern. Die Schrift war weder zu groß noch zu klein: Es sollte ja keine drohende Warnung sein und noch viel weniger eine flehentliche Bitte. Einfach eine Empfehlung, und außerdem waren die bunten T-Shirts wirklich sehr schön. Das Anziehen war ein wenig mühsam. Wenn Andrea die Arme hob, blieb er stocksteif stehen, man musste ihm das T-Shirt Zentimeter für Zentimeter überstreifen. Wir hatten vier verschiedene Farben gekauft: weiß, blau, rot und orange. So könnten wir abwechseln, dachten wir, doch es kam vor, dass Andrea tagelang nur das orangefarbene tragen wollte oder nur das blaue. Deshalb mussten wir noch welche nachkaufen, so dass sich in seinem Schrank die bunten T-Shirts immer höher stapelten.

»Und wascht euch ordentlich, jeden Quadratzentimeter. Ist das klar?«

»Und esst keine Schweinereien.«

»Hey, verlier ihn nicht. Und geh selbst nicht verloren«, sagt meine Frau zu mir, und ihre Augen glänzen, halb vor Tränen und halb vor Stolz.

Der Bruder weicht dem Biss aus, er kennt Andreas Überschwenglichkeit von früheren Gelegenheiten. Sie fotografierten uns nebeneinander am Check-in. Andrea legt den Kopf auf meine Schulter. Ich weiß, dass er sich seine Gedanken macht. Es arbeitet in ihm, ich fühle es.

Wir passieren die Sicherheitskontrolle: Ich lege den Computer in die Plastikwanne. Andrea sieht es und rückt ihn ordentlich gerade. Er stürmt durch den Metalldetektor, der Polizist hält ihn auf, Andrea versucht, ihn zu umarmen – ein Ballett. Ich erkläre die Lage. Alles in Ordnung. Dann schießt Andrea los und stellt sich an eine der großen Glasscheiben, um ein draußen rangierendes Flugzeug zu beobachten. »Bald dürfen wir auch einsteigen«, sage ich.

Während wir startbereit auf unseren Plätzen sitzen, fühle ich mich auf einmal verwirrt und betrachte die Bordkabine und die anderen Passagiere wie von weit weg. Sollte ich uns doch überschätzt haben? Andrea spielt mit dem Sicherheitsgurt, dann schließt er ihn ruckartig. Los geht's!

»Andrea, versprichst du mir, dass du immer in meiner Nähe bleibst, dass du auf mich hörst? Ja?«

»Versprochen, Papa.«

»Versprichst du mir, dass du mir nicht mehr den Arm hinhältst, damit ich dich beiße?«

»Ein bisschen schon.«

»Was hast du mir versprochen?«

»Ganz ruhig bleiben.«

»Nein –«, aber dann heben wir ab, und alles wird auf einmal winzig klein: Die Straßen sind Fäden, die Felder Handtücher, die Dörfer Dächerklümpchen, unser Haus ist schon weit weg, die Geschwindigkeit lässt die Dinge schrumpfen, und klein wirken nun auch die vergangenen Sorgen, die Ferien der letzten Jahre, die Schule, die guten und weniger guten Lehrer, die Ärzte, die Ratschläge. Die Ängste. Alles löst sich auf. Wir fliegen.

Während des Flugs bewegen wir uns kaum, wir stehen nur auf, um zur Toilette zu gehen. Andrea schaut aus dem Fenster und ich mit ihm. Eine Weile folgt er mit dem Blick den Wolkenrändern, dann packt er meine Hand. Es ist nicht sein erster Flug, ich glaube nicht, dass er sich fürchtet. Er zeigt nicht die düstere Unruhe, die ihn überkommt, wenn etwas nicht stimmt. Er hat einfach eine Verbindung zu mir hergestellt: Richtig, Andre, da ist dieses Stück Himmel, aber dann kommt Amerika, es wartet auf uns. Wenn es uns nicht gefällt, können wir wieder heimfahren. Wann immer wir wollen. Hey, ihr Amerikaner, bei euch hat es uns nicht gefallen!

»Wenn es Probleme gibt, kehren wir sofort um.«

Ich fühle, dass er ganz da ist, ganz ruhig. Nur noch zwei Stunden, dann sind wir tatsächlich in Amerika!

Am Flughafen von Miami strecken Menschen fast aller Hautfarben die Nase in die Höhe, um die Abflugtafel zu studieren, oder sie stehen Schlange am Check-in. Andrea sieht sich um, er ist durcheinander, geht ganz vorsichtig, auf Zehenspitzen, streichelt die Luft mit den Händen.

Wir geraten an einen langsamen Taxifahrer. Bevor er uns einsteigen lässt, mustert er uns, dann hantiert er am Taxameter, stellt den Rückspiegel ein, brummt etwas vor sich hin.

»Was hat der?«, fragt er mit Blick auf Andrea.

»Nichts«, erwidere ich.

»Mir scheint, der hat was.«

»Der Junge ist autistisch«, sage ich knapp.

»Das hätten Sie mir doch gleich sagen können!«

Ich ärgere mich. Da haben wir's, denke ich, jetzt muss ich herumstreiten, wir werden doch nicht einen Kontinent durchqueren, wo mich jeder mit ausgestrecktem Zeigefinger fragt: Was hat Ihr Sohn eigentlich? O nein, das passt mir nicht, Amerika, das passt mir überhaupt nicht, da sind wir in dem Land, in dem sich unterschiedlichste Kulturen mischen, und du sträubst dich gegen ein bisschen Autismus? Nicht mit mir, ich bin empört.

»Los Andre, wir steigen aus –«

»Nein! In meinem Taxi zahlen solche Leute den halben Tarif.«

Ach, so ist das! Der rote Teppich Amerikas ist eine vergünstigte Taxifahrt und ein enttäuschendes Hotel. An der ziemlich vergammelten Rezeption greift sich Andrea sofort einige Prospekte und fängt an, sie zu zerreißen. Der Herr am Empfang bemüht sich, sie ihm wegzunehmen, freundlich zu bleiben – es entsteht ein stilles Handgemenge, bis Andrea ihn aus der Fassung bringt, indem er ihn plötzlich küsst. Der Mann lässt das Papier los.

Auch das Zimmer ist schäbig und nicht besonders sauber, im Internet sah das ganz anders aus. Wir sind müde, ich habe keine Lust zu reklamieren, und außerdem hat Andrea soeben die schreckliche Schlacht um die Prospekte gewonnen. Eins zu eins. Steigen wir lieber zur Taufe in den Ozean und schwimmen uns von allen Spannungen frei.

Mit fünf Jahren war Andrea vor unseren verblüfften Augen ins Schwimmbecken gesprungen und unter Wasser querdurch geschwommen, hin und zurück. Er ist ein Delphin!, haben wir gedacht. Wenn er groß ist, durchquert er so mal noch den Ärmelkanal. Ein Champion …

Ein rasches Abendessen und ab ins Bett. Der erste amerikanische Schlaf. Kaum dass Andrea seinen Kopf aufs Kissen legt, ist er weg, schläft friedlich wie ein Murmeltier.

Ich hole einen seiner Texte heraus, als würde ich zur Feier des Tages eine Flasche Champagner entkorken. Ich lese laut, aber nur in meinem Kopf.

Ich brauche ein bisschen Hilfe, damit wir uns besser verständigen können … gib mir doch einen Rat …
du glaubst ich bin normal nervensäge und ungezogen, ich bin sensibel anders und sehr einsam
Ach bitte, nur einen kleinen Hinweis, wie ich dich behandeln sollte. Benehme ich mich richtig oder …?
papa ist einzigartig für mich andrea wäre gern einzigartig für papa
Meinst du, das bist du nicht?

ich habe auch schöne seiten du kennst sie

»Du kennst sie«, Frage oder Aussage?

nur frage

Ich glaube, ich kenne sie nicht alle, Andrea. Hilf mir, sag mir, welche für dich die schönsten sind …

nein papa, nicht meine aufgabe

Was für ein weiter Weg …

Miami

Um sieben Uhr bin ich schon auf den Beinen. Draußen erwartet mich nicht der gewohnte Zeitungshändler, der Espresso an der Bar – hallo, wie geht's, gut, danke, Zucker? –, die üblichen Floskeln, ein Gähnen und rein in den Tag. Alles ist still, kein Geräusch, keine Sirenen. Ich habe die ganze Nacht geträumt. Von Andrea, er schrieb. Aber nicht am Computer. Auf den Asphalt. Er hatte einen speziellen Stift gefunden und hinterließ überall, wo wir vorbeikamen, seine Botschaften. In Weiß und Rot. Er malte riesige Buchstaben, so dass jeder, der den Himmel über Amerika durchquerte und einen Blick hinunterwarf, die Wörter hätte sehen können, die Andrea zwischen die weißen Streifen schrieb, und auf allfällige Fragen von da oben hätte Andrea bereitwillig geantwortet.

Welche Filme gefallen dir?

»Familiengeschichten, Liebesgeschichten.«

Wenn du den Menschen ins Gesicht schaust, was möchtest du dann tun?

»Lachen.«

So war das, die Welt sprach, und er antwortete. Im Traum.

Lärm auf dem Flur, schlurfende Schritte. Vielleicht Leute, die jetzt gerade von ihrem Nachtbummel heimkommen. Ich denke an gestern, an Andreas erste Schritte auf Zehenspitzen, das Zögern eines Tänzers, der einer geheimen Melodie folgt. Oder die Anspannung eines Turmspringers, der bereit ist, sich jeden Moment ins Wasser zu stürzen, als wäre er dazu verdammt. Doch es geht ihm auch darum, seine Kräfte zu messen. Er kennt die Last der Schwerkraft und nimmt gleichzeitig Anlauf, um sie zu überwinden. Ein komplexes, labiles Gleichgewicht.

Heute mieten wir das Motorrad, unser amerikanisches, benzinsaufendes Pferd.

Ich warte, dass Andrea aufwacht, bin schon gespannt auf seinen Gesichtsausdruck, jetzt, da unsere Reise erst richtig losgeht.

Er hebt den Kopf und betrachtet die Zimmerdecke, wirft mir einen Blick zu, lächelt. Ich verfolge seine Bewegungen, er streckt sich, schüttelt sich, geht ins Bad. Als er nach einer Weile nicht wiederkommt, rufe ich ihn. Er antwortet nicht, ich öffne die Tür, wahrscheinlich steht er da und starrt auf das Wasser im Klo. Doch nein, er hat die weiße Flüssigseife, die rosa Zahnpasta und das blaue Mundwasser genommen und damit dichte farbige Linien auf die Fensterscheibe gemalt. Als er mich sieht, verschmiert er alles mit dem Finger, so dass kleine bunte Lachen entstehen.

In einem Lokal nicht weit vom Hotel nehmen wir unser erstes amerikanisches Frühstück ein. Ich bestelle Schoko-Donuts, dazu Kaffee und das übliche Mineralwasser. Andrea freut sich, beobachtet alles genau, steht kurz auf, um die Platte mit dem Gebäck geradezurücken. In einer Hand hat er seinen Zauberstab, ich habe gesehen, dass er ihn auch mit ins Bett genommen hat.

Eine pummelige Kellnerin kommt vorbei, Andrea umarmt sie, ohne auf das Tablett voller Tassen zu achten, das sie in Händen hält. Ich halte den Atem an: Jetzt haben wir den Salat, und schon sehe ich die junge Frau am Boden strampeln, kochend heißer Kaffee überall, und wir mit einem einzigen, energischen Tritt zurückbefördert nach Italien. Doch die Kellnerin schwankt, hält professionell das Gleichgewicht, ist verwundert, erfasst aber sofort die Lage. Amüsiert hebt sie die Augenbrauen, das bremst Andrea.

Offensichtlich sind viele hier nicht leicht aus der Ruhe zu bringen. Also kann ich vielleicht ein kleines Experiment wagen. Leise stehe ich auf, entferne mich und lasse Andrea am Tisch allein. Ich finde eine Stelle, von der aus ich ihn beobachten kann, ohne selbst gesehen zu werden. Andrea bleibt, wo er ist, allerdings ist er leicht verunsichert. Er sieht sich suchend nach mir um. Sollte er irgendwie auffällig reagieren, wäre ich sofort bei ihm. Er macht ein finsteres Gesicht, aber er beherrscht sich. Immer mehr Leute kommen herein, die Musik läuft jetzt auf voller Lautstärke, und ich sehe, dass ihn das stört. Ich kehre an den Tisch zurück, und wir gehen hinaus, gefolgt von der pummeligen Kellnerin, die neugierig geworden ist auf Andrea. Schon lässt er die ersten Herzen höher schlagen. Ich habe den Eindruck, dass sich halb Amerika in ihn verlieben wird.

Wir lassen uns durch die Straßen treiben, nehmen die Einzelheiten der Stadt auf: Schaufenster, Farben, einige gigantische Werbeplakate, hastige Fußgänger, mal rote, mal grüne Ampeln. Die Sinne werden von allen Seiten überflutet. Andrea schlendert locker vor mir her, dreht sich oft um. Wir sehen uns an. Was er wohl wahrnimmt? Ich umarme ihn und erkläre ihm, was wir als Nächstes tun.

»Hör mal, wir holen jetzt das Motorrad und fahren sehr, sehr weit. Unser Gepäck müssen wir gut verstauen, damit wir nichts verlieren und alles dabeihaben, was wir brauchen.«

Der Angestellte des Motorradverleihs zeigt uns mehrere Maschinen, bemüht sich, Modelle zu finden, die ihm für unsere Bedürfnisse geeignet scheinen. Andrea fasst alles an, besonders die Rückspiegel. In einer Ecke steht eine rote Harley. Sieht aus wie ein Fuchs und blinzelt uns zu. Die da, sage ich. Der Angestellte verzieht keine Miene – der Kunde ist König.

Anlassen, Gas geben, kleinen Kreis fahren. Kaum sind wir draußen auf der Straße, hält uns ein Polizeiwagen auf. Ziemlich ungehalten schreit der Beamte: »Wrong way! Wrong way!« Eine Einbahnstraße? Andrea streckt ihm den Zauberstab entgegen, der Polizist sieht uns böse an. Gebt uns doch etwas Zeit zur Eingewöhnung! Aber vielleicht hatte der Polizist ja ganz recht: Wir bewegen uns schon immer ein bisschen gegen den Strom.

Ohne Eile brausen wir los. Kilometer um Kilometer schlucken wir den Raum, der Asphalt ist wie Schokolade, die Straßenschilder sind extra für uns geschrieben. Andrea klammert sich an mich, in Voraussicht der Orkane. Mit der Kraft eines Jugendlichen hält er sich fest, aufgeregt und cool zugleich.

Auf dem Motorrad stürmen wir Miami Beach.

»In Miami müsst ihr unbedingt ins Sugarcane gehen, das Sugarcane in Miami wird euch umhauen, da geben sich die VIPs die Klinke in die Hand.«

Sehr, sehr viele Freunde und Bekannte waren gekommen, um uns von ihren Reiseerlebnissen zu berichten und Tipps zu geben. Einige sind viel herumgekommen und glauben, sie kennten die Welt wie ihre Hosentasche. Die Großen Seen zum Beispiel: »Nein, wir fahren nicht zu den Großen Seen.« – »Warum nicht? Sie sind phantastisch.« – »Kann sein, aber wir werden nicht hinfahren.« – »Na gut, aber esst trotzdem keine Elchsteaks und auch kein Bisonfleisch, das Zeug ist absolut unverdaulich.«

Wir machen sowieso, was wir wollen, das weiß ich, die Straße wird uns leiten, und unser Instinkt des Augenblicks. Aber hier in Miami Beach möchte ich gerne Carlos Rat befolgen: Zu Hause denken sie an uns und sie denken, wir sind im Sugarcane. Das hat etwas Beruhigendes.

»Ein VIP ist einer, der seine Abende im Sugarcane verbringt und sich von uns gewöhnlichen Sterblichen bestaunen lässt«, erkläre ich.

Ich dachte, es sei eine Legende, aber die Stimmung ist wirklich aufgeheizt, und für die VIPS sind wir Luft. Andrea und ich können ganz entspannt sein. Er beobachtet auch die kleinsten Details. Der Tresen mit Bergen von Orangen und Limetten hypnotisiert ihn. Das Reisefieber legt sich allmählich, wir sind nun in den Fluss der Ereignisse eingetaucht.

Abends im Hotel ordne ich unsere Sachen. Wir dürfen nicht jetzt schon irgendwas in den Schubladen vergessen. Die Lederjacken hängen an den Stuhllehnen, sie werden eine Zeitlang unsere zweite Haut sein. Und ob wohl die Regenanzüge bei Gewitter wirklich wasserfest sind? Auf einem Motorrad ist alles gar nicht so einfach. Morgen starten wir.

Noch einmal gutgegangen

Dritter Tag in Amerika. Na siehst du, sage ich mir, es läuft doch prima, zum Teufel mit den ganzen Schwarzsehern, den Pessimisten mit ihrem Wehgeschrei, bloß nicht das Schicksal herausfordern, Vorsicht vor dem Jetlag, dem Mormonen-joghurt, dem Dallas-Syndrom. Jetzt sind wir schon drei Tage unterwegs, morgen sind es vier und übermorgen fünf. Ah, die Macht der Zahlen.

Wie hoch war die Wahrscheinlichkeit? Wie standen meine Chancen?

Eins zu fünfhundert etwa, hatte der Facharzt gesagt.

Ich hatte auf seine Brille gestarrt. Auf die Fassung: qua-dratisch und dunkel, gewichtig. Der Doktor war irritiert, er fand wohl, ich sei unaufmerksam, aber nein, ich tat es aus einem viel einfacheren Grund: Auf diese Weise vermied ich, seinen weißen Kittel zu sehen, der ihn als Arzt auswies. So eine Brille hätte auch ein Steuerberater tragen können, ein Bankdirektor, ein Bonbongroßhändler, mein Nachbar, lauter Leute, die nicht die Autorität hatten zu sagen: Ihr Sohn ist autistisch, befolgen Sie meinen Rat.

Wir laden das Gepäck aufs Motorrad, ein eingespieltes Team. Das Hotelpersonal späht aus den Fenstern, wundert sich über Andreas Gebaren: Er umrundet die Harley, springt vor und klatscht in die Hände. Seine Bewegungen fallen immer auf, das weiß ich. Andrea bleibt nie unbemerkt. Wir sind zwei Schauspieler, sage ich zu ihm, und diese Reise ist ein Film. Die Vorstellung, dass wir zwei große Stars sind, gefällt Andrea: die phantastischen Vier (geteilt durch zwei, natürlich) oder auch Batman und Robin.

»Andre, ich bin Godzilla, und du bist King Kong.«

»Nein King Kong.«

»Gut, dann bist du Godzilla. Weißt du, wie Godzilla macht?«

»Bisschen schon.«

»Prima!«

Noch ist der Himmel verhangen, als wir Miami hinter uns lassen, doch wirkt das Profil der Stadt weniger finster als am Vorabend, als dunkle Sturmwolken über den Wolkenkratzern hingen.

Zu Hause hatten mich die Freunde ein bisschen geneckt.

»Und wenn das Motorrad kaputtgeht?«

»Dann lässt man es reparieren.«

»Weißt du, was Kompressionsringe sind?«

»Das, was wir uns auf den Kopf setzen, damit die Haare nicht so flattern.«

»Und das Kolbenhemd?«

»Ein Wetterschutz für den Motor.«

»Was machst du bei Kolbenfresser?«

»Ich weine.«

»Und wenn der Kolben blockiert?«

»Dann fühlt er sich so wie ich, wenn ich Andrea verliere und nicht wiederfinde.«

»Hast du schon mal einen Schaden behoben, der durch Überhitzung entstanden ist?«

»Jeden Tag, darin bin ich Spezialist.«

Also los, wir wollen zum südlichsten Zipfel der USA, und dann drehen wir wieder ab nach Norden.

Wir brausen von Insel zu Insel, sie sind alle durch Brücken miteinander verbunden, und es ist, als fahre man quer übers Meer, von Segler zu Segler – ein großer Konvoi Richtung Ozean. Unwillkürlich meint man, dass irgendwann die Insel auftauchen muss, die es nicht gibt, das Reich des Unmöglichen.

Key West ist wunderschön: ein Gemisch verschiedener Architekturstile, kubanisch und amerikanisch, viele Holzhäuser. Wir besichtigen das Wohnhaus von Hemingway, wo viele Fotos zu bestaunen sind. Andrea streichelt den majestätischen, am Schwanz aufgehängten Schwertfisch. Hemingway zeigt seine außerordentlich schmalen Knöchel und seine ein wenig spitzen Knie. Nicht gerade schön war er, der Schwertfisch dagegen mehr als faszinierend. Am Abend finden wir uns mit Leuten aus aller Welt auf dem Mellory Square ein und warten auf den Sonnenuntergang. Das farbenprächtige Schauspiel beflügelt eine Schar von Seiltänzern und Trapezkünstlern, die gekommen sind, um von einem Himmelskörper die Kunst zu erlernen, sich ins Leere zu stürzen. Die Sonne verschwindet, und wie durch Zauberei umweht uns auf einmal der Duft von Fisch in der Pfanne. Andrea ist hungrig, wir machen uns auf den Weg, immer der Nase nach. Er geht vor mir her, und plötzlich ist er im Gewühl verschwunden. Nein, bitte nicht! Wir sind doch gerade erst angekommen! Wo ist das nächste Lokal? Wenn er Hunger hat, stürmt er manchmal einfach los, um etwas zwischen die Zähne zu kriegen. Ich schaue hinein, finde ihn nicht. Nächster Versuch. Da ist er, weißes T-Shirt, wilder Lockenkopf, hat bequem am Tresen Platz genommen. Er wendet mir den Rücken zu, mir scheint, er isst etwas, wahrscheinlich Chips. Bestimmt hat er sie den Jugendlichen stibitzt, die neben ihm sitzen. Ich rufe ihn. Er antwortet nicht. Tut, als hätte er nichts gehört! Dabei hat er mir solche Angst gemacht…

Ich stelle mich hinter ihn, rufe noch einmal, er ignoriert mich. Daraufhin gebe ich ihm mit der flachen Hand einen Klaps auf den Nacken.

»Andre, willst du denn sofort verlorengehen? Da mache ich nicht mit, ist das klar?« Ich drehe mich um, um mich bei den Jugendlichen rundherum zu entschuldigen.

Ich sehe, dass der Lockenkopf mit weißem T-Shirt erstarrt, sich nicht umdreht, den Atem anhält. Da kommen mir Zweifel. Zu spät. In der Toilettentür erscheint Captain America, ein über und über tätowierter Muskelprotz, der mich mit dem Blick durchbohrt. Er bräuchte nur den kleinen Finger zu heben, um mich plattzumachen.

»Was zum Teufel willst du von meiner Freundin?«

Der Ton ist der eines Marines der Sondertruppe: Eigentlich war ich hinter Bin Laden her, aber jetzt hab ich dich erwischt.

Das Mädchen rührt sich immer noch nicht, einen Chip in der erhobenen Hand.

Ich versuche, mich zu rechtfertigen, die Sache zu erklären. Ich drehe mich um. Andrea sitzt weiter drüben und knabbert Chips mit ein paar jungen Griechen.

Wie hoch war die Wahrscheinlichkeit, in Key West einem Andrea so zum Verwechseln ähnlichen Lockenkopf im T-Shirt zu begegnen?

Mit dem Finger zeige ich dem Marine Andrea. Trotz des Testosteronstoßes, der in seinen Adern zirkuliert, gibt er zu, dass hinsichtlich des T-Shirts und der Lockenpracht eine Ähnlichkeit zwischen Andrea und seinem Schätzchen besteht. Er beruhigt sich. Packt die Muskeln wieder weg.

Ich setze mich ebenfalls zu den Griechen, die sich köstlich über die Szene amüsiert haben, und wir essen alle zusammen.

Euphorisch, weil es noch einmal gut gegangen ist mit uns beiden, kurven wir auf dem Motorrad langsam durch den Ort, bis die Harley uns ins Hotel zurückbringt.

Wir haben zwei breite, weiche Betten, alles ist in Ordnung. Gute Nacht, Andre, morgen fahren wir nach Tampa. Hoffentlich träume ich nicht von dem Marine.

Key West

Vor der Abreise hatte ich mich erkundigt, ob es Mikrochips gibt, die Andrea am Körper tragen könnte, damit man ihn lokalisieren könnte, falls wir uns verlieren würden. So weit kommt man, doch es gab nichts, was sich für diesen Zweck geeignet hätte. Dann hatte ich eine Idee.

»Sollen wir uns ein unsichtbares Gummiband um die Taille binden? Nur du und ich, wir sehen es. So kannst du dich frei bewegen, und wenn ich an dem Gummi ziehe, finde ich dich wieder.«

Ich tue so, als würde ich mir ein Band umbinden, und schlinge es dann um Andreas Taille. So, jetzt sind wir verbunden.

»Durch was sind wir verbunden?«

»Gummiband.«

»Und können wir uns mit dem Gummiband verlieren?«

»Bisschen schon.«

»Du Schlaumeier.«

Heute Morgen lächelt Andrea, seine Augen leuchten. Schon beim Aufwachen flutete die Sonne ins Zimmer. Und jetzt, da wir auf dem Weg nach Tampa sind, glitzert das Meer neben uns verführerisch. Andrea entdeckt etwas und fuchtelt auf dem Rücksitz herum: »Wassermotorrad, Wassermotorrad«, schreit er. Auch ich betrachte die hoch aufspritzend vor-

beischießenden Motorräder und antworte: »Ja, herrlich.«
Andrea lässt nicht locker: Wassermotorrad, Wassermotorrad,
ein Boot, Möwen, Wassermotorrad, ein riesengroßer Camper,
Verkehr, Wassermotorrad, Wassermotorrad. Kilometerweit.
Als wir zum Tanken anhalten, ist sein Blick steinerweichend:
Wassermotorrad. Gut, Andre, ich glaube, heute entscheidest
du, was wir machen.

Der Typ im Motel wundert sich, als er uns zurückkommen sieht: Habt ihr was vergessen? Nein, aber hier ist es
einfach zu schön, wir konnten noch nicht weg. Mit einem
gewissen Stolz reicht er uns den Schlüssel zum selben Zimmer. Er freut sich, dass wir seine Stadt schätzen.

Wir vertauschen die Harley mit einem Wassermotorrad
und erforschen Lagunen, sausen über klares Wasser. Dann,
auf karibischem Sand ausgestreckt, verliere ich das Zeitge-
fühl, verfolge mit halb geschlossenen Augen und ruhigem
Herzen, wie Andrea ins Wasser springt, schwimmt, taucht,
ein Meereswesen.

Auf einmal sehe ich, wie er aus dem Wasser herauskommt
und den Strand erkundet. Ich lasse ihn gehen. Weiter weg entdeckt er einige Bänke und stürmt los. Bänke liebt er, er ist
der beste Holzbanktester der Welt.

Dort sitzt ein Herr, in ein Buch vertieft. Andrea setzt sich
ans andere Ende und beginnt näher zu rücken. Der Herr sieht
aus wie ein Intellektueller, mit einem schönen Strohhut, einem leichten Hemd und einer Pfeife, und das Buch, das er
vor sich hin hält, scheint er auswendig zu kennen.

Er möchte gelassen wirken, aber er sitzt wie auf Nadeln.
Das Buch zittert, die Pfeife geht beinahe aus. Andrea rückt
immer näher, und der Herr rückt ans äußerste Ende der Bank.

Ohne ein Wort gibt er plötzlich vor, er habe ausgelesen: Oh, da steht es: Ende, der Augenblick zum Gehen ist gekommen! Er klappt das Buch zu. Unterdessen ist Andrea hautnah und lächelt ihn an. Der Herr lächelt zurück, versucht aufzustehen, um sich aus der Verlegenheit zu retten, und Andrea umarmt ihn. Der Herr stößt einen kleinen, gar nicht eleganten Schrei aus. Als er davongeht, ist sein Gesicht ein einziges Fragezeichen. Vielleicht hätte ich hineilen und ihm sagen sollen: Erschrecken Sie nicht, wenn er Sie umarmen will! Einen distinguierten Herr muss man immer beruhigen.

Nun ja, es ist ja kein Weltuntergang. Mehr als die hastige Flucht des Mannes scheint Andrea beeindruckt zu haben, dass er am anderen Ende der Bank angelangt ist. Mit dem Blick sucht er mich, rührt sich aber nicht. Ich mache ihm ein Zeichen, dass alles okay ist. Andrea stürmt freudestrahlend auf mich zu. Ich laufe ihm entgegen und trete mit dem großen Zeh in eine gemeine Glasscherbe. Ein tiefer Schnitt, der heftig blutet. Ungläubig betrachte ich den Zeh. Zu Hause würde mir der Notarzt diese Wunde bestimmt nähen. Ich fluche halblaut, und auf dem Weg zum Motorrad hinterlasse ich eine feine rote Spur. Ich drücke den Zeh so fest zusammen, bis er blass wird, dann schlüpfe ich in meine Schuhe. Ich habe Dringenderes zu erledigen: fahren, entscheiden, wo wir zu Abend essen, anschließend aufpassen, dass Andrea seine Zähne putzt, die Zahnseide nicht vergisst, sich auszieht, duscht, den Hintern ordentlich abwischt, und nachschauen, ob er sich nicht auch irgendwo verletzt hat. Das alles ist viel wichtiger, der Zeh heilt schon wieder.

Ich sehe, dass Andrea guter Dinge ist, aber es ist so schwierig herauszufinden, was er braucht. Ich versuche es mit Intuition, doch sicher irre ich mich oft. Bisher scheint alles glattzugehen, auch wenn er sehr in sich gekehrt ist und eigenen Gedanken nachhängt.

Im Motel studiere ich die Landkarten, überdenke unsere Route, surfe im Internet auf der Suche nach Informationen.

Andrea ist bei mir. Er scheint mit nichts beschäftigt zu sein, zwei bis drei Stunden können vergehen, und er sitzt einfach da. Wer weiß, ob er sich langweilt, ob Langeweile eine Kategorie ist, die man auf ihn anwenden kann. Und wenn er in Wirklichkeit auf fliegenden Teppichen durch die Lüfte sauste? Wenn er von Wolke zu Wolke spränge und von einem Hügel zum anderen rutschte wie auf einer riesigen Berg-und-Tal-Bahn? Wenn unsere Welt ihm im Augenblick wie ein langweiliger Ort aus geraden Linien vorkäme, mit grauen Gebäuden und Ampeln, die nur drei Farben haben?

Andre, Andre…

Wir setzen uns an den Computer, ich bemühe mich, ihn zum Schreiben zu bringen. Wir sind entspannt, es ist still. Aber Andrea rührt sich nicht. Ich sehe die Momente vor mir, in denen Andrea schrieb, während ich dabei war. Ich rekapituliere die Einzelheiten. Vielleicht bin ich ja fehl am Platz. Willst du mit Papa nicht schreiben?, frage ich.

Er sieht mich stumm an.

Sexy Italians

Heute Morgen trafen wir nach wenigen Kilometern auf einen Unfall. Am Straßenrand stand eine dichte Gruppe von Harleys schützend um den Körper eines jungen Mädchens, das am Boden lag. Wir haben einige Meter davor angehalten, uns aber dann doch genähert. Ja, es ist schwer, den Blick abzuwenden: Das Unglück der anderen zu begaffen ist ein mächtiger Exorzismus. Andrea hielt sich hinter mir. Die junge Frau war verletzt, aber bei Bewusstsein, und noch ehe wir etwas fragen konnten, kam schon die Ambulanz. Bevor sie sie auf die Tragbahre hoben, drängte Andrea sich vor und richtete seinen Zauberstab auf den daliegenden Körper.

Die Motorradfahrer standen noch eine Weile beieinander, dann setzten sie sich wieder auf ihre Maschinen und fuhren davon. Ich dagegen konnte eine ganze Stunde lang nicht auf meine Harley steigen. Was für ein Schreckgespenst. Und wenn ich unterwegs umkäme, was weiß ich, ein Infarkt, ein Unfall, das kommt doch vor, nicht wahr? Was würde dann aus Andrea? Die Vorhaltungen fielen mir wieder ein, die man mir vor der Abreise gemacht hatte: »Und wenn dir etwas zustößt?« Damit musste man rechnen. Ich wäre gern unverwundbar gewesen, oder auch verwundbar, aber zumindest noch in der Lage, Andrea in Sicherheit zu bringen, bevor ich zusammenbrach.

Ich umrundete das Motorrad, hüllte es in ein Netz von Beschwörungen: Geh ja nicht kaputt, lass mich nicht im Stich, pass auf, dass wir nicht irgendwo dagegenprallen.

Andrea sah, dass ich mir Sorgen machte, und wirbelte mit dem Zauberstab über meine Arme und Schultern. Wie ein großer Kobold. Ich musste lächeln, atmete tief ein und aus. Dann ging es mir etwas besser. Er wirkt einfach Wunder, dieser Zauberstab.

Unter einem angenehmen Nieselregen fahren wir wieder los. Wie brave Astronauten sind wir in die Regenanzüge geschlüpft. Als wir uns daran gewöhnt haben, gut eingepackt zu reisen, kommt die Sonne heraus. Bald wird uns heiß. Weg mit dem Regenzeug, damit wir nicht enden wie das Gemüse im Dampfkochtopf. Lieber riskieren wir einen Sonnenbrand.

Wir kommen nach Hudson, einem Fischerdorf an der Küste. Benommen und müde spazieren wir den kleinen Strand vor unserem Motel entlang. Da treten zwei offenbar leicht beschwipste Amerikanerinnen auf uns zu.

»Are you Italian?«

»Sì, Italian.«

Ich merke, dass ihnen Andrea gefällt: ein gutaussehender junger Mann mit kräftigen Muskeln und breiten Schultern. Voller Energie und Elan. Er treibt zwar keinen Sport, doch es wirkt, als täte er den lieben langen Tag nichts anderes, denn er geht ja immer auf Zehenspitzen: Der Körper arbeitet unentwegt, der Rücken ist gerade, der Hintern wird ständig gestrafft, die Bauchmuskeln sind angespannt, und der Hals ist schön gestreckt.

Die Amerikanerinnen öffnen ihre Kühltasche voller Bier

und Hochprozentigem und bieten uns zu trinken an. Sie kichern ein bisschen, dann platzen sie heraus: »We love sex with sexy Italians.«

Sie begutachten uns wie Bienen die Stempel der Kürbisblüten. Ein sonderbares Paar: Die eine um die fünfzig, in schicker Flatterkleidung, sie schwankt, aber wie eine große Dame korrigiert sie ihre Haltung immer sofort, und ihre Handbewegungen verraten ein heiteres Gemüt. Sie könnte Stoffdesignerin sein, oder schlimmstenfalls Krimiautorin, und die andere, jünger, kräftig, mit durchdringenden, schlauen und schelmischen Augen, ihre Assistentin.

Komm, Andrea, strategischer Rückzug ist angesagt. Nichts wie weg.

Sie folgen uns, Andre, ja nicht umdrehen, man paktiert nicht mit dem Feind, aber ihm ist partout nach Winken, ein sexhungriger Scharfschütze hält eine erhobene Hand mühelos für eine Aufforderung, ich dränge: Los, Partner, schneller, sonst durchbrechen sie noch die Linien und nehmen uns gefangen.

Andrea überholt mich, doch dann dreht er sich um und lächelt erneut: Die Frauen fühlen sich angestachelt, beschleunigen, wiegen sich in den Hüften. Dieses Ballett dauert ein paar hundert Meter, doch zuletzt gelingt es mir, Andrea ins Motel zu ziehen, in Sicherheit.

Um zehn Uhr liegen wir im Bett, von wegen Schürzenjäger. Der morgige Tag wird sehr anstrengend werden: acht bis neun Stunden auf dem Motorrad Richtung New Orleans.

Ich kann nicht einschlafen, sehe die Unfallszene wieder vor mir, und die Gedanken stürmen auf mich ein: Wenn es mir schlechtgeht, hilft auch das unsichtbare Gummiband nichts. Schluss! Ich nehme zwei Blätter und schreibe mit Filz-stift die Telefonnummern auf, die man im Notfall anrufen muss. Darüber, dick unterstrichen: IN CASE OF EMERGENCY. Ich schiebe sie ins Gepäck, an eine Stelle, wo man sie leicht findet, falls etwas passieren sollte. Das ist unsere ganze Reise-versicherung: die Hilfsbereitschaft der Menschen und drei Telefonnummern. Ob das genügt? Oder handelt es sich nur um einen Talisman?

Auch Andrea findet keinen Schlaf. Ich würde ihm gern mei-nen Gemütszustand mitteilen. Wir stehen auf, ich setze ihn an den Computer und versuche, ihn zum Schreiben zu be-wegen. Ich frage mich, ob ich eine besondere Körperhaltung einnehmen muss, die Andrea wiedererkennt. Ich muss den-ken wie seine Mutter, sage ich mir, so atmen wie sie. Aber wie geht das?

Als wir auf dem Weg nach Tampa den Motorradunfall gesehen haben, sind mir schlimme Gedanken gekommen, und was hast du so gedacht?

Unbewegt starrt er auf den Bildschirm. Nach einer Ewigkeit geht er vom Schreibtisch weg, legt sich aufs Bett und dreht sich zur anderen Seite. Na gut. Ich suche einen der Texte her-aus, die Andrea vor der Abreise geschrieben hat.

Wenn mir etwas zustößt, bist du allein in Amerika. Hast du Angst?
nein ich mit papa alles gut
Aber was machst du, wenn wir uns verlieren?
ich werde amerikaner andrea findet den weg

Ja gut, verstanden, aber wenn wir einen Unfall haben und ich sterbe, was machst du dann allein?

ich warte auf mama

Die ist aber Tausende Kilometer weit weg.

ich warte brav neben papa

Kurzum, du bleibst ruhig und machst dir keine Sorgen ...

keine falschen Fragen danke

Du willst nicht, dass wir von Dingen sprechen, die nicht passiert sind. Ist es so?

genau

Ich knipse das Licht aus.

Spanien – Holland

Eines Abends hatten wir ein paar Freunde zum Essen eingeladen. Es herrschte gute Stimmung. Andrea hatte fertig gegessen, war aufgestanden und streifte durchs Haus. Ab und zu kam er in die Küche und hörte uns zu. Auch wenn er auf dem Flur war, hörte er zu. Irgendetwas an unserer Unterhaltung machte ihn neugierig. Wir erzählten uns einfach Episoden von der Arbeit, nichts Besonderes. Jeder sprach leicht ironisch über die Widrigkeiten, die ihm das Leben bescherte, spielte so die Schwierigkeiten herunter. Irgendwann lachten alle schallend. Andrea stand auf der Schwelle, er hatte schon alle Namen gelernt und sagte: »Lucia lacht, Anna nicht.« Er hatte einen klanglichen Unterschied herausgehört. Wir versuchten alle, ihn zu überzeugen, dass auch Anna gelacht hatte, »wir haben es gesehen, bei dem Witz kann man gar nicht anders«. »Anna lacht nicht«, beharrte Andrea. Und auf einmal gestand Anna, dass sie nur widerwillig gelacht habe, weil ihre Sorgen sie so umtrieben.

Mit diesem Bild im Kopf stehe ich auf. Draußen im Flur klappert und quietscht es. Im Schlafanzug saust Andrea los und reißt die Türe auf. Ich strecke mich, höre Stimmen. Jemand spricht mit ihm. Es ist das Zimmermädchen. Sie dankt Andrea, der die gebrauchten Handtücher faltet, sie in einen Sack steckt und sich dann daranmacht, auch die auf dem Wagen in Ordnung zu bringen. Er öffnet sie, schüttelt sie aus und legt sie wieder zusammen, nicht einmal Euklid könnte die Ränder einer Fläche so perfekt aufeinanderlegen.

»Super, wie er das macht«, sagt die Frau zu mir, wahrscheinlich eine Puerto-Ricanerin.

»Er ist ein großartiger Weltbegradiger, dieser junge Mann.«

»Leihen Sie ihn mir, Sir!«

»Das geht leider nicht. Wie soll ich ohne ihn zurechtkommen?«

Und zu ihm sage ich: »Los, komm jetzt wieder rein.«

Zu Hause verändere ich abends vor dem Schlafengehen die Gegenstände, die er gewöhnlich auf seine Weise ordnet: Ich verschiebe meinen Schreibtischstuhl, ziehe an den Vorhängen im Wohnzimmer, verstelle den Regler am Waschbecken und den WC-Deckel. Wenn ich sie dann morgens beim Aufwachen so wiederfinde, wie ich sie hinterlassen habe, weiß ich, dass Andrea die ganze Nacht durchgeschlafen hat, wenn sie aber alle strammstehen, bedeutet es, dass er durchs Haus geirrt ist und man sich fragen muss, ob er überhaupt ein bisschen geruht hat.

Unser sechster Morgen in Amerika bricht an: Es duftet nach Würstchen, Speck, Eiern und Kaffee. Jetzt haben wir es fast geschafft: Wenn der FBI uns nicht bis morgen rausschmeißt, innerhalb der ersten Woche, kann uns nichts mehr passieren. Uns soll's recht sein! Hätten sie die in ein Glas ausgedrückte Zahnpasta und die wundervolle Umrandung an dem Schränkchen im Bad gesehen, hätten sie es sich vielleicht anders überlegt. Aber Malen ist für Andrea ein dringendes Bedürfnis, »die farben sind meine stimmungen und die wörter, die ich nicht sagen kann«, hat er einmal geschrieben, und wenn er zu Hause ist, malt er mit Farbnuancen, bei denen mir die Spucke wegbleibt.

Andrea hebt die Würstchen hoch und mustert sie misstrauisch, wie einer, der radioaktives Material begutachtet, doch dann isst er sie mit Appetit. Alle essen mit Appetit. Große und breite Männer schlagen sich mit Bergen von Eiern mit Speck den Bauch voll. Der Kaffee fließt in Strömen. Wobei – Kaffee ist zu viel gesagt, es handelt sich vielmehr um dunkel gefärbtes heißes Wasser, es lässt sich schon trinken, aber begeistern tut es mich nicht. Sicherlich starten sie hier mit weniger Aroma in den Tag als bei uns, in diesem Land ist Energiezufuhr wichtiger als der Geschmack.

Als wir auf das Motorrad steigen, warne ich Andrea, dass es heute heftig wird. Wir werden mit dem Hintern am Sitz kleben, sage ich, und er schwingt den Zauberstab über der Harley. Ausgezeichnet, wir sind geschützt.

Entspannt gleiten wir durch den Verkehr, zwischen riesigen Lastwagen, die mit massiven Druckwellen an uns vorbeibrausen. Als wir zum Tanken an einer Raststätte halten, sehen wir einen alten Wohnwagen, der einen irren Stau vor den Zapfsäulen verursacht. Er rangiert ohne Ende, um einen passenden Parkplatz zu finden. Der Mann am Steuer des Autos wirkt sehr aufgeregt. Ich sehe, wie er aussteigt, sich umschaut, zur Kasse läuft und etwas fragt. Beim Herauskommen rauft er sich die zehn oder zwölf Haare, die ihm noch geblieben sind. Er sieht mich, ahnt, dass ich Europäer bin.

»Señor! Es gibt keinen Fernseher … Wir sind in Amerika, und die haben hier keinen Fernseher!«

Er jammert so herzzerreißend, weil er das Endspiel der Fußballweltmeisterschaft nicht sehen kann. Das reinste Spektakel. Die zwei kleinen Kinder und die Frau in seinem Auto scheint das nicht groß zu kümmern. Jetzt tuschelt er lebhaft mit ihnen. Schließlich lässt er die Arme sinken und schüttelt resigniert den Kopf. Dann erinnert er sich an uns.

»Señor, das Schicksal des Vaterlands steht auf dem Spiel, und ich muss diesen heiklen Augenblick alleine durchstehen. Mögen Sie Fußball?«

»Ja, schon.«

»Sagen Sie das nur aus Höflichkeit, oder stimmt es?«

Ich verstehe nicht, worauf er hinauswill. Seine Frau wirkt sichtlich genervt. Meine Männersolidarität ist nicht zu bremsen.

»O ja, ein schönes Fußballspiel wäre mir sehr recht…«

»Spanien – Holland«, sagt er flüsternd, damit ihn seine Familie nicht hört. »Ich heiße Javier. Hören Sie, wie wär's, wenn wir mit gezückter Pistole einen Fernseher beschlagnahmen und uns in aller Ruhe das Spiel anschauen würden?«

Ich zögere. »Ich habe keine Pistole, und Sie?«

»Im Wohnwagen habe ich einen Trommelrevolver.«

»Könnte genügen.«

»Sie sind aber nicht Holland-Fan, oder?«

»Ich weiß es nicht«, erwidere ich. »Ich bin für den, der besser spielt.«

»España!«

Wir beschließen, dass ich mit dem Motorrad vorneweg fahre und ihn beim ersten Hinweis auf einen Fernseher per Handy anrufe.

»Andrea, wir müssen Spanien retten«, sage ich, und zum

Glück treffen wir zwanzig Minuten später auf eine Megaraststätte mit angeschlossenem Motel samt Fernseher.

»Javier, Mission ausgeführt!«

Der Lokalbesitzer zuckt die Achseln, als ein besessener Spanier und sein Zufallshelfer ihm erklären, dass sie gern statt der gerade laufenden Fernsehauktion den Sender einstellen möchten, der das Fußballspiel überträgt. Er lässt sich dazu überreden.

Der Spanier rennt zu seinem Wohnwagen und kommt mit einer zwei auf zwei Meter großen Fahne zurück. Er wickelt sich hinein, und während die amerikanischen Gäste rundum absolut gleichgültig bleiben, verfolgen er und ich, die einzigen Europäer, gespannt das Match.

Unterdessen entsteht unerwartet ein Bündnis zwischen der Familie des Spaniers und Andrea: Sie weigern sich, brav im Lokal zu bleiben. Die Frau und die Kinder marschieren über den Parkplatz der Raststätte, Andrea geht ebenfalls hinaus und setzt sich in die glühende Sonne. Kurzer Kontrollblick: Er ist ruhig, aber die Sonne brennt gnadenlos, daher laufe ich während des Spiels andauernd besorgt raus und rein. Ich hoffe, dass Javiers Frau und die beiden Kinder irgendwann mit Andrea Kontakt aufnehmen, aber nichts geschieht. Sie ignorieren ihn. Der Kleinere schneidet ihm sogar ständig Grimassen. Andrea sitzt da wie ein Kaiman. Als das Spiel in die Verlängerung geht, sehe ich mich gezwungen, Javier und Spanien ihrem Schicksal zu überlassen.

In dem Lokal war es kühl, bequem und angenehm, ich hätte zu gern gesehen, wie es ausgeht, doch wenn Andrea was anderes vorhat, kann man ihn nicht umstimmen. Da bleibt er stur. Eisern. Baden zum Beispiel: Sobald er das Meer sieht, will er baden gehen, er nervt dich so lange, bis du kapitulierst.

In Florida ist ein großer Teil der Strände privat, um ins Meer zu springen, muss man Gast in irgendeinem Hotel sein.

»Wir müssen uns als Gäste verkleiden«, sage ich zu Andrea, »wir parken das Motorrad, ziehen uns um, schauen ganz entspannt und schlendern rein.«

»Entspannt, Andre, hüpf nicht herum wie ein Känguru!« Er hört auf mich, übt sich in seinem besten Gang, auf Zehenspitzen natürlich, Kopf erhoben, Hände locker, unbewegtes zartes Lächeln.

Nachdem wir am Strand im Sand gelegen haben, sehen wir aus wie panierte Koteletts, und als wir so in ein Restaurant kommen, zerrauft, salzverklebt und mit auffälligen Stirnbändern, starren Gäste und Personal uns an, als wären wir Piraten.

Nach dem Essen fahren wir gemächlich an sämtlichen verführerisch blinkenden Leuchtreklamen der Motels vorüber, bevor wir uns eines aussuchen.

Wir fragen am Drive-in-Empfang nach, ohne vom Motorrad abzusteigen.

»Hey, habt ihr ein Zweibettzimmer? Für mich und meinen Kumpel hier?«

Ich beschließe, dass heute Abend Andrea mit Bezahlen dran ist, stecke ihm unauffällig die Kreditkarte zu und flüstere, er solle sie dem Herrn geben, wenn er sie verlangt.

Der Mann beugt sich zu uns, bittet um die Karte, wir sitzen noch auf dem Motorrad, ein wenig übermütig. Andrea gibt die Karte nicht her – der Mann schaut mich fragend an.

Wir müssen blechen, gratis schlafen gibt es nicht.

Andrea steigt ab, ignoriert den Blick des Angestellten an der Rezeption und geht empört mit der Kreditkarte in der Hand an ihm vorbei, hinein ins Motel.

Ein stilvoller Auftritt.

Vier Staaten auf einen Streich

Florida liegt schon hinter uns. »Sweet home Alabama« steht auf den Nummernschildern der Autos, und wir sind auch ganz »sweet« unterwegs. Auf dem Schild an der Staatsgrenze lässt uns der Gouverneur Bob Riley mitteilen, dass er hier der Hausherr ist. Entlang der Straße große Häuser, schläfrige, stille Äcker.

Wir halten am Rand eines riesigen blühenden Feldes. Es ist ein Friedhof. Jedes Grab schmückt ein Strauß bunter Blumen, und überall sind Windräder in den Boden gepflanzt, die sich beim kleinsten Lufthauch drehen. Wir steigen vom Motorrad ab und gehen über die Wiese. Wie schön es ist, auf diese Art von jenen zu erzählen, die nicht mehr da sind.

»Siehst du, Andre, hier drunter liegen die Toten«, sage ich.

»Tot, Papa.«

»So ist das Leben«, füge ich hinzu und bin sicher, dass er es versteht.

Wortlos zieht Andrea die Schuhe aus, breitet die Arme aus und flattert umher wie ein großer Schmetterling, ein offenes, entrücktes Lächeln auf den Lippen.

Schon sind wir in Mississippi. Vielleicht sind wir zerstreut, irgendetwas muss uns bei der Weiterfahrt entgangen sein, jedenfalls kommt plötzlich von hinten ein Auto angerast, und eine Frau macht uns Zeichen anzuhalten. Ein Überfall! Nein, weit gefehlt: Auf einmal schalten sie das Blaulicht ein, fahren neben uns und drängen uns an den Straßenrand. Eine Polizistin in Zivil steigt aus, ein Blick wie eine Hyäne, verärgert über Andreas fragenden Gesichtsausdruck und vor allem darüber, dass er ihr nicht zuhört, keine Sekunde stillhält. Jetzt fängt er auch noch an, um das Auto herumzustreichen, als hätte er noch nie eins gesehen, und versucht es anzufassen. Die Polizistin packt Andrea am Arm, sie will, dass er strammsteht. »Was gibt es da zu lachen?«, sagt sie. »Warum lachst du?« Und er lacht, lacht und spricht nicht; die Polizistin wirkt verunsichert, dieser Junge mit dem Lockenkopf ist einfach nicht der Typ für eine Jugendbande. Sie überlegt, beruhigt sich. Dann lässt sie uns laufen.

Als das Schild »Bienvenue en Louisiane« auftaucht, darüber die gelbe Lilie auf blauem Grund, werde ich ganz aufgeregt. New Orleans ist ein Mythos, ein Kraftfeld, das eine ungeheure Anziehungskraft besitzt. Ich bin unheimlich gespannt auf diese Stadt des Wassers und der Musik. Für Andrea könnte sie der ideale Ort sein.

»Andre, hier machen alle Musik, auch auf den Gehsteigen. Angeblich gibt es sogar eine Band, die mit Pizzakartons Blues spielt.«

Andrea nickt. Laut singend fahren wir in die Stadt hinein. Unter den vielen Zetteln mit Ratschlägen von Freunden finde ich die Adresse des Hotels Sonesta in der Bourbon Street. Wir bekommen ein Zimmer mit einem phantastischen Balkon mit Eisengeländer. Wellen von Jazz und Blues steigen von der Straße herauf, schlagen über uns zusammen, locken uns hinaus in ein Labyrinth von Tönen. Unterwegs fotografieren

und filmen wir jede Gitarre, jedes Schlagzeug, jede Ziehhar-
monika, jedes Saxophon und jeden Sänger, die uns begegnen. Andrea ist begeistert, er küsst mich ständig und wirkt
selig.

Er geht ein paar Meter vor mir, ich beobachte die Reaktionen, die er bei den Menschen auslöst. Mädchen seines Al-
ters drehen sich nach ihm um und stupsen sich gegenseitig
mit dem Ellbogen: »Hast du den gesehen?« – »Super Typ.«
Andrea sieht niemanden lange an, blickt sich höchstens mal
rasch und verstohlen um, und das steigert die Neugier noch
mehr.

Doch dann sehen sie, dass er sich seltsam verhält: Er reibt
sich die Hände, hüpft auf der Stelle, rennt hin und her. Kaum
ist er weitergegangen, höre ich andere halblaute Kommen-
tare: »Der ist verrückt«, »Hast du gesehen, was er macht?«,
»Voll daneben.« Tja, daneben, das stimmt schon: Er kommt
von einem Ort, an dem andere Gesetze gelten, andere Regeln, andere Zeichen, andere Schönheitsvorstellungen, und
die überträgt er auf diese Welt hier, wann er will und wie er
kann.

Noch habe ich nicht verstanden, welches Verhältnis Andrea genau zur Musik hat. Er hört alle Arten von Musik, der
iPod in seinem Zimmer läuft ununterbrochen. Manchmal
stört es ihn, wenn es zu laut wird, dann wieder scheint es ihm
egal zu sein. Vielleicht gefällt es ihm einfach, in ein Klangbad
einzutauchen: Im Auto macht er immer das Radio an, und
beim Heimkommen schaltet er sofort den Fernseher ein.
Oft lässt er lange denselben Sender laufen, ist ganz vernarrt
in ein wiederkehrendes Element, in eine bestimmte Tonse-
quenz, zu der er immer wieder zurückspult. Als bräuchte

er eine Stimme, ein Lachen, ein paar angedeutete oder ver-
schwommene Töne, denen es wie einem Leuchtturm im Nebel gelingt, ihn zu lotsen.

Hierher, zu uns.

New Orleans

Bevor wir ausgehen, kontrollieren wir, ob das Gummiband noch hält. Auf meiner Seite alles in Ordnung. Wie ist es bei dir?

Andrea sucht gewissenhaft an seinem Bauch nach dem unsichtbaren Band.

»Hast du es verloren?«

»Nein.«

»Suchst du das Gummiband?«

»Gummiband schön.«

Nach einer Woche haben wir nicht einmal mehr ein halbwegs sauberes Taschentuch. Was wir brauchen, ist eine Wäscherei. Sonst gewöhnen wir uns zuletzt noch an diese langsam von unserem Schweiß und den tausend Dünsten Amerikas durchtränkten Kleidungsstücke. In einem großen Washing Well spielen ein paar alte Herren Schach, während sie warten, bis ihre Waschmaschinen fertig sind, und in einer Ecke hält sich eine Frau ein Foto vor die Nase und schimpft leise. Gewöhnlich ist Andrea hingerissen vom Schauspiel des Wassers, das im Bullauge schäumt, heute dagegen gilt seine Aufmerksamkeit vorwiegend dem Foto der Frau. Er nickt bedächtig, irgendwie zustimmend. Er hilft mir beim Leeren des Trockners und folgt mir still und verträumt, während wir zurück aufs Zimmer gehen, um unsere Wäsche abzuladen und uns umzuziehen. Ah, die Segnungen des Waschmittels: In frisch duftenden Kleidern machen wir uns wieder auf den Weg und fühlen uns wie neugeboren. Ein Wohnwagen mit wehender spanischer Fahne rauscht an uns vorbei. Das muss die Familie aus Madrid sein, ein Weltmeister und drei fade, verdrießliche Gesichter.

Andrea nimmt Eintrittskarten für allerlei nächtliche Veranstaltungen entgegen, er sagt nicht nein, wenn ihm etwas angeboten wird. Er hält schon einen ganzen Packen in der Hand, doch immer wieder fallen ihm ein paar herunter. Wahrscheinlich immer dann, wenn seine Aufmerksamkeit sich verlagert, abreißt, von hier nach da springt, wer weiß, wohin: Da, wie der Blitz läuft er los, und wir spielen Fangen in den Gassen des French Quarter, zwischen Leuten mit reizenden Mördervisagen oder fiesem Haifischgrinsen. Die Häuser sind niedrig, sehr europäisch, überall hängen Fahnen, einschließlich der Friedensfahne. Andrea rennt, als wollte er ganz New Orleans zu Fuß durchmessen, und ich muss in dieser mittelalterlich anmutenden Kirmes hinter ihm herlaufen. Er sprengt quer durch die Menge, vorbei an Milchbubis und achtzigjährigen Greisen mit fußlangen Bärten, die zusammen Trompete spielen, wirft beinahe einige alte Frauen um, die auf dem Gehsteig um ein paar Münzen betteln, streift berittene Polizisten, die wohl hoffen, dass bald Feierabend ist. Vor einer unförmigen Frau, die schwerfällig vorwärts trottet, bleibt er plötzlich stehen; ein Mann mit der Statur eines Boxers feuert sie an: »Gott helfe ihr«, schreit er, »lauf, lauf weiter!« Hinter ihnen hat sich eine kleine Prozession von Leuten gebildet, die den beiden folgen. Die Frau zieht alle unweigerlich mit sich mit ihrem langsamen, fast schleppenden und doch unbeirrten Gang, sie kann und will nicht stehen bleiben, Atem holen, den strömenden Schweiß abtrocknen, jedes Hindernis auf der Straße scheint wie weggefegt von dem Mann, der den Herrgott anruft. Sein lautstarkes Geschrei erhebt sich gen Himmel wie Weihrauchschwaden: »Schaut, Gott ist mit ihr, ja, mit dieser Frau! Weißt du überhaupt, was du für ein Glück hast, Baby? Du bist nicht allein, bist in bester Gesellschaft, in ganz besonderer Gesellschaft, einer Gesellschaft, die dein Leben verändern wird!«

Der Mann plärrt laut und theatralisch, und Andrea und ich heben den Daumen, damit er sich für seine Anstrengung belohnt fühlt. Eine Weile folgen auch wir den beiden wie hypnotisiert: Es ist eine Büßerszene aus vergangenen Zeiten und gleichzeitig so unglaublich amerikanisch. Aus dem Augenwinkel nehmen wir die Gestalt eines großen, gebeugten Mannes wahr, von Kopf bis Fuß in makelloses Weiß gekleidet, der ein zwei Meter langes Kreuz auf der Schulter trägt: Was für eine Show!

Langsam schwirrt uns der Kopf, aber wir schlendern noch eine Weile in Zeitlupe weiter, bis uns die Müdigkeit einholt. Im Hotel fällt Andrea sofort ins Bett, und ich trete kurz auf den Balkon, um ein wenig Luft zu schnappen. Ich denke an die Stadt, an die bizarren Leute. Wieder im Zimmer, betrachte ich meinen Sohn, der so friedlich schläft: Ich gäbe alles darum zu wissen, welche Gedanken gerade in seinem Kopf entstehen.

Bis zweieinhalb war er völlig gesund.

Er telefonierte mit seinem Opa, beim Autofahren sang ich ihm das Lied vom Bauernhof vor, und er ahmte lachend alle Tiere nach. Wir spielten mit seiner großen blauen Raupe, das bereitete ihm großen Spaß. Und mir auch.

Dann hat sich etwas verändert: Aus dem fröhlichen Kind, das sprechen lernte und gedieh, wurde plötzlich ein düsterer und in sich gekehrter kleiner Junge.

Er warf Sachen in den Fluss, der nahe am Haus vorbeifloss: Handtaschen, T-Shirts, Schuhe, Portemonnaies, Fotos. Ins Wasser damit.

Er begann, monotone, unmotivierte Bewegungen zu machen, er sah uns nicht mehr in die Augen. Das kannten wir nicht.

Wie viele Ohrfeigen wir ihm am Anfang für dieses Verhalten gaben …

Ich weiß, dass man die Ursachen für Autismus nicht kennt. Multifaktoriell, heißt es. Das Leben selbst ist multifaktoriell. Der Autismus kann da keine Ausnahme sein.

Ob es vielleicht an dem Impfstoff lag? Die ersten Eigentümlichkeiten hatten wir einige Monate nach der Impfung gegen Masern, Mumps und Röteln festgestellt.

Ich sprach Doktor Barnard darauf an.

»Du glaubst, es war die Impfung?«

»Ja. Irre ich mich?«

»Man nimmt an, die Ursache sei genetisch.«

»Was soll ich jetzt machen?«

Barnard, dunkelblonde Haare, brauner Anzug unter dem Kittel, blasser, schütterer Bart, warf einen Blick zur Decke, nahm eine Tablettenschachtel in die Hand und sagte: »Du wirst dich daran gewöhnen.«

Gewiss, aber Andrea wird sich abschotten, in eine andere Welt abdriften. Wo er mit niemandem sprechen kann und nur schwerlich allein entscheiden kann. Er wird keine Beziehungen, keine Arbeit, keine Freundin haben. In einem Kinderhospital las ich mal an der Wand die Zeilen:

»Okay, Krankheit, lass mich diese Nacht leiden und, wenn du willst, auch morgen und übermorgen. Einen Monat, ein Jahr, spiel ein bisschen mit mir, aber für immer, nein, für immer nicht.«

Verdammt!

Der Blues in New Orleans versetzt mich in einen seltsamen Zustand …

Lost in Louisiana

Abschied von der Bourbon Street: Wir haben uns in dem Hotel so richtig verwöhnen lassen und die Annehmlichkeiten in vollen Zügen genossen.

Als wir aufs Motorrad steigen, streckt Andrea beide Hände in die Luft – sein Zauberstab ist weg. »Hast du ihn vergessen?«, frage ich. Er schüttelt die Hände, sagt, der Stab sei da. Ich sehe nach, nein, hier ist er nicht, er wird wohl im Zimmer liegengeblieben sein.

»Denkst du, dass New Orleans deinen Zauberstab braucht?«
»Ja.«

Wir durchqueren die Stadt, noch bevor die Kaffeemaschinen blubbern. Eine lange Strecke liegt vor uns, der Auftakt zu einem harten Programm: Louisiana und Texas werden uns auf die Probe stellen.

Das chaotische, lärmende Spektakel der Nacht wird in die Gullys gespült von riesigen Lastwagen, die die Straßen sauberwaschen und kleine Sintfluten auslösen. New Orleans wappnet sich für den nächsten *round*.

Wir verlassen die großen, wie mit dem Lineal gezogenen Straßen und kurven durch ein Netz winzig kleiner Orte. Überall Reihenhäuschen, kaum Autos. Amerika wird immer weiter und leerer: Wieso mussten sie eigentlich bei all dem Raum auch noch auf dem Mond herumtanzen?

Wenn man viel Raum zur Verfügung hat, denkt man vielleicht, man habe auch viel Zeit. So geht es mir gerade mit der Harley, sie ist nur Tank und Gaspedal. Und Sattel natürlich. Ich weiß, dass ich ihr mehr Zeit widmen müsste, sie kontrollieren, überlegen, wie viel sie aushält, ihr ein bisschen Wartung gönnen. Früher oder später wird der Zeitpunkt kommen ...

»Krokodil« steht in Riesenlettern auf dem Schild eines Restaurants, und ich sage zu meinem Kumpel: »Hast du Lust auf ein Krokodilsteak?« Ich ahne, dass Andrea an meiner Schulter dieses verwunderte Gesicht macht, das er immer hat, wenn er wieder in der Welt auftaucht und sie seltsam findet.

Inmitten einer Meute hungriger Lastwagenfahrer ist ein Tisch frei, Andrea isst das übliche Fleisch, und ich wage mich ans Krokodil. Nichts Besonderes, es schmeckt weder nach Moder noch nach Algen aus sumpfigen Tiefen, es hat keinen Nachgeschmack von Blaubeeren oder Schaffleisch, das an der Furt erbeutet wurde. Eher so ähnlich wie Thunfisch.

Allmählich leert sich das Lokal. Übrig bleiben nur noch Andrea und ich und zwei junge Männer, beide groß und dick mit einem kaum angedeuteten Spitzbart am Kinn. Sie könnten Serienkiller oder Katzenhaizüchter sein.

Andrea will noch etwas zu essen.

»Was möchtest du?«

»Essen.«

»Na gut. Möchtest du Pommes frites?«

» ... frites.«

»Sag es ordentlich: Pommes frites.«

»Ja.«

»Pommes frites. Du willst Pommes frites.« Ich greife nach dem Ketchup. »Mit Ketchup?«

»Ketcha.«

»Andre, jetzt streng dich mal an! Du musst die Sachen richtig aussprechen.«

Er darf seine Stimme nicht vergessen, die Wörter. Er muss sich anstrengen. Die Kellnerinnen beobachten uns.

»Möchtest du auch einen Kringel?«

»…ingel.«

»Los jetzt! Kringel…«

»Kringelingel.«

Eine Kellnerin kommt an unseren Tisch, dann auch die zweite. Sie wirken besorgt. Ich erkläre ihnen, dass der Junge autistisch ist und er lernen soll, möglichst viele Wörter zu gebrauchen, damit er sie den anderen zuwerfen kann wie Rettungsringe. Sonst wird die Insel, auf der er wohnt, immer kleiner. Da lass ich nicht locker. Auch auf die Gefahr hin, mich unbeliebt zu machen.

Während wir reden, erhebt sich Andrea mit dem Ketchup in der Hand, geht zu einem der leeren Tische, breitet einige Reihen Papierservietten aus und malt darauf ein Dutzend fast gleicher Ideogramme, à la Warhol, aber viel phantasievoller. Er bewundert sie und legt dann zufrieden ein Meisterwerk auf eine saubere Serviette, darauf wieder eine saubere Serviette, wieder ein Meisterwerk und so weiter, bis er eine mehrstöckige Torte aus Papier und Ketchup hergestellt hat. Das Deckblatt ist besonders reich verziert. Die Kellnerinnen kriegen den Mund nicht mehr zu, sie können sich kaum halten vor Lachen – dabei hatte der Tag so langweilig begonnen. Wir machen alles sauber, und es bleibt keine Spur zurück.

Eine der beiden Kellnerinnen sagt, wir hätten ein Meister-werk zerstört, manche Meisterwerke würden unerklärlicher-weise im Müll landen.

Zu unserer Überraschung fahren wir eine lange Strecke auf von Bäumen gesäumten Straßen, Alleen, wie man sie von Europa kennt. Und am Ende der Bäume ein herrlicher See. Andrea wird unruhig, und ich komme ihm zuvor: Baden! Rasch hineinspringen, denke ich, und danach fahren wir wei-ter. Doch dann ist das Wasser warm und klar, ein Hochgenuss, und Andrea ans Trockene zu locken ist schier unmöglich.

»Los, Andre, gleich wird es dunkel. Wir müssen ein Hotel suchen.«

»Ein Hotel, Papa.«

»Steig auf und halte dich gut fest, hier geht's bergauf.«

Ich merke, dass die Scheinwerfer nicht funktionieren.

»Andre, wir sind komplett ohne Licht!«

»Ohne Licht.« Es scheint ihn nicht im Geringsten zu er-schrecken. Er klammert sich nicht stärker an mich, wirkt nicht nervös.

Es ist ganz schön riskant, so loszufahren, der Mond scheint nicht, und bald wird es stockfinster. Amerika im Dunkeln ist dunkel. Wirklich dunkel. Der erste bewohnte Ort ist fünfzig Kilometer entfernt. Es gibt zwei mögliche Routen dorthin. Auf gut Glück wählen wir eine davon aus. Sie erweist sich als pechschwarze Ebene. Ich hänge mich an die wenigen vor-beikommenden Autos, versuche ihren Lichtern zu folgen, doch bestimmt kriegen die Fahrer einen Schrecken, wenn sie ein geheimnisvolles Motorrad ohne Licht hinter sich sehen, ich verstehe ihren Standpunkt durchaus, aber wir sind ja kein

Banditenpaar, keine Steuereintreiber, hey, mein Lieber, ich bin nicht einmal deine Schwiegermutter, und Andrea ist nicht dein unehelicher Sohn, der wegen seines Erbes hinter dir her ist! Nichts zu machen. Die Autos beschleunigen, bremsen abrupt, tun alles, um uns abzuschütteln. Wenn niemand da ist, taste ich mich langsam ein paar Kilometer allein vorwärts. Dabei verliere ich immer mehr das Raumgefühl und gerate allmählich ernsthaft in Panik. Nur Ruhe! Vorsichtig fahre ich zurück, suche den anderen Weg in der Hoffnung, er sei besser beleuchtet oder es gebe eine Tankstelle. Tatsächlich, nach einer Weile können wir von weitem eine erkennen. Dort spreche ich einen Pick-up-Fahrer an, erkläre ihm die Lage, und er lotst uns fast dreißig Kilometer bis zu einem Motel. Leicht mitgenommen kommen wir dort an. Aber wir sind da. Auch wenn wir keine Ahnung haben, wo in Louisiana wir uns eigentlich befinden.

Doch darum kümmern wir uns morgen. Halb tot falle ich aufs Bett. Wir waren zwölf Stunden unterwegs. Andrea hat allerdings keine Lust zu schlafen.

»Andre, willst du jetzt endlich schlafen oder nicht?«

»Kleine Runde drehen.«

»Was soll das heißen, kleine Runde drehen?! Nach all den Stunden auf dem Motorrad? Wir haben die Reifen abgefahren, den Tank leer gemacht, die Scheinwerfer ruiniert, uns den Hintern wundgesessen, und es reicht dir immer noch nicht?«

»Mit dem Motorrad. Kleine Runde drehen.«

Das darf doch nicht wahr sein! Was er sagt, entspricht nicht immer dem, was er denkt. Mit letzter Kraft versuche ich daher, ihn am Computer etwas zu fragen. Doch vorher atme ich tief durch.

Wie hast du dich hinten auf dem Motorrad gefühlt?

Mit undurchdringlichem Gesicht betrachtet Andrea den Bildschirm. Er knetet seine Hände. Ich stelle mich hinter ihn, will mir vorstellen, dass ich ganz leicht bin. Er blickt mich an, rasch, nachdenklich, lächelt, verschränkt die Finger.

Los, Andre, los! Faust, Herz, Buchstabe…

wie ein vogel im flug

Meine Güte, ist das aufregend, er spricht mit mir! Was sage ich, er spricht? Er schreibt, er schreibt mir! Post für mich! Ich versuche ruhig zu bleiben, aber es gelingt mir nicht – wem würde das schon gelingen? In fliegender Hast tippe ich:

Hattest du Angst auf der Fahrt im Dunkeln ohne Licht?
nein ciao

Im Leeren

Wir haben herausgefunden, dass wir in der Nähe von Alexandria gelandet sind. Das Scheinwerferproblem haben wir in einem Harley-Point gelöst, einer Art riesigem Vergnügungspark voller glitzernder Lichter und Farben. Die Harleys standen aufgereiht wie eine einsatzbereite Kavallerie. Ich dachte, es handle sich um eine einfache, kurze Sache. Doch das überaus gewissenhafte Personal teilte uns mit, dass ein paar Stunden Arbeit nötig sein würden.

Wir überbrücken die Wartezeit in einer Imbissstube. Neben uns sitzen zwei bärtige, tätowierte Rider aus Texas.

Andrea scharwenzelt um sie herum.

»Seid ihr die üblichen Scheißtouristen?«

»Scheißtouristen, Scheißtouristen«, wiederholt Andrea mit seinem unnachahmlichen italienischen Akzent, während er herumhüpft wie ein Storch im Salat. Die Rider geben zu, dass sich Scheißtouristen normalerweise anders bewegen, und lassen sich gutmütig fotografieren: zwei Piraten mit krausen Bärten und stechendem Blick und in der Mitte eine Bohnenstange in einem T-Shirt, das ursprünglich mal weiß gewesen sein könnte. Beifällig staunen sie über unsere Art des Reisens. Ihr seid keine Scheißkerle, sondern bloß leichtsinnig, sagen sie und empfehlen uns, ein paar Flaschen mit Wasser zu füllen und uns unterwegs damit nasszuspritzen. »Bei diesen Temperaturen kann man Texas nicht auf dem Motorrad durchqueren, wenn man nicht feucht wie ein Wurm ist«, grölen sie und krümmen sich vor Lachen. »Wenn man feucht wie ein Wurm ist, leidet man weniger unter der Hitze«, und wieder eine Lachsalve, sie kriegen sich überhaupt nicht mehr ein. Andrea lacht eine Weile mit, dann blickt er sie an, als könnte er mit ihnen die tollsten Streifzüge unternehmen.

»Nach Waco wollt ihr? Fahrt nicht nach Waco, da spinnen sie alle. Nein, lasst Waco aus.«

»Wo sollen wir dann hin?«, frage ich.

»Habt ihr denn kein Ziel?«

»Nicht direkt.«

»Vergesst Dallas und Oklahoma City, da spinnen sie noch mehr«, sagen sie. »Außerdem müsstet ihr dann über Wichita in Kansas fahren, das kommt gar nicht in Frage.«

»Okay«, sage ich. »Was dann?«

»Fahrt über Amarillo nach Santa Fe, da lasst ihr euch in der Wüste rösten, und anschließend fahrt ihr nach Denver zum Abkühlen. Wüste, große Seelen, echte Spinner.« Wieder Gelächter.

»Habt ihr *Der Wüstenplanet* gelesen?«, fragen sie uns beide.

»Ich habe den Film gesehen«, sage ich.

»Den Film kannst du vergessen«, antworten sie. »Oder hast du kapiert, was die Droge ist? Die, die man aus den gigantischen Wüstenwürmern gewinnt?«

»Nein, keine Ahnung.«

»Uran«, sagen die beiden wie aus einem Mund.

»Uran?«

»Für die Atombombe. Die Droge brauchten sie für die Atombombe, für das Manhattan-Projekt.«

Die Wüste beflügelt die Phantasie.

Die beiden Ganoven rücken näher, als müssten sie uns dunkle Geheimnisse verraten, einer packt Andrea, der jetzt weglaufen will, und hält ihn fest. Nach und nach tauchen aus diesem Bartgestrüpp Atomexperimente auf, Strahlungen, die Mutationen bei Riesenkakteen hervorrufen, aber nicht bei Motorradfahrern, und uralte Eisenbahnlinien, Abschnitte von Straßen, Reste von Bergwerken, architektonische Experimente. Die Wüste als Müllhalde menschlicher Bestrebungen, wo militärischer Zynismus absurde Projekte in den Sand setzt, aber auch als Destilliergerät für Visionen, Halluzinationen, Hoffnungen. Die Wüste als der größte Verdampfer der Welt.

Mir ist schon ganz schwindlig. »Ist denn die Wüste nicht leer?«, frage ich. Schließlich wird die Arabische Wüste auch »Leeres Viertel« genannt.

Sie lachen und lachen. Fahrt nur hin, fahrt hin und seht nach, ob es die Leere war, die das Universum hervorgebracht hat …

Wir nehmen den zweifachen Rat an: Mit nassen T-Shirts scheint es, als hätte das Motorrad eine eingebaute Klimaanlage. Und wir nehmen Kurs auf Amarillo. Der Tag vergeht, immer *on the road*: Die Tankstellen sind bald die einzigen bewohnten Inseln weit und breit. Andrea fasst die Frauen an, die hier an den Zapfsäulen arbeiten, und riskiert ein paar Ohrfeigen, wird aber von der weiblichen Liebenswürdigkeit immer begnadigt. Wir tanken Treibstoff, Eis für Andrea und jede Menge Wasser, um uns zu erfrischen. Zum Spaß leeren wir uns die Flaschen während der Fahrt über den Kopf und freuen uns wie kleine Kinder.

Über zwei Stunden lang begegnen wir keiner Menschenseele – keinem Auto, keinem Lastwagen, nichts. Allein, wirklich allein, ein Pünktchen im kosmischen Raum.

Plötzlich führt die Straße zwischen zwei Waldstücken hindurch, und die Luft wird schneidend. Ohne Vorwarnung kommen wir in eine grüne Ebene, eine andere Dimension: Auf dürre Weiten folgt eine fast kanadisch anmutende Landschaft.

Ebenso unvermittelt kehrt Texas zurück, mit langen, verlassenen Straßen und kahlen Ebenen. Lichter, Farben, doch weißt du nie, wie sehr du dich täuschst, denn zu viel Helligkeit macht blind.

In der Ferne tauchen Riesenkörper auf, prähistorische Vögel, die am Boden picken auf der Suche nach steinernen Samen oder Kalkwürmern. Erst als wir näher kommen, erkennen wir, dass es sich um Pumpen zur Erdölförderung handelt.

»Erdöl«, erkläre ich Andrea, »Erdöl für Motoren.«

»Erdöl«, antwortet Andrea wenig überzeugt.

»Weißt du, welche Farbe das Erdöl hat?«

»Erdöl schön.«

»Nein, das glaube ich kaum … Es ist schwarz.«

Wie hypnotisiert starrt er auf die Bewegung der Pumpen.

In Denton überrascht uns der Sonnenuntergang, gerade als wir in einem Motel für wenige Dollar ein Zimmer bezogen haben. Das Personal stammt aus dem Orient, Verständigung unmöglich. Als ich nach einem Restaurant frage und wo denn das Zentrum sei, antworten sie nicht, sondern wiederholen bloß: »Dollars cash.«

Heute hat Andrea wenig gegessen, nur Brot im Restaurant, aber mir scheint, es geht ihm gut. Er hat bisher keine einzige Krise gehabt, keinen jener schwierigen Momente, in denen er sich auf den Bauch schlägt oder in die Arme beißt.

In all den Tagen habe ich nie bemerkt, dass er mal auf die Toilette gegangen wäre. Na ja! Entweder macht er heimlich, oder ich weiß es auch nicht.

»Andre«, sage ich zu ihm, »hast du vergessen, aufs Klo zu gehen?«

Er kneift den Mund zu, sieht mich nicht an.

»Also, was ist mit dem Klo?«

»Klo schön.«

»Tu nicht so unschuldig …«

»Ruhe haben.«

Jedenfalls ist er immer sauber, keine Spuren am Körper außer dem Straßenstaub, der am Schweiß kleben bleibt.

Unfruchtbares Wüstenland. Wenige Geräusche, wenig Wasser. Die Auswirkungen dieser Szenerie hatte ich nicht bedacht. Dabei hätte ich sie einrechnen müssen.

Texas pur

Zwischen Denton und Amarillo liegt ein ganzer Kontinent. Die Straße dehnt sich mehr als das Gummiband, das mich und Andrea zusammenhält. Ununterbrochen bespritzen wir uns mit Wasser, denn die Temperatur liegt bei über vierzig Grad. Zum Glück haben wir die Sonne morgens im Rücken, das Licht blendet nicht und entzündet deshalb die Landschaft nicht gleich.

Nach Kilometern in glühender Hitze halten wir am Ufer eines rostroten Flusses, der einem Strom flüssiger Erde gleicht. Andrea ist fasziniert von dem Anblick, er will um jeden Preis die Füße hineinstrecken.

Verfluchtes und gesegnetes Wasser, immer zieht es ihn magnetisch an.

Mir fällt ein, wie Andrea einige Male spurlos von zu Hause verschwunden war. Eben war er noch da, und eine Sekunde später ist er weg. Voller Angst läufst du kreuz und quer durchs Dorf, telefonierst, machst die ganze Welt verrückt, versuchst dich an jeden Ort zu erinnern, der etwas Besonderes für ihn bedeutet, aber die Sorge vernebelt dir das Hirn. Also rufst du die Polizei, Ordnungskräfte jeder Art, sogar die Armee hättest du am liebsten gerufen, wärst du nicht auf die Idee gekommen, ihn am Fluss zu suchen. Dreimal war er verschwunden, dreimal haben wir ihn an einem Wasserlauf wiedergefunden, reglos dasitzend, den Kopf in den Händen.

Ich habe die vielen Eigenschaften des Wassers studiert, ich weiß, dass es drei Aggregatzustände kennt: fest, flüssig und gasförmig. Andrea hat meiner Meinung nach mindestens vier: abwesend, fast präsent, erregt, verschlossen. Vermutungen am Rand jenes rutschigen Terrains, das sein Innenleben ist.

Mittlerweile denke ich, im Wasser fühlt er sich wahrscheinlich wie eine schwankende Alge, wie Strömung und Gezeiten. Als ob er selbst Wasser wäre.

Andre, Andre, woraus bist du bloß gemacht?

Ich helfe ihm, seine Hosenbeine aufzukrempeln, und sehe ihn einige Meter in den Fluss waten. Vom Grund holt er mit beiden Händen roten Schlamm herauf und trägt ihn ans Ufer, um am Boden Linien damit zu ziehen.

Noch einige Stunden Motorrad bis Amarillo. Gerade habe ich festgestellt, dass man auf dem Navi auch Bed and Breakfasts suchen kann. Wir fahren gleich zum nächsten, kaum einen Kilometer von unserem Standort entfernt.

Das B&B erweist sich als riesiges amerikanisches Einfamilienhaus mit großen Fenstern zur Straße hin und einem Rasen mit so herrlich weichem Gras, dass wir unbändige Lust bekommen, barfuß drüber zu gehen. Wir streichen uns mit den Händen die Haare glatt und läuten erwartungsvoll an der Tür. Die Besitzer erscheinen, sie sehen aus wie Rentner nach einer langen Karriere als Buchhalter oder Sachbearbeiter und empfangen uns in der hellen Diele. Sie mustern uns durchdringend, ihr Ton ist höflich, doch der Blick wachsam. Bestimmt fragen sie sich, ob es klug ist, die perfekte Ordnung im Haus zwei staubigen Reisenden anzuvertrauen, die dem Anschein nach nichts anderes als Herumtreiber sind. Ich spüre, wie sie Pro und Kontra abwägen. Der Mann stützt sich auf einen Stock und fasst an seinen Hut, als wollte er ihn gleich ziehen, um uns ritterlich, aber entschlossen zu verabschieden. Doch er bittet uns herein. Die Frau hat inzwischen Andreas nur allzu begeisterten Blick auf ihre Nippes aufgefangen. Als er hingeht und anfängt, die Sachen zu berühren, lässt sie eine Salve von Verboten los: Dies und jenes darf man nicht anfassen, da und dort darf man nicht hingehen, euer Badezimmer ist dieses hier und kein anderes. Ich stelle mir vor, wie sie die ganze Nacht damit verbringen wird, mit gespitzten Ohren zu lauschen, ob etwas und was genau der Schwerkraft zum Opfer fällt. Wir werden die zwei zum Wahnsinn treiben, denke ich.

Doch nach den ersten Minuten wird ihr bewusst, dass Andrea sie auf seltsame Art begrüßt: »Ciao, signora bella«, wiederholt er mehrmals. Das findet sie süß, sie entspannt sich und lädt uns ein, die Küche in Augenschein zu nehmen, wo wir frühstücken werden. Sofort nutzt Andrea die Gelegenheit, um die Flasche mit dem Spülmittel zu leeren. Sie sieht ihn entsetzt an, und er drückt mit seinem breitesten Lächeln auch noch den letzten Rest heraus. Er leert immer alle Wasserflaschen, trinkt auch drei hintereinander aus, nur damit sie leer sind. Das gleiche Schicksal erleiden Parfümflaschen, Shampoos, Creme- und Zahnpastatuben.

Die Frau ist irritiert, der Mann wird ein wenig böse. Er schnauft hörbar, nimmt den Hut ab, klopft mit dem Stock auf den Fußboden. Perfekt. Andrea liebt wütende Menschen über alles, einen Menschen zu sehen, der wütend herumschreit, ist das Höchste für ihn, er beginnt zu lachen und reibt sich die Hände. Einmal hat er mir geschrieben, sein Lieblingsspiel seien »die Leute, die auf Andrea wütend sind«.

Um ihren Mann zu besänftigen, tritt die Frau zu ihm. Als wollte sie ihn beschützen.

Andrea beschließt, das Haus zu erkunden: Er geht die Treppe hinauf, gefolgt von dem Mann, der seinen Hut auf den Boden geworfen hat und ans Geländer geklammert mühsam hinterherhinkt. Die Frau und ich sehen uns verwirrt an. »Er ist nicht gefährlich«, murmele ich.

Unterdessen ist der Hausherr oben mit Andrea verschwunden, eine Weile hört man keinen Atemzug. Dann plötzlich die Stimme des Mannes, gefühlvoll, ein beinahe glückliches Brummen. Mir ist, als hörte ich Laute wie *bumm! Bamm! Bumbam! Tatapapam!* Ich mache der Frau ein Zeichen, dass wir jetzt besser hinaufgehen.

Der Mann hält Andrea am Arm fest, sie stehen vor einer ganzen Wand voller Fotografien von Feuerwerk. Nichts liebt Andrea mehr als diese glitzernden Kaskaden am dunklen Himmel. Der Mann, überwältigt von Andreas tiefem Staunen, erzählt ihm, er sei in Huddersfield in England geboren und nach Amerika gekommen, um das Evangelium der Titanspäne zu predigen, die am Himmel silbrige Funkenregen versprühen, so dass Vieh und Viehtreiber große Augen machen. Mit seinen langen, vergilbten Fingern zeigt er auf Bilder von limettengrün und leuchtend rot explodierenden Feuerwerkskörpern, hebt die Stimme, um Kupfer und Barium zu preisen und auf das lästige gelbe Licht von Natrium zu schimpfen, das mit Strontiumrot gedämpft werden muss, um

Blütenblätter an den Himmel zu malen, die orange sind wie manche Sumpflilien. Er ist nicht zu bremsen: Zum Beweis seiner früheren Meisterschaft brüstet er sich damit, dass er sogar dunkelblaue Funken erzeugen kann. Seufzend lässt er Andreas Arm los, und Andrea rückt beinahe zärtlich ein paar Fotos an der Wand gerade.

Jetzt liebt uns der Mann, und als wir später herunterkommen, erwartet er uns in einer weißen Limousine, die zwar schon ein bisschen ramponiert ist, aber dennoch eine Limousine. Glücklich, dass uns nun eine solche Ehre zuteil wird, lassen wir uns mit großem Pomp zur Big Texan Steak Ranch kutschieren.

Es ist ein phantastisches, riesiges Lokal, das Hunderte von Menschen verköstigen kann. Als wir eintreten, ist es schon voll, der Geruch von gegrilltem Protein ist überall. Ein Tisch in der Mitte des Lokals ist für den Fleischfresser-Wettbewerb reserviert. Sie bringen dir ein zwei Kilo schweres gigantisches Steak, und wenn du es aufisst, musst du nicht bezahlen. Einige Kraftprotze blicken niedergeschlagen und entmutigt auf ihre Portion, die einfach kein Ende nehmen will.

Wir setzen uns mit unserem Teller an einen Tisch. Ein Musikerduo tritt näher, zwei alte Männer, Violine und Gitarre, warme Klänge, unvergessliche Stimme. Wir klatschen begeistert, und bald schon hat sich unser Steak verflüchtigt. Noch mehr Beifall spenden wir der Menge, die einen wilden Country tanzt, die Cowgirls sind bildschön, sprühen vor Energie, zeigen ein strahlendes Lächeln.

»Andre, sollen wir mittanzen?«

»Nein, nein«, antwortet er, wenn auch amüsiert.

Bevor wir gehen, setzen wir uns für ein Foto auf einen hölzernen Stuhl von zyklopischen Ausmaßen, auf dem wir aussehen wie zwei Zwerge, die darauf warten, dass Schneewittchen kommt und ihnen einen Gutenachtkuss gibt.

Welcher Tag ist heute?

Als ich bei der Abfahrt den Motor anlasse, lächelt der Besitzer des B&B und schickt Andrea zu Ehren eine Salve von *Bambam-tapum* in die Luft.

Akustisches Feuerwerk.

Auf der Landkarte schien Santa Fe so nah, doch die Strecke zieht sich endlos. Es ist heiß, wir haben Durst. Andrea wird nervös. In der Ferne glitzert etwas. Wie ein riesiger Spiegel. Es ist keine Fata Morgana, sondern ein See. Als wir näher kommen, entdecken wir am Ufer ein Gewimmel wie von Ameisen und erkennen schließlich, dass der See dicht von Badenden und kühnen Springern bevölkert ist. Unwiderstehlich: In null Komma nichts sind wir ausgezogen, hängen unsere Kleidungsstücke ans Motorrad, so dass es wie ein Camper aussieht. Ungestüm laufen wir aufs Wasser zu und rennen beinahe ein Grüppchen junger Mädchen um.

»Hey, du langer Lulatsch«, schreit eine davon Andrea nach, weil er über die Decke getrampelt ist, auf der sie liegt.

»Dich meine ich!«

Andrea sieht sie kaum an, bleibt aber stehen, denn die Stimme klingt gebieterisch. Das Mädchen steht auf, und er rennt wieder los, Richtung Wasser.

»Rüpel!«

»Tut mir leid«, mische ich mich ein.

»Samstags hat man hier einfach keine Ruhe«, protestiert das Mädchen.

»Samstag? Ist heute Samstag?«

»Ja, wo kommt ihr denn her? Aus China?«

Ich rufe Andrea, er soll sich entschuldigen. Er hat sich verhalten wie ein Trampeltier, wenn auch unabsichtlich.

Ich stelle ihn vor: Meine Damen, Andrea bittet um Verzeihung. Vor allem, weil Samstag ist. Für uns hätte auch Mittwoch sein können. Oder Montag.

»Andrea, ist heute Mittwoch oder Montag?«

»Montag.«

»Sie behaupten, es sei Samstag.«

»Bisschen schon.«

Die Wochentage haben für uns jede Bedeutung verloren.

Erfrischt fahren wir weiter auf der welligen Linie, die sich vor uns erstreckt und irgendwo in der dürren Weite verliert. Ziemlich lange finden wir kaum etwas zu essen, nur beim Tanken kann man gelegentlich Eis und Popcorn kaufen. Vermutlich sind nur wilde Tiere, verirrte Seelen und arbeitslose Mechaniker auf dieser Route unterwegs.

Wir brausen an Kuppen vorbei, die aussehen wie Schädel mit ein paar Haarbüscheln darauf, eine Hand halte ich immer am Gashebel, die andere in die Luft gestreckt, um einen Hauch Kühle zu erhaschen. Mit gutem Grund haben die beiden Rider uns ausgelacht, als ich sagte, die Wüste sei leer. Wir durchqueren karge, darbende, aber nicht leere Gebiete. Es ist die Abwesenheit von Menschen, die uns Leere empfinden lässt, die Weite, die uns ein wenig verunsichert.

Ich zeige auf den Himmel. Welche Farbe hat er?

»Blau.«

»Und das Gebirge?«

»Dunkelblau.«

Mir scheint es graugrün zu sein. Was sieht Andrea eigentlich? Sollten auch seine Sinne Seitenwege einschlagen und mit ihm Verstecken spielen? Ich versuche mir vorzustellen, wie es sich anfühlt, einen Filter vor den Augen zu haben, der andauernd die Wahrnehmung des Lichts verändert. Was für ein verzwicktes Geheimnis, in einem Strudel zu leben, der das Leben dauernd durcheinanderwirbelt und es unkenntlich macht. Ich begreife sein Bedürfnis, sich an Bezugspunkte zu klammern, man kann sich ja nicht immerzu an einem Tag wie ein Afrikaner am Nordpol und am nächsten wie ein Eskimo in der Wüste von Namibia fühlen.

»Und der Sand?«

»Braun.«

»Nicht gelb?«

»Braun.«

»Und wie ist die Farbe dieser Landschaft insgesamt?«

»Schön.«

Ich fühle Andreas stumme, überaus starke Präsenz, mehr brauchen wir nicht, wir sind erfüllt von Emotionen, die von Worten nur geschmälert werden können. Wir sind außerordentlich leicht. Ich fahre langsamer. Noch langsamer. Andrea lehnt den Kopf an meine Schulter, als wollte er gern eine Geschichte hören.

»Was gibt's, Andre?«

»Die Mädchen.«

»Was für Mädchen?«

»Die schönen Mädchen.«

»Sollen wir über Mädchen reden?«

»Mädchen, Papa.«

So kommt es, dass ich mit ihm über Sexualität spreche, als ob es etwas wäre, was wir entlang der Straße sehen: Oh, schau mal, Andre, ein Kaktus, ein See, ein Windstoß! Ich spreche mit ihm über Masturbation, über Frauen, über die Liebe. Ich spüre, wie ihn das elektrisiert, er ist mir ganz nah. Ich rede, ohne seine Fragen zu kennen. Es ist immer schwierig, mit seinen Kindern über Sexualität zu sprechen, wie sehr erst mit einem autistischen Sohn. Ich hoffe einfach, dass ich mich seinem Empfinden annähere.

Andrea umarmt mich, küsst mich auf die Schulter, auf die Wange. Vielleicht will er sich auf diese Weise bedanken, vielleicht ist es eine Wirkung dieser flüssigen Freiheit, die uns umgibt. Er breitet die Arme aus, lässt sich von der Luft streicheln. Ich beschleunige wieder.

Als wir Santa Fe erreichen, ist die Hitze unerträglich, die Leute bewegen sich so wenig wie möglich. Die Erschöpfung macht sich in einer sanften Mattheit bemerkbar: Wir haben unendliche, felsige Weiten durchquert. Ich sehe zu, wie Andrea auf einen Zug eine erste Flasche Wasser leert, dann eine zweite. Die dritte nehme ich ihm aus der Hand. Wie macht er das nur? Ein Dromedar, das ist er.

Die Wüste, das Dromedar, der Autismus.

New Mexico

Immer wieder schleicht sich die Wüste in meine Gedanken ein. Die Assoziation zwischen Wüste und Autismus ist unmittelbar. Der Mangel an Beziehungen, die scheinbare Gleichförmigkeit. Die Stille. Die Reduktion auf das Wesentliche. Das Leben, das sich, weit entfernt von der Üppigkeit der Wälder, im Sand und in Felsspalten mühsam durchsetzt, das keine Tarnung und extreme Anpassung scheut, das akzeptiert, Teile von sich einzubüßen, um nur ja zu bestehen.

Dennoch kann auch die Wüste kein Ort absoluter Einsamkeit sein. Wenn du dort wohnst, brauchst du auf jeden Fall Nachschub an Lebensmitteln, Treibstoff, ein paar Telefongespräche, hier und da einen kleinen Schwatz. Du bist auf gute Freunde angewiesen, musst den nettesten Tankwart finden. Vielleicht ist Autismus eine anfangs sehr feindselige, fordernde, grausame Wüste, und du durchquerst sie, ohne zu wissen, ob du genügend Wasservorräte dabeihast, ob es dir gelingt, ihre Geheimnisse zu ergründen, ob du das Wesentliche erfasst.

Um in Andreas Wüste einzudringen, habe ich oft versucht, sein Verhalten nachzuahmen: auf der Stelle hüpfen, fest die Hände reiben, von einem Punkt zum anderen rennen und gleich wieder zurück, schräg schauen. Das ließ heftige Gefühle aufbrechen, und ich musste damit aufhören, weil mir so dicke

Tränen kamen, dass ich sie nicht zurückhalten konnte. Ich bin auch auf Zehenspitzen gegangen, habe in der Bar auf Zehenspitzen meinen Espresso getrunken. Wahrscheinlich wirkte dieses Benehmen exzentrisch, ja überheblich, aber ich wollte wissen, welche Gedanken einem kommen können, wenn man von oben auf die Welt herabsieht. Und stellte fest: Es ist einfach nur anstrengend, man hält es nicht lange aus, nach kürzester Zeit verkrampfen sich die Waden. Beim ersten Mal habe ich kaum fünf Minuten durchgehalten.

»Fahrt nicht nach Los Alamos!« Der Tankwart an der Kasse schien keine Widerrede zu dulden.

Okay, ich weiß: Da wurde die erste Atombombe gebaut.

»Das wissen sogar die Touristen. Aber ist der Schaden erst angerichtet, lässt er sich nicht so leicht wiedergutmachen. Da wird Plutonium gelagert.«

»Verstehe…«

Wir haben Los Alamos gemieden und uns nur eine kleine Spazierfahrt von einhundertfünfzig Kilometern im »Land of enchantment« gegönnt, Richtung Colorado. Die Atombombe im Land der Verzauberung.

Dann Ebenen und Hügel von herzerfrischender Schönheit, überall Bauernhöfe und frei laufende Pferde. Wir haben uns gefühlt wie eines von ihnen.

In Taos befinden wir uns plötzlich im Wilden Westen, in einem Schwarzweißfilm: Soldatenuniformen, niedrige Holzhäuser, Unmengen von Schaufensterpuppen, Indianer, Colts und große Gewehre. Ein gegen den Feind gerüstetes Amerika, roh, gestrig, in einer Pose erstarrt. Im Haus von Kit Carson verkleiden wir uns als Banditen, samt Pistole. Ich fordere

Andrea zum Duell: Schnell ziehe ich meinen Colt und tue so, als würde ich schießen. Er rührt sich nicht. Doch beim zweiten Versuch kommt er mir blitzschnell zuvor, und auch beim dritten und beim vierten Mal, mein bildschöner Billy the Kid. Er hört gar nicht mehr auf. Er schießt auf die Welt, auf den Himmel, auf die Berge. Auf den Staub.

Ich kann ihn nicht dazu bringen, wieder in seine eigenen Klamotten zu schlüpfen, eine Weile schlendert er durch Taos im Pistolero-Kostüm. Zuletzt zwinge ich ihn, es abzulegen, was ihn in große Erregung versetzt. Mit der ihm eigenen Hartnäckigkeit streckt er mir seinen Arm hin, damit ich ihn beiße. Ich bleibe standhaft: Nein, bei der Abfahrt haben wir eine Abmachung getroffen. Er will nichts hören, lässt sich nicht beruhigen. Vielleicht hat er Hunger, sage ich mir, und schleife ihn in ein Restaurant.

Andrea ist wirklich total aufgedreht: Kaum sind wir drinnen, stellt er die Klimaanlage ab, rückt das Besteck auf dem Tisch nach seinem persönlichen Geschmack zurecht, will dann um jeden Preis das der Nachbarn genauso hinlegen – worauf wir uns einen Blick einfangen, der wohl bedeuten soll: »Was zum Teufel seid ihr denn für zwei?« In Sekundenschnelle kippt er zwei Flaschen Mineralwasser, hält mir immer wieder den Arm an den Mund, weil er gebissen werden will. Andre, wiederhole ich, das kommt nicht in Frage! Daraufhin springt er vom Stuhl, rauf und runter, rauf und runter.

Dann wendet er sich der Kellnerin zu: Jedes Mal, wenn sie vorbeigeht, greift er nach ihrer Hand und lässt sie nicht mehr los, doch die schmächtige Kleine legt eine unerwartete Kraft an den Tag und zieht stärker als er.

Sie ist sehr hübsch, nett und freundlich.

»Sir, Ihr Sohn hält mich an der Hand fest«, flüstert sie, als handele es sich um ein Familiengeheimnis.

»Andre! Lass das Mädchen los!«

»Schimpfen Sie nicht. Es wäre überhaupt kein Problem, wenn ich nicht arbeiten müsste…« Fragen stehen ihr ins Gesicht geschrieben.

»Andre!«

Er berührt ihren Bauch. Ich kann ihn einfach nicht bändigen. Wir müssen gehen.

Draußen setze ich mich mit ihm auf die erste Bank, die wir finden.

»Erklärst du mir mal, warum du alle Mädchen so anfasst?«

»Verlobte fasse ich an.«

»Aber du fasst auch Mädchen an, die du gar nicht kennst…«

»Mädchen schön.«

»Andre, die Leute haben einen Bauch, zugegeben, aber es gibt nun mal Verhaltensregeln, und es kann sein, dass es den Frauen unangenehm ist, wenn so ein Draufgänger wie du ihnen zu nahe tritt, du übertreibst es mit den Umarmungen, dieses arme Mädchen wusste gar nicht mehr, was sie machen sollte, und irgendwann sagen die Leute: Pass auf, da kommt dieser lange Lulatsch, der dir auf den Bauch drückt, lauf, lauf schnell weg! Hast du verstanden? Die Leute können weglaufen und dich meiden, dann wirst du niemanden mehr so umarmen. Willst du denn plötzlich ganz allein dastehen?«

Er sieht mich an.

»Andre, willst du allein dastehen?«

»Allein, Papa.«

In der Ferne hören wir ein Grollen, ein Gewitter ist im Anzug.

Coyotenjagd

Stimmengewirr im Hintergrund. Ich öffne die Augen und sehe, dass Andrea vor dem laufenden Fernseher sitzt.

»Bist du denn nicht mehr müde?« Keine Antwort, die Bilder hypnotisieren ihn: ein Saloon namens Coyote Ugly, es wird getanzt und geht hoch her. Der Film spielt in Denver. Ich versuche, Andrea ins Bad zu schicken, aber nichts zu machen. Er ist jetzt außer sich vor Begeisterung, tanzt auf dem Bett Pirouetten.

Denver …

Die texanischen Rider hatten uns zum Besuch der Stadt geraten, zum Dampfablassen. Jedenfalls herrschen dort gemäßigte Temperaturen. Vielleicht ist ja ein bisschen prickelnde Luft Balsam für unsere Seelen.

Einverstanden, Andre, wir fahren durch die Berge. Denver ist hier gleich um die Ecke. Und wenn es das Coyote Ugly tatsächlich gibt, schauen wir es uns an.

Fünfhundert Kilometer, am frühen Nachmittag sind wir da. Die Stadt erscheint uns majestätisch, eine große amerikanische Metropole. Wir parken vor dem ersten Hotel, das uns das gute Navi empfohlen hat, mitten im Zentrum. Pflaumengroße Tropfen klatschen auf den noch sonnenwarmen Asphalt. »Andre, beeil dich, diese schwarzen Wolken versprechen nichts

Gutes.« Wir schaffen es gerade noch, die Außentaschen abzunehmen, dann geht ein Wolkenbruch nieder, wie es Denver höchstens alle zwei- bis dreitausend Jahre einmal erlebt. Wir drohen fortgerissen und bis nach Ontario hinauf geschwemmt zu werden. Die Wolken hatten uns in die Falle gelockt. Bloß schnell ins Hotel. Bis es vorbei ist, vergeht eine volle Stunde, aber wir sitzen gemütlich im Trockenen.

Den ganzen Vormittag sind wir unbeirrt gerade Straßen entlanggefahren. Schon gleich nach der Abreise lauerte der Regen hinter jeder Ecke: Wir haben Blitze gesehen, Donner gehört, aber stets ein Stück weit weg, am Rande der Kraftfelder. Rechts und links vor uns schüttete der Himmel Gießkannen aus, um die Beete zu wässern, aber wir blieben trocken, als würde uns eine Satellitenkarte den Schönwetterweg weisen.

Wir haben scheinbar unendliche Halbwüsten durchquert. Vereinzelte Gebäude da und dort, rote Erde, so weit das Auge reichte, spärliche Vegetation, uralte Sträucher, die sich mit dem bisschen Nahrung zufriedengeben, das es gibt. Die grünen Tupfer sind eine Erholung fürs Auge.

Auf einer Anhöhe sahen wir die Straße über mindestens zehn Kilometer vor uns liegen, eindrucksvoll, leicht wellig, inmitten einer unendlich weiten Landschaft mit bizarren rötlichen Felskuppen, die den Horizont durchbrachen. Ich habe angehalten und die Füße auf die Erde gestellt, Andrea ist sitzen geblieben. Als ich zurückblickte, wurde ich auf einmal des ganzen Antriebs gewahr, der uns bis hierher geführt hat, nach Übersee. Mit Andrea zusammen zu sein führt mich in die Ferne.

»Woher kommen wir, Andre?«

»Von da hinten, Papa.«

Andrea ist eine Lebensreise. Er hat uns bei der Olympiade für den Weitsprung vom Problem bis zur Lösung angemeldet. Viele Medaillen haben wir nicht gewonnen, doch zumindest haben wir uns weder von Trauer und Resignation überwältigen noch vom Gewicht der Schwierigkeiten erdrücken lassen. In Bewegung bleiben ist alles, auch wenn man sich vielleicht nur etwas vormacht.

Die Flaniermeile von Denver ist voller Leben: Wir lassen uns treiben in diesem schäumenden Fluss, die Strömung zieht uns fort, stößt uns hierhin und dorthin und setzt uns schließlich vor dem Coyote Ugly ab.

Andre, da ist das Coyote. Ungläubig zeige ich mit dem Finger darauf.

»Ja, Papa, Coyote schön«, erwidert er, als handelte es sich um einen Laden zu Hause um die Ecke, während er schon auf den Eingang zustürmt. Zweifellos erkennt er jedes Detail, das er im Film gesehen hat, und vor allem auch die Neonleuchtschrift. Ein kolossaler Rausschmeißer stellt sich ihm schroff in den Weg.

»Coyote Ugly!« Mit Nachdruck betont Andrea jede Silbe, aber offenbar ist dies nicht das Zauberwort, das die Geheimtür zum Lokal öffnet. Der Rausschmeißer macht einen Schritt vorwärts und schiebt Andrea mit seinem Gewicht auf den Gehsteig. Natürlich ist das Lokal für Jugendliche unter einundzwanzig verboten. Andrea hat schon das Interesse an der Eingangstür verloren und mustert den Rausschmeißer von allen Seiten.

Ich nehme ihn am Arm.

»Andre, jetzt bin ich neugierig. Ich gehe rein und mache ein paar Fotos. Was meinst du dazu?«

»Foto, Papa.«

»Okay«, sage ich, »der Junge bleibt hier, ich werfe nur kurz einen Blick rein, um zu sehen, ob alles genauso ist wie im Film. Wir lassen uns nicht reinlegen, oder, Andre?« Der Rausschmeißer zuckt die Achseln, während Andrea um ihn herumstreicht, ihn plötzlich packt und seine Muskeln betastet. Der Mann lacht schallend, stellt sich in Superman-Pose und sagt zu mir, er werde gern auf den Jungen aufpassen, solange es sich nur um einen kurzen Blick handele. Gimme five – wir klatschen unsere flachen Hände aneinander.

Auf den Kerl kann ich mich verlassen, ihm könnte man zehn Züge der Denver & Rio Grande Western Railroad gleichzeitig anvertrauen. Ich betrete das Lokal: ein moderner amerikanischer Saloon, wo es abends bei Musik und Schnaps hoch hergehen muss. Schon jetzt ist es überfüllt. An den langen Theken werfen schöne Mädchen einem Gläser zu, die man im Flug auffangen muss. Oder sie steigen auf den Tresen und gießen den Gästen den Tequila aus den Flaschen direkt in den Mund. Ich genehmige mir einen doppelten Whiskey und würde gern noch ein bisschen bleiben, doch ich fürchte, dass der Rausschmeißer Andrea plattmacht, falls ihm der Geduldsfaden reißt. Schweren Herzens gehe ich, verabschiede mich von einigen hübschen Gesichtern noch mit einem bedauernden Blick, und finde meinen lustigen Kumpel draußen mit einer Blondine im Arm. Der Rausschmeißer zwinkert mir zu, »Love«, sagt er. Mir bleibt der Mund offen stehen. Die beiden sehen aus wie ein Liebespaar. Ich bitte den Rausschmeißer um Aufklärung. »Na ja, der Playboy hat das Mädchen angebaggert, er hat ihr was Nettes gesagt, sie haben ein bisschen zusammen getanzt, und dann hat er sie geküsst.« »Ach was, das glaube ich nicht, das kannst du sonstwem erzählen.« Daraufhin erklärt er mir, dass Andrea das Mädchen zuerst in den Bauch gezwickt hat, sie hat zurückgezwickt, dann hat sie ihm ihr Leben erzählt, Andrea hat sehr aufmerksam zugehört, sie hat ein paar Tränen vergossen, er hat gelächelt, einen Tanz improvisiert, sie noch einmal in den Bauch gezwickt, dann hat sie ihn geküsst. Den Kuss hat es gegeben.

»Andre, wie heißt die junge Dame?«

»Katleen schön.«

Sie verneigt sich scherzhaft und elegant, wie eine Prinzessin. Sie stammt aus Nebraska.

Andrea ist außer sich. Überglücklich. Er erlebt einen magischen Augenblick.

Das Mädchen erzählt mir, dass niemand sie je so am Bauch berührt habe wie Andrea. Zuerst hat er gedrückt, dann hat er die Hand liegen gelassen, fast als lausche er. Ein ungewohntes, angenehmes Gefühl.

Planlos schlendern wir durch die Stadt, Andrea zieht Katleen hinter sich her, Katleen Andrea. Und Andrea lässt sich mit Selterswasser volllaufen bis tief, tief in die Nacht.

Harley Point

In der Nacht sind viele SMS angekommen. Seit zwei Wochen sind wir in Amerika, und längst glaubt niemand mehr, dass wir zurückkommen werden, weil wir eine Reifenpanne hatten oder weil uns die Hotdogs zu dünn sind und die Cola zu süß.

»Erde ruft Astronauten … alles in Ordnung?«

»Ist andrea noch bei dir oder hast du ihn verloren? Machts spaß auf dem motorrad? Wie ist das essen? Und das wetter? Ciao, dein champion«

»Mein Lieber, deine Reise mit Andrea ist sicher etwas vom Schönsten, was du je im Leben machen wirst, ein großer, mutiger Liebesbeweis, ich stelle mir vor, wie viele wunderbare Augenblicke du erlebst, die dir helfen, jedes Hindernis zu überwinden. Einfach toll. Alle Freude der Welt wünsch ich dir«

»Welche Route fahrt ihr eigentlich? Ist das kein Umweg?«

Umweg. Dass ich nicht lache! Wir haben ja schließlich keine feststehenden Termine, keine vorgegebenen Strecken, keine obligatorischen Etappen mit Zwischenkontrollen: Hier, gerade sind die zwei verrückten Motorradfahrer durchgekommen, Zeitplan pünktlich eingehalten, Stempel auf die Stirn, Unterschrift auf den Rückspiegel. Nein, wir reisen nach Lust und Laune von Verlockung zu Verlockung, von Coyote Ugly zu Coyote Ugly.

Wie immer lese ich Andrea alle SMS vor. Dann brechen wir auf. Das Motorrad macht Zicken, es spürt allmählich die Kilometer. Wieder fallen die Scheinwerfer aus, und auch die Bremsen lassen zu wünschen übrig. Nur mit Mühe kommt das Motorrad zum Stehen, die vordere Bremse funktioniert noch, aber die hintere ist wie nicht vorhanden. Undenkbar, unter solchen Bedingungen die vierhundert Kilometer zu fahren, die uns von Grand Junction trennen, das ist einfach nicht drin. Wir müssen einen Harley Point finden, und dann sehen wir weiter.

»Mal schauen, was wir tun können«, meinen die Mechaniker, die angesichts der Leiden unserer Harley wie immer überaus hilfsbereit sind. Während sie loslegen, setzen Andrea und ich uns in Pose auf alle anderen Motorräder, die in dem Salon stehen. Andrea macht Gesichter wie ein alter Rennfahrer, erstaunt, todmüde, jeder Gefahr trotzend. Nach zwei Stunden ist das Motorrad wieder fit, und wir sind erneut *on the road*.

Es geht rasch bergauf, bald sind wir auf fast dreitausend Metern, die Luft ist dünn, der Blick unendlich. Plötzlich ein Windstoß, finstere Wolken, und dann bricht ein Hagelschauer los, der ins Guinness-Buch der Rekorde gehörte.

Es ist, als befänden wir uns im Visier eines Maschinengewehrs mit Eismunition. Weit und breit keine Möglichkeit, sich unterzustellen. Also fahren wir weiter. Anhalten würde unsere Lage nicht verbessern. Mit weniger als zwanzig Stundenkilometern kriechen wir voran, ich kann kaum die Straße erkennen. Manchmal bekomme ich Angst, fahre unsicherer, doch Andrea bleibt gelassen.

In der Gegend von Aspen könnte man meinen, man sei in den Alpen. Ich warte darauf, gleich ein paar Kühe daherspazieren zu sehen, vielleicht kommen wir auch bald an einer Käserei mitsamt rotbäckiger Sennerin vorbei. Wir sind durchnässt, die Kälte nimmt spürbar zu, wir brauchen schnellstens eine Stärkung. Eine Raststätte taucht auf, an der wie immer sowohl die Autos als auch die Menschen Energie tanken können. Unter vielfachen Entschuldigungen drängeln wir uns vor in den kleinen Supermarkt. Wir hängen unsere triefenden Regenanzüge auf, trocknen uns mit einer Rolle Küchenpapier die Haare und setzen uns auf einen Getränkekasten, um einen Hotdog zu vertilgen. Unsere Hände sind so eisig, dass Andrea Mühe hat, das Brötchen zu halten. Doch kaum ist er etwas gestärkt, umarmt er mit ein paar Verrenkungen einen Typen, der hereinkommt, um seine Benzinrechnung zu begleichen. Erschrocken zuckt der Mann zusammen, das hatte er nicht erwartet: okay, autistic guy, no problem. Ich kann mir gut vorstellen, dass jemand im ersten Moment den Impuls hat, dem Jungen eine Ohrfeige zu verpassen. Viele lächeln jedoch verständnisvoll. Wenn sie merken, dass Andrea zu mir gehört, sprechen mich manche Leute auch an, um Näheres über ihn zu erfahren, und so entstehen wertvolle Kontakte. Es weckt oft tiefes Mitgefühl, wenn sie sehen, wie ich mich bemühe, zwischen zwei Welten zu vermitteln. Da Andrea sich allen gegenüber so verhält, lernen wir Leute jeder Art kennen: große, kleine, blonde oder brünette, dünne und dicke, junge und ältere, Männer und Frauen.

Am Nachmittag bessert sich das Wetter. In der vom Regen gereinigten Luft sind die rostigen Rottöne der Felsen noch schöner.

Endlich erreichen wir Grand Junction und mieten uns in einem anonymen, hellerleuchteten Motel an der Straße ein. Bequemer Parkplatz vor der Kasse, Papiere, Geld. Selbstsicher lässt sich Andrea den Schlüssel aushändigen, er macht es gut, inzwischen weiß er Bescheid.

Im erstbesten Lokal essen wir Pizza und nehmen danach in einer Papiertüte ein paar Getränke mit ins Motel. Gestern haben wir mehr als genug über die Stränge geschlagen und das Nachtleben in vollen Zügen genossen, heute ist Ruhe angesagt.

Ich versuche, Andrea zum Schreiben zu bringen, das ist anstrengend für ihn, ich weiß. Erst tippe ich eine Frage, dann stelle ich mich hinter ihn, berühre seine Schulter. Er starrt auf den Bildschirm. Ich möchte so gern, dass er antwortet, aber nicht nur mit wenigen Worten, und komme auf die dumme Idee, ganz leicht seine Hand zu nehmen, um sie auf die Tastatur zu führen, wie seine Mutter es vor ein paar Jahren machte. Er lässt es zu, dass ich seine Hand nehme, doch schreiben tut er nicht. Verwirrt blicke ich auf meine Frage:

Ciao Andrea, hast du heute unterwegs Angst gehabt?

Staunen

Es regnet. Durch die Fenster unseres Zimmers blicke ich nach oben und suche nach dem Punkt, an dem die Tropfen erscheinen. Lautlos sind sie Hunderte von Metern gefallen.

Es ist noch früh. Also abwarten, irgendwann muss es ja aufhören. Andrea, im Bett, reibt sich ständig die Augen. Sie sind gerötet. Es wird doch keine Bindehautentzündung sein? Das konnte ja nicht ausbleiben, Andre, wenn du dich so darauf versteifst, keine Brille aufzusetzen. Dann hast du es so gewollt!

Ich suche die Tropfen, träufle sie ihm in die Augen, zeige ihm die Brille und sage: Wehe, wenn du sie nicht aufsetzt! Gegen acht können wir dann losfahren. Für wenige Minuten begleitet uns noch ein leichter Regen, der verdampft. Es ist kälter als gestern, doch das Wetter ist gut, und ich vermute, dass sich die Luft im Lauf des Tages erwärmt. Wir tragen unsere gesamte Garderobe am Leib: T-Shirts, Pullover, Windjacken und Regenanzüge. Die Reisetaschen sind praktisch leer.

Nach ein paar Kilometern trifft die Straße auf den Colorado, und der Fluss leistet uns eine ganze Weile Gesellschaft, er schlängelt sich die Canyons entlang, und wir legen uns in die weiten Kurven, die den Flusswindungen folgen. Allmählich verändert sich die Landschaft, wir kommen von Colorado nach Utah, nur noch vereinzelt ragen jäh hohe Berge auf, der Rest ist Ebene, so vollkommen waagrecht, dass sie aussieht wie gezeichnet. Über viele, viele Kilometer fühlen wir uns wie in einem Comic. Fast haben wir den Verdacht, dass die gelegentlichen Bemerkungen, die wir austauschen, in Sprechblasen erscheinen. Unglaublich, wie vertraut einem Amerika durch die Filme vorkommt, als wäre das ganze Land nichts als eine endlose Sequenz von Szenen und Kulissen, deren Anblick wir schon tausendmal mit einer Eintrittskarte für das Gemeindekino mit erstanden haben.

Doch auf das Schauspiel von Monument Valley waren wir nicht gefasst, da hätten wir noch so viele amerikanische Filme anschauen können. Eine Ansammlung uralter Festungen, vor Jahrmillionen hier angelegt, um über diese staubigen, rostroten Weiten zu wachen. Andre, schau mal! Sieht aus wie die Stühle von Riesen. Wir sind verzaubert, die Landschaft ist atemberaubend. Wir sind ja auch nicht mit der Sightseeingtour hergekommen, mit einer pummeligen Reiseleiterin in robusten engen Jeans, die einen gleich nach dem Frühstück in den Bus verfrachtet, Eier mit Speck, alle fertig?, seid ihr so weit?, Antreten zum Abzählen, jeder auf seinen Platz, dann ein langweiliger Vortrag über die Schönheiten, die man gleich zu sehen bekommt, damit man schon auf der Fahrt einschläft, und Schluss mit Staunen. Nein, für uns ist es ein Wunder wie aus dem Märchen. Das ist Staunen.

Staunen, was für ein schönes Wort.

»Überrascht Sie das?«, hatte der Facharzt vor fünfzehn Jahren gefragt. Ich antwortete nicht sofort, war wie betäubt, Autismus ist kein Wort, dem man alle Tage begegnet. »Überrascht Sie das?«, wiederholt der Arzt. Ob es mich überrascht? Nein, warum sollte es? Ich suche in meinem Wortschatz nach der Bedeutung von Überraschung und frage mich, ob ich zum Beispiel die Augen aufreißen würde, wenn ich im tiefsten Winter einen Sternschnuppen-Regen fallen sähe. Vielleicht. Doch Überraschungen erlebst du ungefähr eine pro Woche, wenn du Glück hast, auch zwei. Ein autistisches Kind ist leider mit solchen Begriffen nicht zu fassen.

Wir halten das Motorrad an, dehnen uns, strecken die Arme zum Himmel. Andrea geht ein paar Schritte von der Straße weg. Er schaut sich um. Vielleicht beobachtet er mich jetzt, sieht seinen Vater reglos am Rand dieser Weite und fragt sich, warum ich nicht loslaufe und mich unter den Sträuchern verkrieche wie die berühmten Wüstenwürmer, warum ich nicht dieses Licht einfange und in eine Schachtel fülle, die man dann aufmachen kann, wenn es an Wintertagen zu früh dunkel wird.

»Hey, Vorsicht, Coyote«, scherze ich.

»Coyote schön.«

Tja, für ihn ist alles schön. Ist es nur eine mechanische Wiederholung? Oder bedeutet es, dass er alles schätzt, was er aufnehmen und erfassen kann, und dass er jeden noch so kleinen Splitter, der aus der Welt zu ihm dringt, funkeln sieht? Ich will mir die Illusion bewahren, dass es so ist.

Dann fahren wir weiter, denn Andrea möchte noch »eine Runde mit dem Motorrad« machen. Trotz der langen Strecke fühlt er sich, als sei er eben erst aufgestiegen. Gegen acht Uhr abends, als die Sonne untergeht, erreichen wir, kein bisschen müde, Tuba City. Das Land der Navajo.

Andrea und ich sind ein Herz und eine Seele, wir brauchen nichts sonst.

Im Blaubeerwald

Keine Tipis, Pferde, Squaws und Kinder, die sich im Bogenschießen üben. Es ist etwas befremdlich, morgens aufzustehen und sich unter lauter Navajos zu befinden, die in Wohnwagen und graublauen Fertighäusern leben, in rundherum verstreuten Behausungen mit rostigen Ofenrohren auf den Dächern. Die Jugendlichen haben keine Hemmungen, uns um ein paar Dollar zu bitten.

Einige mustern neugierig unser Motorrad, und wir erzählen von unserer Reise, wo wir losgefahren sind und wie viele Kilometer wir zurückgelegt haben. Sie laden uns zu sich nach Hause ein und bieten uns zu trinken an.

Auch wenn sie hier auf knarrenden Stufen sitzen, sehen die Älteren aus, als würden sie noch heute von der Prärie träumen und als wären sie früher wenigstens als Statisten in einem Western aufgetreten.

Tatsächlich ruft ein alter Mann seinen Enkel als Dolmetscher, weil er uns unbedingt erzählen will, dass er in sieben Meisterwerken mitgespielt hat, eines davon selbstverständlich mit John Wayne. Er zieht imaginäre Colts und kneift zum Zielen die Augen zusammen, steht auf und tut, als würde er reiten. Ein überwältigendes Schauspiel: ein alter Navajo in Jeans, kerzengerade auf einem unsichtbaren Pferd, wettergegerbte Haut und lange, graue, zum Pferdeschwanz gebundene Haare, die er ganz leicht schüttelt, als fegte ihm der Wind entgegen. Leuchtende Augen, die in die Vergangenheit weisen, großartige Ausstrahlung.

Neugierig kommen Frauen aus anderen Wohnungen gelaufen, die älteren umringen Andrea, diesmal sind sie es, die ihn anfassen, ohne ein Wort. Sie legen ihm die Hände auf die Arme, auf den Rücken, befragen ihn mit den Augen, machen aber den Mund nicht auf.

Andrea dreht sich einmal um sich selbst, wie um ihre Neugierde zu befriedigen, und steht schließlich mit gesenktem Kopf in einem kleinen Kreis. Er fühlt sich beobachtet.

Eine Frau streckt den Arm aus und lässt ihre Hand vibrieren, die anderen tun es ihr nach: Ein leiser Gesang ertönt.

Mit einem Ruck springt Andrea auf einen Wohnwagen zu, er hat ein schiefes Ofenrohr entdeckt, das er unbedingt geraderücken muss.

Die Frauen tuscheln miteinander.

Ich nähere mich, versuche, eine der alten Frauen zu fragen, ob sie etwas gesehen oder gespürt haben.

Die Frau antwortet, aber ich verstehe sie nicht.

Ich sehe mich nach Hilfe um, doch die Kinder sind weit weg.

»Was habt ihr gesehen?«, dränge ich. »Autistic guy«, füge ich noch hinzu, aber das sind nur sinnlose Laute für sie. Sie sehen mich durchdringend an. Eine Frau tippt mir mit der Fingerspitze aufs Herz, und eine andere hält mir an einem Band ein kleines Amulett hin. Sie deutet auf Andrea, es ist ein Geschenk für ihn. Bevor wir wieder aufs Motorrad steigen, hänge ich es ihm um den Hals.

Indianer im Wohnwagen.

Amerikaner im Wohnwagen haben wir viele gesehen. Gerade sind wir ein Stück Straße entlanggefahren, an dem auf Pfählen zahlreiche Briefkästen standen, ein vor bewegliche Häuser gepflanzter Wald. Andere Briefkästen halten Wache vor verwaisten Stellplätzen, die kaum größer sind als eine Briefmarke.

Neugierig haben wir angehalten und nachgesehen, manche der Kästen quollen über von Post. Ich war fasziniert. All diese Briefe würden vielleicht nie gelesen werden oder, wenn doch, erst nach Jahren. Worte, die noch reifen. Vielleicht auch verlorene Zeilen voller Liebesschwüre und inständiger Bitten, die am falschen Ort gelandet sind. Die Briefträger haben nicht das Herz, sie wegzuwerfen, und bringen sie hierher: auf den Friedhof der Botschaften, die dazu bestimmt sind, niemals gelesen zu werden.

»Sollen wir auch einen Brief einwerfen, Andre?«

Andrea bejahte. Er wirkte so überzeugt, dass ich nach Papier suchte und nahm, was ich gerade zur Hand hatte: ein paar alte Post-its, und unten im Rucksack lag zufällig noch eine leere Tüte. Ich riss sie auf und strich sie ordentlich glatt. Dann nahm ich einen Stift. Was willst du schreiben? Andrea zögerte.

»Keine Wörter? Willst du Farben?«

»Farben schön.«

Es standen uns Zahnpasta und ockerfarbene Erde zur Verfügung. Mit etwas Wasser begannen wir zu mischen, Andrea war begeistert und rührte eine nach Minze duftende Malcreme von undefinierbarer Farbe an. Ich legte die Papierstücke nebeneinander, und er malte dichte parallele Striche mit einem Häkchen untendran: wie lauter Schirmgriffe. Mit dem Stift schrieb ich das Datum dazu. Am Ende verteilten wir diese Botschaften auf mehrere Briefkästen. Sie erzählen davon, dass wir hier vorbeigekommen sind.

Dann sah ich einen verblassten blauen Briefkasten. Ohne nachzudenken schob ich einen von Andreas Texten hinein.

Andrea, erinnerst du dich, wie ich unterwegs mit dir über das Leben gesprochen habe, über die Zukunft und über die Dinge, für die du dich mehr anstrengen müsstest? Was hältst du davon?

andrea hört was papa sagt ich versuche jeden tag meinen geist anzustrengen kämpfe aber umsonst bin verzweifelt über meinen autismus
hilfe brauche ich
Was könnte dir helfen?
nicht zu viele forderungen ich habe mühe so viele befehle auszuführen
kopfweh
papa entschuldige ich kann meinen körper nicht kontrollieren
Entschuldigungen bringen nichts.
weiß ich
du musst mein unbehagen verstehen unter starkem druck bin ich
Willst du, dass ich über etwas nachdenke?
ich bin gefangen in gedanken an die freiheit
andrea will gesund werden
ciao

Auto- und Busschlangen kündigen an, dass wir uns dem Grand Canyon nähern. Andrea küsst mich mehrmals auf die linke

Wange, vielleicht, um sich für dieses traumhafte Panorama zu bedanken.

Wir überholen eine Unmenge Touristen und stellen uns an, um einen Blick von der Aussichtsterrasse zu werfen.

Das Gedränge macht Andrea fertig. Er kann die Arme nicht ausbreiten, er kann nicht hüpfen, wird geschubst. Aus dem Abgrund steigen Gravitationswellen herauf, die seine Gedanken erwischen. Das reicht, wir haben genug gesehen vom Grand Canyon.

Auch weil die legendäre Route 66 auf uns wartet.

»Andre, wir sind auf der Route sixty-six.«

»Sisti si.«

»Und wir wissen nicht, wohin…«

»…wir gehen.«

Wir kommen durch Dörfer, die aussehen wie in den fünfziger und sechziger Jahren, Elvis ist allgegenwärtig, und auch die Leute scheinen noch in dieser Zeit zu leben – lauter alt gewordene Jugendliche. Sie lieben den ganzen aus der Mode gekommenen Plunder, der an Tankstellen – die nichts weiter als verkappte Trödelmärkte sind – mit Schildern aus Zeiten des Kalten Krieges angeboten wird.

Rast in Seligman, großes Steak für Andrea, *fish and chips* für mich.

Vor dem Schlafengehen versuche ich, mich schriftlich ein bisschen mit ihm zu unterhalten.

Wie fühlst du dich heute?

Andrea rührt sich nicht, er ist in seinen Märchenwäldern auf Blaubeersuche gegangen.

Manchmal tut es weh, sich ausgeschlossen zu fühlen. Zu gern würde ich eine Lücke in dieser Dornenhecke finden, hindurchschlüpfen, um dann zu entdecken, dass er glücklich und zufrieden auf einer Lichtung spielt. Wäre das nicht auch für mich ein schöner Platz zum Ausruhen? Es fällt mir schwer zu akzeptieren, dass es eine unüberwindliche Grenze gibt. Dass Andrea unerreichbar ist.

Zuletzt antworte ich mir selbst, in der Hoffnung, richtig zu raten. Es ist, als führte man ein doppeltes Leben, eine Art nicht biologische Schwangerschaft. Andrea folgt meinen Sätzen und lächelt die ganze Zeit. Das heißt, es ist gut so. Hoffe ich jedenfalls.

Dann knipse ich das Licht aus. Gute Nacht.

Las Vegas

Die sms kam unerwartet, mitten in der Nacht, ich sah sie erst am Morgen. Wenige Zeilen von Lorenzo, einem guten Freund, der vor etwa zehn Jahren nach Tulum entschwunden war, nach Mexiko.

Es ist nicht mehr weit bis hierher, schreibt er. Komm, wag den Sprung nach Mexiko. Aber nicht nur bis Tijuana, in der Nähe der Mauer träumen sie sowieso nur davon, Amerikaner zu werden. Hier, im Mexiko der Mayas, findest du noch ein bisschen Herz, da kann die ganze Menschheit spinnen, wie sie will. Hier kann man neu anfangen.

Ja, alle sehnen sie sich nach einem Neuanfang.

Der Pazifik rührt sich nicht. Er erwartet uns. Zieht uns an wie ein großer, flüssiger Magnet. Endlich ist Los Angeles ein erreichbares Ziel, auch wenn ein Zwischenhalt nötig sein wird.

Von kalifornischen Visionen und aufsteigenden Phantasien abgelenkt, bemerke ich nicht sofort die sonderbare Gestalt am Straßenrand. Andrea macht mir mit der Hand ein Zeichen: Ein Herr radelt durch die Wüste. Auf einem kleinen Fahrrad mit dicken Reifen. Er trägt einen Hut auf dem Kopf und hat eine keineswegs sportliche Figur. Den müssen wir unbedingt anhalten! Auf einer schmalen Piste aus gelbem Staub tritt er unbeirrbar zwischen den Sträuchern in die Pedale, wir bremsen, bis wir uns auf gleicher Höhe befinden.

»Noch nie habe ich in der Wüste jemanden auf dem Fahrrad gesehen«, schreie ich. Ich halte am Straßenrand, Andrea steigt ab und rennt dem Mann hinterher. Der Mann dreht sich um und schaut uns an.

»Wenn ihr häufiger in Wüsten unterwegs wärt, würdet ihr viele merkwürdige Sachen sehen«, sagt er. Kein einziger Tropfen Schweiß steht auf seiner Stirn. »Die Wüste ist der ideale Ort für Merkwürdigkeiten«, stellt er fest.

Als er merkt, dass Andrea ihn anschieben will, sagt er: »Achtung, junger Freund!« Andrea richtet sich schlagartig auf und hält die Luft an.

Mich fragt er: »Möchten Sie ein paar Dollar investieren?«

»Es kommt darauf an«, erwidere ich.

»Ich habe ein ganz tolles Projekt.«

»Hier in der Wüste?«

»Ich möchte ein Touristenhotel bauen. Kein Vergleich mit San Marcos in the Desert, das dieser Stümper von Frank Lloyd Wright sich ausgedacht hat. Der hatte keine Ahnung von der Wüste. Dieser Lackaffe!«

»Wie viel brauchen Sie?«

»Fünfzigtausend. Haben Sie das?«

»Nein.«

»Zwanzigtausend?«

»Auch nicht.«

»Wie? Da kommen Sie in die Wüste ohne einen roten Heller? Sie sind ja noch schlimmer als Wright – der war zwar ein Lackaffe wie Sie, aber wenigstens nicht mittellos! Aber vielleicht interessiert Sie ein Business mit Karamellpopcorn? Ich hab da ein paar Ideen…«

»Ich glaube kaum. Wohin fahren Sie denn?«

»Ich lasse den Lieferwagen immer hinten im Dorf stehen und fahre mit dem Rad weiter. Ein Leben lang hab ich in der Wüste gearbeitet, ohne halte ich es nicht aus. Ich fahre zur dicken Linda.«

»Linda?«

»Ein paar Meilen weiter vorn. Falls ihr anhaltet, sagt ihr, George ist unterwegs. Na ja, sie weiß sowieso, dass ich früher oder später komme.«

»Und wenn Ihnen etwas zustoßen sollte, unter dieser Sonne?«

»Kümmern Sie sich um Ihren eigenen Dreck«, knurrt George, während er versucht, wieder loszuradeln.

Diesmal schiebt Andrea ihn am Rücken an.

Die Szene erinnert an die allerersten, unmöglichen Flugversuche.

George hebt dankend die Hand.

Auch wir fahren weiter, die Straße vibriert, es sind vierzig Grad, die Luft flimmert und verzerrt die weißen Linien. Wie eine Fata Morgana taucht das Schild von Linda's Café auf, einem kleinen Lokal, das von einer so kolossal dicken Frau geführt wird, dass nicht einmal Andrea, der große Umarmungsexperte, sie ganz umfassen kann. Er probiert es, bekommt aber nur einen Bruchteil von Linda in den Griff, sagen wir, ein Viertel.

»George lässt Sie grüßen«, sage ich, »er ist schon unterwegs mit seinem Fahrrad.«

»Hat er keinen Platten gehabt? Er kommt doch nur, weil er Geld für seine verrückten Ideen haben will!«

Linda saust trotz ihrer Leibesfülle mit ungeahnter Gewandtheit von einer Ecke des Raums zur anderen. Sie nimmt Andrea am Arm, schleift ihn zwischen den Tischen durch und stellt einen Haufen Fragen.

»Super, dass du es bis hierher geschafft hast. Hat dieser grässliche Typ dich hergebracht? Oder fährst du selbst Auto? Ein Motorrad wäre in der Wüste allerdings viel besser.«

»Aber wir sind doch mit dem Motorrad da«, protestiere ich.

»Halten Sie den Mund! Was wissen Sie schon von Wüstenmotorrädern?«

Ich entfalte eine Karte, da ich unschlüssig bin, wie es von hier aus weitergehen soll. Einstweilen trinke ich gekühlten Kaffee, ein Halbliterglas voller Eiswürfel. Der Geschmack ist berauschend, wie immer, wenn Sympathie in der Luft liegt. Linda, die alle Tische genau im Auge behält, bleibt stehen und blickt auf die Karte.

»Las Vegas«, sagt sie, »ist perfekt für zwei Reisende wie euch.« Nein, Las Vegas? Mit Andrea? Da ist zu viel Chaos für ihn. Doch Lindas Stimme hat einen so eigentümlichen Ton, dass ich aufhorche: Wenn sie »Las Vegas« sagt, klingt es, als spräche sie von einem märchenhaften Ort ohne jegliche Gefahr für zwei Typen wie uns, so wie wir aussehen und uns bewegen, ließen wir uns ja gewiss nicht von den Lichtern der Stadt blenden.

Ich hatte Andrea versprochen, wir würden auf der Reise immer das Maximum herausholen. »Andre, willst du nach Las Vegas fahren?« Sinnlose Frage, selbstverständlich ist die Antwort ja. Na dann … eine Nacht in Las Vegas.

Aufgekratzt schwingen wir uns wieder aufs Motorrad, und unterwegs erzähle ich Andrea von der Stadt des Glücksspiels. »Alles haben sie dort«, sage ich, »Slot Machines und auch Glücksspiele mit Karten und Roulette, weißt du, da dreht sich eine Kugel, es kommt eine Zahl heraus, rot oder schwarz.«

»Rot«, wiederholt Andrea mehrmals und lacht herzlich.

Über die Autobahn können wir unser Ziel in drei Stunden erreichen. Es ist brüllend heiß, die reinste Hölle. Wir begegnen keinem einzigen Auto, nur Eidechsen und verkohlten Grashalmen. Das Motorrad macht Zicken, hoffentlich macht es nicht vor uns schlapp.

Es ist noch hell, als wir in Las Vegas einfahren, ein Rummel ohnegleichen und irrer Verkehr. Wir beschließen, im Herzen der Stadt zu logieren, im Hotel Monte Carlo, das ist vornehm, praktisch und ein wenig eisig. Als wir ins Zimmer hinauf gehen, erfasst mich Übelkeit, der Magen ist in Aufruhr. Ich lasse mich aufs Bett fallen – leise Musik, gedämpftes Licht, ich versuche mich zu entspannen. Andrea verhält sich still und unbekümmert. Vielleicht könnte eine heiße Dusche die Müdigkeit fortspülen. In der Tat geht es mir danach besser, ich fühle mich noch etwas matt, gern würde ich noch eine Weile verschnaufen, doch Andrea wird allmählich ungeduldig. Okay, krank sein verboten.

Die Stadt ist eine elektrisierende Glitzerwelt, ein wimmelnder Ameisenhaufen voller Angebote jeder Art, da kann man leicht den Kopf verlieren, und das tun wir auch ein bisschen. Shows, Spielcasinos, Bordelle. Wir wagen uns an eine Slot Machine. Andrea gibt ein paar Kombinationen ein und gewinnt eine Handvoll Münzen: Er ist aufgeregt und ganz von den Socken, erforscht den Saal im Tanzschritt bis in den hintersten Winkel. Wer weiß, am Ende räumt er noch sämtliche einarmigen Banditen leer, denke ich, doch dann spielen wir erneut, und noch einmal und noch einmal, bis der ganze Gewinn wieder futsch ist.

Auch hier fühlt sich Andrea von kleinen Details angezogen, von unerwarteten kleinen Szenen. Die Fotos am Eingang der zahllosen Hochzeitskapellen, wo eine Trauung so lange dauert wie ein kurzer Imbiss, fesseln ihn.

Verwundert betrachten wir die abgelichteten Paare, die hier im Sekundentakt den Bund fürs Leben geschlossen haben. Wer da alles zusammengefunden hat: baumlange Männer und winzige Frauen, Herren im Wikingerkostüm, pausbäckige Wesen mit Schilddrüsenüberfunktion, ein Paar, das sich auf Akrobatenrädern das Jawort gibt, ein Bräutigam mit Fallschirm – der geht auf Nummer sicher, scheint mir.

Zum Atemholen setzen wir uns auf die Piazza San Marco, während rundherum Frauen als Gondolieri verkleidet auf einem Miniatur-Canal-Grande hin und her rudern. Die Touristen fotografieren die Schönheiten der Lagune, aus dem Baumarkt stammende Ziegelsteine ohne die Patina der Jahrhunderte, die das Original überzieht.

Nach zahlreichen Schlössern, Pyramiden, Palmen, Pharaonen, einem Dutzend Minnies, einem brasilianischen Karneval, einem Defilee von Harleys, einer Fußballmannschaft in Leuchtfarben wissen wir nicht mehr, wo uns der Kopf steht. Wir haben mehr gesehen, als man aufnehmen kann. Ich zumindest.

Wir flüchten ins Bett, es ist späte Nacht.

Ein Kuss für die Braut

Die Stadt gleicht einem schlafenden Löwen. Las Vegas ohne Lichteffekte wirkt beinahe zahm.

Wir brummen zweihundertfünfzig Kilometer über einen Highway.

Völlig erledigt dösen wir unter einem der seltenen Bäume in der Nähe einer Tankstelle und blicken auf die flimmernde Weite, die uns umgibt.

Dann verkürzen wir die Reise nach Los Angeles um drei Stunden, indem wir durch einen Wald von gigantischen Leitungsmasten fahren, die ganz Kalifornien mit Elektrizität versorgen.

Wie ein Trichter schluckt uns der dichte Verkehr, vier- bis fünfspurige Straßen, wir verlieren die Orientierung und wissen nicht mehr, wo es langgeht. Also müssen wir auf das Navi vertrauen, das unser treuester Freund geworden ist und uns geradewegs nach Santa Monica führt.

Da sind wir. Einen Augenblick lang kann ich es nicht glauben, dass das Wasser vor uns der Pazifische Ozean sein soll.

Andrea klammert sich immer noch an mich, setzt keinen Fuß auf den Boden. Auch ich zögere. Hey, Andre, wir sind angekommen!

Ich überlege, wie wir das feiern könnten. Andrea streckt

demonstrativ sein Grillenbein, als er vom Motorrad absteigt, und stellt sich sofort auf Zehenspitzen.

Wir drängeln uns durch eine bunt gemischte Menschenmenge, Asiaten, Orientalen, blonde Hünen und Soldaten auf Ausgang, bis wir direkt am Ufer stehen.

»Andre, das ist der Pazifische Ozean. – Pazifik, das ist Andrea. – Willst du ihm was sagen? War es einfach oder schwierig, bis hierher zu kommen?«

»Einfach.«

»Wer hat das Motorrad gefahren?«

»Ich.«

»Andre, sagen wir's ganz offen: Wir sind tapfere Helden!«

»Helden, Papa.«

Er dreht sich einmal um sich selbst und führt dann einen kleinen Regentanz auf, ein spontanes Dankesritual.

Die Leute schauen uns an. Wir fragen, ob jemand ein Foto von uns machen kann. Todmüde, aber selbstbewusst stellen wir uns in Positur. Wir haben es geschafft, wir fürchten uns vor nichts.

Vor der Abreise war ich auch bei Barnard, unserem Hausarzt, und habe ihm erzählt, was Andreas behandelnde Ärzte zu mir gesagt hatten.

»Sie meinen, zu viele Veränderungen und zu viel Aufregung würden Andrea nicht guttun.«

»Schon möglich.«

»Möglich oder sicher?«

»Möglich. Der Mensch ist nicht so einfach gestrickt, dass man alles genau berechnen kann.«

»Aber wenn ich für Andrea nur das Beste will, soll ich ihn

dann lieber vor der Welt schützen oder sie ihm zeigen, damit er sich sattsehen kann, was meinst du?«

Der Doktor sah mich zweifelnd an.

»Wie würdest du dich denn verhalten, wenn du so einen Sohn wie Andrea hättest?«

»Habe ich aber nicht«, seufzte er.

»Also muss ich allein zurechtkommen…«

»Manchen Patienten, die anfangen die Tage zu zählen, sage ich, dass es ihnen vielleicht helfen könnte, wenn sie ihr Leben verändern. Etwas zu verändern ist manchmal die beste Medizin. Doch fast niemand hört auf mich.«

Na bitte, Barnard, ich habe auf dich gehört.

Mit glückstrahlenden Augen betreten wir ein Hotel. Leider ist es ausgebucht, weil gerade eine große Messe stattfindet, keine Ahnung, welche. Also bitte, ständig diese Messen, sogar wenn die Helden kommen!

Sie raten uns, woanders zu fragen, okay, machen wir, ohne Rücksicht auf Verluste klappern wir alles ab, und zuletzt sind die Helden verdreckt und müde. Um ein Zimmer zu finden, müssen wir zwanzig bis dreißig Kilometer weit rausfahren, sagt man uns, oder es in den Luxushotels versuchen. Nun gut, wenn uns nichts anderes übrigbleibt, dann müssen wir eben unsere Ansprüche raufschrauben! Wir klopfen beim Ritz Carlton an, sehen aus wie zwei Landstreicher, völlig zerzaust, mit schlammbespritztem Motorrad. Andreas Gesicht ist so schwarz wie das eines Bergarbeiters. Als wir auf die Rezeption zugehen, schauen uns die Portiers an der Tür mit offenem Mund nach. Die Gäste murren verwundert, aber elegant.

»Hast du gesehen, Andre, die Gäste hier sind so reich, dass

sie aussehen, als wären sie für eine Hochzeit angezogen.« In der Tat: Das Carlton ist fast vollständig für eine prachtvolle Hochzeitsfeier gebucht. Wie durch Zauberei erscheinen Braut und Bräutigam in der Nähe des Empfangs. Die Atmosphäre ist festlich und entspannt, weich wie parfümierte Watte.

Ich stelle mich an, Andrea dagegen stürzt sich auf die Braut. Er erkennt sie an ihrem schönen hellblauen Kleid und küsst sie mit einem Schmatz auf den Mund. Tja, meine Dame, Sie tragen ein Kleid, das Sie zu einem leicht erkennbaren Ziel macht, Sie können nicht annehmen, dass ein tüchtiger Bomber keinen Kuss auf Sie abfeuert. Die Dame breitet ergeben die Arme aus, der Bräutigam läuft auf sie zu wie ein Grizzlybär, dem nach acht Jahren Einsamkeit in den Rocky Mountains die Gefährtin entführt wird. Überraschung: Andrea küsst auch ihn.

Der Mann erfasst die Lage schneller als seine Zukünftige und fängt an zu lachen. Die Gäste kennen sich nicht mehr aus: Sie denken an einen Theatercoup, an einen verheimlichten Sohn, der gekommen ist, um seine Mutter vor dem schicksalhaften Jawort zu küssen. Könnte ja sein, Andrea ist jung, und die Braut ist eine attraktive Vierzigjährige. Die anwesenden Frauen spüren einen Kitzel perfider Neugier, die Männer zwinkern sich zu. Überall wird gemurmelt. Zum Glück trifft Andrea mit seinen Kuss-Salven auf Damenhöhe auch noch ein paar Brautjungfern. Der Junge muss also entweder ein bezahlter Provokateur der Liga gegen die Ehe sein oder ein vom Vollmond inspirierter sympathischer Küsser.

»Andrea, komm her!«, brülle ich, aber gleichzeitig fordert mich jemand auf, das Motorrad wegzufahren. »Ja, gleich, Moment mal!, wir bräuchten ein Zimmer«, flehe ich.

»Nein, fahren Sie erst das Motorrad weg, und erklären Sie Ihrem Sohn, dass das ein Ficus ist und er die Blätter nicht abreißen soll!«

Okay: »Andrea, lass den Baum los! – Aber wir suchen ein Zimmer, wir kommen von der anderen Küste, wir sind Tausende von Kilometern quer durch Amerika gebraust und sind gerade ein ganz klein wenig erholungsbedürftig.«

Die Empfangsdame, die bis zu diesem Moment unerschütterlich zugesehen hat, wie ihre Truppe versucht, uns in Schach zu halten, zieht belustigt eine Augenbraue hoch.

»Ist der Junge Ihr Sohn?«, fragt sie, doch ich merke, dass sie wissen will, was Andrea hat.

»Der Junge ist autistisch.«

Teils aus Sympathie, teils, damit wir aus dem Weg sind, nimmt sie uns unter ihre Fittiche und geleitet uns in ein fürstliches Zimmer. Genau was wir brauchen …

Sauber und erfrischt, wie neugeboren, gleichen wir zwei Lords und haben nichts mehr gemein mit den abgerissenen Landstreichern von vor wenigen Stunden. Und wie Lords bestellen wir einen Whiskey für mich und reinstes Wasser für Andrea. Mit einem gewissen Dünkel blicken wir auf die Welt herab. Sind wir nun am Pazifischen Ozean oder nicht? Aus der Bar kommt dichtes Stimmengewirr, doch wir zwei lassen den Abend auf unsere vornehme Art in einem bequemen Sessel ausklingen, überzeugt, dass wir viel geleistet haben. Sehr viel sogar.

Und jetzt?

Los Angeles

Ich reiße die Augen auf, und scheinbar grundlos überfällt mich ein sonderbares Unbehagen. Die Begeisterung darüber, einen anderen Ozean erreicht zu haben, ist wie weggeblasen. Ich habe den Eindruck, nirgends angekommen zu sein. Wie soll es nun weitergehen? Wir könnten auf dem Rückweg die Küste hinauffahren, das soll sehr schön sein. Portland sehen, und dann vielleicht hoch bis nach Kanada. Mit Zwischenstopp in Seattle.

Doch der Gedanke setzt innerlich nichts in Bewegung.

Der Himmel ist noch grau, ich habe keine Lust, das Motorrad zu nehmen. Zu Fuß suchen wir uns ein Frühstückslokal. Während eine Kellnerin unsere Bestellung aufnimmt, erhebt sich Andrea, inspiziert den Tresen, verschiebt etwas, es fällt um, und der Besitzer ist verärgert. Ich sehe, wie er Andrea am Arm packt und ihn festhalten will. Das ist nicht so leicht, wie er dachte. Andrea reißt sich zwar nicht los, aber er verlagert sein Körpergewicht nach hinten, um sich zu entfernen, und die Sache tut ihre Wirkung. Unerwartet wird der Mann nach vorn gezogen und flucht halblaut.

Ich bereite mich schon auf die Vorwürfe vor: Wenn die Leute kapieren, dass ich für Andrea verantwortlich bin, fühlen sie sich häufig bemüßigt, mir mitzuteilen, er habe dies oder jenes getan. Gewöhnlich antworte ich, manchmal schweige ich, manchmal schicke ich sie auch zum Teufel, es hängt davon ab, wie sie mir kommen und wie ich mich fühle.

Vom Tisch aus brülle ich: »Der Junge ist autistisch!« Die Gäste drehen sich nach mir um, und die Kellnerin reißt die Augen auf.

Der Hinweis scheint den Besitzer nicht zu besänftigen, er mustert Andrea mit grimmigem Gesicht.

»Ruhe haben«, sagt Andrea, der Mann versteht ihn nicht, und auch der Ton gefällt ihm nicht.

Jetzt reicht's, denke ich wütend und bin mit einem Satz am Tresen, packe den Kerl am Arm und sage: »Schämen Sie sich!«

»Was wollen Sie?«

»Der Junge ist mein Sohn. Er hat ein kleines Problem.«

Der Besitzer beruhigt sich nicht. Ich auch nicht. Anscheinend haben wir beide einen schlechten Tag.

Wir fordern uns mit Blicken heraus.

Gleich gehen wir mit Fäusten aufeinander los. Doch dann zuckt er auf einmal die Achseln und tut so, als wäre ich Luft, als sei das Ganze allein seine Sache und ginge mich nichts an: Schon wieder so ein Vater, der gleich angerannt kommt, wenn der Sohn etwas angestellt hat, weil er meint, jemand wolle ihm sein Kind wegnehmen; ja, soll er es doch behalten! Wer wollte es denn haben?

Der Mann hat nichts dergleichen gesagt, aber ich habe es in seinem Blick gelesen.

Die Sonne ist noch schüchtern. Der Strand ist eine Art große Piazza, ein Treffpunkt: Man diskutiert, spielt, macht Yoga. Die Liebespaare küssen sich, die Mimen sind erstarrt in ihren Posen, Segelboote ziehen parallel zum Ufer vorbei, gelbe Taxis kommen und fahren mit Fahrgästen beladen wieder los. Andreas Blick ist ernst, er hat einen Baseballschläger aus Kunststoff gefunden und zaubert damit herum, während er den Gehsteig entlanggeht.

Hast du etwa geglaubt, denke ich, dass du dem Autismus einfach davonlaufen könntest? Dass er es irgendwann satt bekäme, dir überallhin zu folgen? *Tock, tock*, klopft er, *tock, tock*, jeden Morgen, er lässt sich nicht abwimmeln.

Dennoch habe ich Barnard, unserem Arzt, nie geglaubt, wenn er zu mir sagte, Autismus habe genetische Ursachen.

»Früher wurde alles mit der Psychologie erklärt, jetzt sind es die Gene«, wandte ich ein. »Je nach der Mode.«

»Stimmt. Lange Zeit war man geneigt, den Eltern die Schuld zuzuschieben, besonders den Müttern, die dem Kind nicht genug Wärme geben, den sogenannten Kühlschrank-Müttern… Mir scheint es plausibler zu sein, dass es in den Genen angelegt ist.«

»Aber Autisten gründen gewöhnlich keine Familie, sie haben fast nie Kinder. Wie kommt es, dass Autismus dann zunimmt, anstatt abzunehmen?«

»Weil auf dem Gebiet sehr viel Forschung betrieben wird und wir die Fälle jetzt korrekter einordnen können.«

»Wenn das also immer so weitergeht, könnten wir zum Ergebnis kommen, dass mindestens die Hälfte aller Menschen Autisten sind oder dass wir mit der Zeit alle dazu werden …«

»Ach, hör doch auf!«

»Barnard, das mit den Genen bedeutet, wir, die Eltern, tragen die Schuld, auch wenn es nicht ausdrücklich gesagt wird. Schließlich sind es unsere Gene, wir kaufen sie ja nicht im Laden. Aus welchem Grund geben wir diesen Kindern keinen guten Stoff? Wir sind Gen-Dealer der übelsten Sorte. Warum?«

Wir holen die Harley und irren durch die Gegend, bis wir in einem Bezirk von Los Angeles landen, der ganz mexikanisch anmutet. Andrea geht vor mir zwischen den Marktständen hindurch und ragt weithin erkennbar aus der Menge heraus. Er schaut sich um, sucht mich, dann rennt er plötzlich los, quer durch die Leute, die ihm ausweichen, ohne sich gestört zu fühlen. Wie der Blitz saust er an dem buntgemischten Warenangebot vorbei, Hemden, Hüten, Gitarren, Chili, Obst. Es ist viel los hier, und doch spüre ich nicht die gleiche Hektik wie sonst an solchen Orten. Andrea ist vor einigen Jugendlichen stehen geblieben, die Karten spielen. Er verfolgt ihre Bewegungen, würde gern noch näher herangehen.

Die Einladung meines Freundes Lorenzo fällt mir wieder ein: »Komm, wag den Sprung nach Mexiko …«

»Andrea, sollen wir weiter nach Mexiko reisen?«

Diesmal hört er mir gar nicht zu, er ist mit anderem beschäftigt. »Was hältst du von Mexiko?«, dränge ich ihn. »Oder willst du nach Hause? Meinst du, es ist jetzt mal genug?«

Er schweigt.

»Haben wir Angst vor Mexiko?«

»Nein, Papa.«

»Na, ein bisschen fürchten wir uns schon, gib es zu …«

Da ist er wieder, dieser Blick, als sähe er von einem Berg auf mich herab.

Der Vormittag ist kalt. Lorenzos Einladung reizt mich, ich will seinem Ruf folgen, über die Grenzmauer hinweg bis ins

Herz von Mexiko. Vorher müssen wir aber noch das Motorrad abliefern und die Lederjacken, Regenanzüge und Pullover mitsamt der Tasche, die auf dem Tank untergebracht war, nach Hause schicken. Und natürlich Flugkarten kaufen. Auch ein Besuch in der Wäscherei wäre angebracht, um die restliche Kleidung wieder salonfähig zu machen. Aber eins nach dem anderen.

Im Hotel begegnen wir keinem der Hochzeitsgäste vom Vortag. »Vielleicht schläft das Brautpaar noch«, sagt die junge Frau vom Empfang und lächelt uns verschwörerisch zu.

Wir bummeln durch Santa Monica, das eine Menge Attraktionen bietet, improvisierte Shows, Akrobaten beim Training. Es ist zu kalt, um am Strand zu liegen, und für Andrea heißt die einzige akzeptable Alternative ›Motorrad fahren‹. Kreuz und quer erkunden wir Los Angeles: Melrose Avenue, Ocean Drive, Hollywood und Sunset Boulevard, den Walk of Fame und andere berühmte Plätze, auf die wir zufällig stoßen. Oder sie auf uns. Das macht ja keinen Unterschied.

Schwarze Löcher

Wir haben die Harley abgeliefert. Es war wirklich hart, mindestens fünfmal bin ich umgekehrt, um zu prüfen, ob alles in Ordnung ist, ob ich keinen unsichtbaren Schaden verursacht hatte. Andrea hat das Motorrad sogar geküsst, als wäre es tatsächlich ein Pferd, ein starker, zuverlässiger Vierbeiner, der uns klaglos mehr als neuntausend Kilometer auf dem Rücken getragen hat. Es war uns richtig ans Herz gewachsen.

»Andre, ab jetzt sind wir zu Fuß«, habe ich zu ihm gesagt.

»Fuß...«

Auf Zehenspitzen natürlich.

Das Wetter ist immer noch grau. Wir haben einen Waschsalon aufgesucht. Wenn die Leute ihre Wäsche in die Maschine gestopft haben, gehen sie meist spazieren oder setzen sich ruhig hin, um ein Buch zu lesen. Wir nutzen die Zeit, um uns umzuschauen. Andrea starrt auf das Bullauge, folgt mit dem Blick dem schwappenden Wasser, den sich drehenden Kleidungsstücken, dem Schaum, der am Glas hochspritzt. Ich frage mich, was ihn daran wohl so fasziniert, was er sich in seinem Geist zusammenreimt. Ein wenig hypnotisch ist es schon, das gebe ich zu, aber ich kann mich höchstens einige Sekunden darauf konzentrieren, Andrea dagegen scheint mitzuschwingen, die Bewegung zieht ihn an, und die ganze Welt kreist wie eine Wäschetrommel.

Eine Frau kommt, um ihre fertige Wäsche zu holen, sieht Andrea mit seinem starr dem Bullauge zugewandten Gesicht, deutet auf ihn und sagt zu mir:

»Haben Sie gesehen, was der da macht?«

»Er beobachtet eine Parallelwelt. In der Waschmaschine gibt es ein Schwarzes Loch.«

»Wollen Sie mir damit sagen, dass diese Geschichte von den Schwarzen Löchern, die uns mit anderen Galaxien in Kontakt bringen, wirklich wahr ist?«

»Absolut. Der Junge muss eins gesichtet haben.«

Ich packe unsere Kleider in die Rucksäcke. Also, wo liegt Mexiko? Womit fangen wir an? Mit einer Flugkarte, logisch. Morgen stehen wir früh auf, gehen zum Flughafen und erledigen alles dort, wie es sich ergibt. Ab morgen ist Mittelamerika angesagt. Uns steht ein Abschied bevor, kleinere Abschiede haben wir ja schon viele erlebt. Einen an jedem Ort, an dem wir länger als einen Tag geblieben sind, so lange braucht man, um ein bisschen emotionale Bindung aufzubauen und Erinnerungen zu sammeln.

»Alles klar, Andre?«

»Klar, Papa.«

Das kleine Raumschiff weicht von der Rückflugroute ab, wir zünden die Zusatzraketen und suchen ein anderes Sternsystem! Unser familiäres Cape Canaveral wird nicht einverstanden sein: Verrücktheiten aushecken ist okay, aber diese Sache mit Mexiko ist unerhört, die spinnen wohl – mir ist, als könnte ich sie hören –, was wollen sie uns eigentlich beweisen, was haben wir ihnen bloß angetan, dass es sie so weit wegtreibt? Nichts, das wisst ihr ja, wir sind doch nicht auf der Flucht. Wir sind vielmehr wie Gänse, deren Orientierungssinn durcheinandergeraten ist. Apropos Orientierung, einen Kompass könnten wir in Mexiko bestimmt gut brauchen.

Die letzte Nacht in den States: Unser Filmvertrag ist abgelaufen. Das weite, küstenferne Amerika ist nur Raum, Raum und noch einmal Raum, streckenweise atemberaubend schön, dann wieder anonym und unbefriedigend, es macht dich hungrig und sättigt dich nicht. Was wird uns davon bleiben?

Nur ein Gefühl der Melancholie?

Pelé ist an allem schuld

Ich packe, und Andrea verschwindet im Badezimmer: Regungslos starrt er auf das Wasser im Klo, spiegelt sich darin, und ich sage: »Hey, Beeilung, Mexiko ruft.« Nichts zu machen. Es bleibt mir nichts anderes übrig als abzuwarten, bis dieser Zustand sich auflöst. Es ist, als müsste Andrea eine komplizierte Arbeit ausführen, und solange er nicht fertig ist, darf ihn niemand stören. Vielleicht will er ja auch die Abreise hinauszögern. Diesmal scheint ihn die Veränderung zu irritieren. Doch plötzlich kommt offenbar alles wieder ins Lot. Sein Spiegelbild gefällt ihm, oder das unsichtbare Loch im Abfluss der Toilette ist repariert. Andrea ist wieder bei mir.

Der Taxifahrer, der uns zum Flughafen bringt, weiß kaum etwas über Mexiko, so als gäbe es jenseits der Grenze gar nichts Interessantes.

Wir stürmen zur Abflugtafel: Mexico City, Cancun, La Paz, Loreto, Guadalajara.

Guadalajara … der Name weckt längst vergessene Erinnerungen an meine Kindheit: Fußball-Weltmeisterschaft 1970 in Mexiko, mein Vater und ich schauen uns die Übertragung des Spiels Brasilien – England aus dem Stadion von Guadalajara an, Orangenlimonade, gespannte Stille, guter Fußball,

England wankt, sei es wegen der Hitze, sei es wegen Pelé, der fabelhaft spielt. Mein Vater fiebert mit, er ist auf der Seite von Brasilien, und Brasilien gibt alles. Plötzlich klingelt es an der Tür, er zögert, es klingelt erneut, ich will aufstehen, und er schnauft ungeduldig: »Nein, warte, ich gehe schon.« Er ist nur wenige Sekunden weg, verpasst aber die schönste Abwehr, die ich je gesehen habe. Gordon Banks, der englische Torwart, hält einen Kopfschuss von Pelé. So eine Abwehr gibt es gar nicht, sagen sie hinterher.

Als mein Vater wieder hereinkommt, weiß ich nicht, was ich sagen soll, mir fehlt der Mut, ihm zu erzählen, was ich gerade gesehen habe. Er erkennt es an meinem Blick: »Hat es ein Tor gegeben?«, fragt er. »Nein«, antworte ich, »aber Pelé hat aufs Tor gezielt, und der Torwart ist von einem Pfosten zum anderen geflogen.« – »Geflogen?« – »Ja, Papa, ich hab's gesehen, er ist geflogen wie ein Vogel.«

»Siehst du«, hat mein Vater gesagt, »nicht immer braucht man Flügel, um großartige Dinge zu tun.«

Also auf nach Guadalajara! Es gibt sogar in Kürze einen Flug mit Delta Airline.

Wir reihen uns am Delta-Schalter in eine endlose Schlange ein. Andrea kann man nicht als gesitteten Kunden bezeichnen, wir sind mitten in einer herumschreienden Menschenmenge, die Passagiere sind nervös, die mit Klebeband umwickelten Koffer unüberwindliche Berge. Es kommt zu kleinen Streitereien, die Stimmung ist gereizt, und das Personal hat andere Sorgen. Wirklich unangenehm, das alles, ich bereue schon fast, dass wir einfach so zum Flughafen gefahren sind. Noch dazu eröffnet man uns, als wir an die Reihe kommen, dass nach Guadalajara keine Plätze mehr frei sind.

Sieht schlecht aus, aber kein Grund zur Verzweiflung. Wir laufen quer durch den halben Flughafen und entdecken zufällig die Schalter einer anderen Gesellschaft, die nach Guadalajara fliegt, die Mexicana. Kein Mensch am Ticketschalter, wir sind die einzigen Kunden. Von der Delta-Hölle ins Mexicana-Paradies. Das Personal ist überaus zuvorkommend, wir kriegen zwei bequeme Plätze. Ich frage mich, ob die Mexicana-Maschinen vielleicht besonders absturzgefährdet sind oder was sonst dahintersteckt. Die Antwort ist ganz einfach: Bis zum Abflug dauert es noch vier Stunden.

Hoch über den Wolken von Mexiko wische ich Andrea den Hintern ab. Er kam und kam nicht von der Toilette zurück. Ich habe lange geklopft, bis er endlich aufgemacht hat. In dieser Höhe macht einen das schon ein wenig nervös. Während ich wieder für blitzende Sauberkeit sorge, fällt mir auf, dass Andrea sich an der Unterlippe geschnitten hat, sie blutet. Ich frage, ob es ihm weh tut, aber er antwortet nicht, kräuselt nur leicht den Mund. Über körperliche Schmerzen beklagt er sich sehr selten. Im vergangenen Jahr war er versehentlich mit dem Bein an den Auspuff des Motorrads gekommen: Eine riesige Brandblase war die Folge. Aber er gab keinen Mucks von sich. Ich habe die Blase erst entdeckt, als sie schon aufgeplatzt war. Autistische Kinder haben eine unglaubliche Schmerztoleranz, und Andreas Schwelle muss besonders hoch sein. Als er klein war, rannte er barfuß den Weg voller spitzer Steine hinunter und spürte nicht einmal ein Kitzeln. Ich wollte ihm nachlaufen und musste nach wenigen Schritten aufgeben. Schmerz ist eine Alarmglocke, er warnt uns vor einer Gefahr, meldet uns, wenn eine Grenze überschritten wird. Vielleicht fühlt Andrea diese Grenzen nicht, weil die Alarmglocke nicht klingelt. Mir wird schwindlig bei diesen Gedanken. Ich presse mein Taschentuch auf seine Lippe, und als ich loslasse, blutet sie nicht mehr. Siehst du? Es vergeht.

Das Flugzeug beginnt zu sinken, wir nähern uns stetig. Unglaublich, dieses Gefühl, wie eins das andere ergibt. Wir steigen aus, das Gepäck geschultert – keine zwei Stunden später bewegen wir uns in einem anderen Universum: Um zehn Uhr abends sitzen wir auf einem wunderbaren Platz im Zentrum der Stadt bei Fleisch, Guacamole und Tequila, lauschen der Musik und atmen den Geruch Mexikos. Die Vereinigten Staaten liegen hinter uns. Mexiko ist eine andere Dimension.

Guadalajara

Am Morgen werden wir in den Straßen von Guadalajara mit Gitarrenmusik begrüßt, gespielt von einem Herrn in Begleitung seiner alten Mutter, die singt und in einem verbeulten gelben Töpfchen Almosen sammelt. Ein trauriges und zugleich liebenswertes Bild. Glut und Klage.

Für eine *Pasteleria* sind wir leichte Beute: endlich ein guter Espresso für mich und Süßes für Andrea. Ein Vorgeschmack auf einen weichen, mexikanischen Tag.

Für die Stadtbesichtigung leisten wir uns sogar eine Kutsche und fühlen uns so ähnlich wie die Amerikaner, die in Venedig mit der Gondel herumgeschippert werden. Ich frage den Kutscher, ob er ein zuverlässiges Reisebüro kennt, und er lädt uns vor einer Agentur ab, wo uns ein sehr liebenswürdiger Berater mit einem messerscharfen, wie mit dem Bleistift gezogenen Oberlippenbärtchen erklärt, Mexiko liege so günstig, dass man von hier aus überall leicht hinkommt.

»Auch nach Panama?«, frage ich.

»Vor allem nach Panama, Señor«, erwidert er, und bestimmt hätte er, wäre ich an Patagonien interessiert gewesen, ebenso beflissen geantwortet: »Vor allem nach Patagonien, Señor.« Das ist sein Job. Er sieht aus wie Zorro, merke ich, der Held aus der Fernsehserie. Beinahe hätte ich ihn gefragt, ob er fechten könne. Er deutet auf einige Orte auf der Landkarte.

»Mexico City interessiert mich nicht«, sage ich. Natürlich pflichtet er mir bei: »Die Hauptstadt ist wirklich sehr chaotisch. Aber hier, Acapulco, Puerto Escondido, ein Muss. Von dort könnten Sie nach Oaxaca fliegen, nur kurz in Mexico City umsteigen und von dort –«

»Von dort?«

»Wollten Sie nicht nach Panama?«

Ich hatte es nicht ernst gemeint, erwidere aber, dass es durchaus eine Möglichkeit wäre.

»Und Guatemala?«

Warum nicht? Lateinamerika steht uns offen, die einzigen Grenzen, die überwunden werden müssen, sind unsere Ängste. Zorro zeigt mir in allen Einzelheiten, wie man nach Panama kommt. Interessant, ich werde es mir überlegen. Für den Moment einigen wir uns auf einen Leihwagen bis Oaxaca, dann einen Flug nach Mexico City und von dort nach Antigua, Guatemala.

Glücklich schlendern wir durch die Straßen der Stadt, es geht uns richtig gut miteinander.

Marktstände, Waren, sogar eine Demonstration mit wehenden Fahnen. Zeichen von Vitalität, doch auch die Armut ist nicht zu übersehen – ich fürchte, sie wird uns überall begleiten. Ein ganzer Kindergarten bettelt auf der Straße, lauter kleine Bewohner des Gehsteigs. Acht-, neunjährige Buben bieten an, einem für wenige Pesos die Schuhe zu putzen. Ich drücke Andrea fünfzig Pesos in die Hand.

»Gib sie den beiden Herren da.«

Er zögert.

»Den zwei Barfüßigen.«

Der eine sitzt mit mageren, gelähmten Beinen im Rollstuhl,

während sein Begleiter zu schwierigen Manövern gezwungen ist: Mühsam hebt er den Rollstuhl an und stellt ihn quer, um weiterzukommen. Ein Anblick, der weh tut: Männer von fünfzig oder sechzig Jahren, die sich Meter um Meter vorwärtskämpfen, als würden sie einen Berg besteigen. Sie sehen dich mit tiefen, dunklen Augen an. Ich beobachte, wie Andrea ihnen das Geld hinhält, er schaut sie nur ganz kurz an. Die beiden danken mit breitem Lächeln und tiefen Verbeugungen, bis wir aus ihrem Blickfeld verschwinden, so als hätten wir ihnen das größte Geschenk der Welt gemacht. Vier Euro!

Nachdem Andrea den Männern das Geld gereicht hat, überlässt er sich seinen Eigenheiten. Die Mexikaner betrachten ihn neugierig, während er hüpft, in die Hände klatscht und wie immer Blätter von irgendwelchen Pflanzen abreißt. Sein Verhalten befremdet sie ebenso, wie vieles hier für uns fremd ist. Ich rufe Andrea zu mir, weil ich ihm erklären will, dass uns in Mexiko nicht sehr häufig grelle Beleuchtungen blenden werden, dass die Armut hier den Menschen die Lebensgrundlage abschneiden kann wie die Schere einen Faden.

Dem Anschein nach hört er mir nicht zu, doch ich weiß, dass er alles speichert, was ich sage. Auch die zwei Bettler hat er zwar nur flüchtig angesehen, aber er hat sich das Bild eingeprägt und wird sich bestimmt noch sehr lange an jedes Detail dieser Begegnung erinnern.

Am Abend türmen sich Wolken über der Stadt, wir essen unter alten Arkaden an Tischen, die von Mariachis umgeben sind, Musikern in eleganter dunkler Uniform mit Violinen und Gitarren, die sehnsuchtsvolle Lieder spielen. Ich trinke einen *Coctelito* aus Aguardiente und Obstsaft, Andrea ein Mineralwasser.

Die Nacht inszeniert ein spektakuläres Gewitter für uns, zuckende Blitze und Donner wie Paukenschläge. Im Hotel schreibe ich, surfe im Internet, Andrea ist ruhig.

Ich kann nicht einschlafen, denn ich bin noch ganz aufgewühlt. Durchs Fenster starre ich in den schrägen, peitschenden Regen im Licht der Straßenlaternen. Als mein Blick weiter nach unten wandert, bemerke ich die Obdachlosen, die sich, so gut es geht, vor der Sintflut verkriechen. Ich denke an Andrea: Wenn er eines Tages niemanden mehr hätte, der sich um ihn kümmert…, würde er dann auch so enden?

Ich sehe einen armen Teufel, der sich vorwärtsschleppt. Als auch er in den Lichtkegel einer Laterne eintritt, meine ich, sein Gesicht zu sehen, von schwarzen Streifen durchfurcht, als hätte er Kohletränen geweint. Fetzen von Plastiktüten ersetzen ihm den Regenmantel. Seine Bewegungen sind langsam, starr, minimal. Mit der Handfläche schlägt er fünf- oder sechsmal gegen die großen Scheiben des Hotels, nach einer Minute noch mal, und noch mal. Sein Verhalten ist dem von Andrea sehr ähnlich, so als folgten beide einer traurigen Melodie, die sie im Kopf haben. Wer weiß, wer dieser Mann ist, wie alt er ist, wie er lebt und wo er schläft und wovon er sich ernährt. Ob er jemals mit jemandem spricht? Gibt es wirklich Menschen, die so leben?

Angesichts solcher Tatsachen fühle ich mich verloren.

Wir im Hotel, im Warmen, mit bequemen Betten, Wasser, so viel wir wollen, Kühlschrank und allem Übrigen. Und manchmal beklage ich mich auch noch!

Am liebsten möchte ich hinuntergehen, diesen Menschen zu uns heraufholen, ihn verwöhnen: Ich stelle ihn unter die heiße Dusche, suche einen Pullover für ihn, päpple ihn ein bisschen auf. Ich will etwas für ihn tun. Es muss einen Grund geben, dass ich ihn gerade diese Nacht gesehen habe. Ich werfe einen Blick auf Andrea, er schläft. Ich ziehe mich an, nehme den Anorak und gehe hinaus auf die Straße. Der Mann ist verschwunden. Unmöglich! Er bewegte sich so langsam und hat sich in nichts aufgelöst! Ich renne ein paar Meter, wo mag er hingekommen sein, wenn die Straße so gerade und leer ist? Niedergeschlagen kehre ich ins Zimmer zurück. Andrea schläft immer noch: Er wälzt sich im Bett, ist unruhig, vielleicht träumt er.

Ich schaue zum letzten Mal aus dem Fenster, bin mir jedoch sicher, dass der Mann unwiederbringlich fort ist, unsere Lebenswege haben sich kurz berührt, jetzt sind sie schon wieder auseinandergedriftet.

O teures Benzin

Benommen stehe ich auf, die Nacht hat einen bitteren Geschmack in mir hinterlassen. Andrea dagegen ist in Hochform.
Aktiv und bereit für den Tag. Vermutlich hat er großen Appetit. Also los, wie immer.

Ausgezeichnetes Frühstück im Café: Der starke Espresso
bringt mich in Schwung, und die zwei Mädchen hinter der
Theke bombardieren uns mit Fragen, woher kommt ihr, wohin fahrt ihr, so ganz allein ohne Frauen, wie kommt das denn,
langweilt ihr euch nicht? Hier, probier doch mal diesen Kuchen, und Andrea nimmt ihn, unglaublich, einen weißen Kuchen, ich hätte nicht gedacht, dass er den mögen könnte, noch
nie hat er Kuchen von dieser Farbe gegessen. Vorsichtshal-
ber probiere ich ihn ebenfalls: Er ist hervorragend. Andrea
nimmt sogar noch ein zweites Stück.

Im Auto, weiter geht's. Elf Stunden fahre ich durch Berge
und winzige Dörfchen. Siedlungen mit wenigen Bewohnern,
bäuerliche Landschaften, wie wir sie von ganz früher kennen:
Vieh, das die Straße überquert, von Maultieren gezogene Karren, nackte Kinder auf den Wegen, schäbig gekleidete Menschen. Zwischen einem Dorf und dem nächsten ist die Gegend planlos mit Gebäuden übersät, wie übrigens auch in
manchen Teilen der USA, doch in Mexiko ist alles unordent-

licher, provisorischer, überall sind Drähte gespannt, vor allem Stromkabel, die wie Spinnennetze über den Häusern und den kleinen Zentren hängen.

Ein paar Stunden lang fahren wir hinter klapprigen Lastwagen her, die Schweine transportieren, und sehen die Schweinehintern in jeder Kurve schwanken. Am Straßenrand werden in großen Aluminiumpfannen Hühner gebraten, es duftet so verlockend, dass wir die Schweine ihres Weges ziehen lassen.

Mit geschlossenen Augen kosten wir das saftigste Huhn der Welt, ein absoluter Genuss und hygienisch einwandfrei. »Seien Sie vorsichtig unterwegs, Señor«, sagt die Frau, die uns gerade das Huhn gereicht hat. »Weiter vorn kommt eine sehr gefährliche Strecke.« Sie hält sich eine Hand vor den Mund. »Drogenhändler«, flüstert sie. »Die überfallen die Reisenden.«

»Hoffen wir das Beste«, antworte ich, »bei uns gibt es sowieso nicht viel zu holen.«

Unsere Reise führt uns an Orte, die wir eigentlich meiden sollten, auch in trostlose, einsame Gebiete am Rande der Landkarten. Doch alle Personen, denen wir begegnen, sind offen, herzlich und freundlich.

Jetzt habe ich doch glatt das Tanken vergessen, wir sind mitten in einer bergigen Landschaft und fast ohne Benzin. Das Navi informiert uns, dass die nächste Tankstelle hundert Kilometer entfernt ist. Ich schaue Andrea an: Wir sind geliefert!

Da sehe ich ein paar Arbeiter, die den Straßenbelag ausbessern, halte an und frage nach. Mein besorgtes Gesicht scheint sie zu belustigen. »Nein, der Beruf des Tankwarts floriert nicht unter dieser Sonne«, bestätigen sie und wischen sich die Hände am Overall ab. Sie mustern mich aufmerksam, tauschen Blicke, kommen wohl zu dem Schluss, dass ich vertrauenswürdig bin. »Eine Hoffnung gibt es«, sagen sie dann, geschickt die Spannung steigernd: Nach dreißig Kilometern müsste ein Dörfchen kommen, wo ein Typ wohnen soll, von dem es heißt, dass er mit Benzin handelt. Müsste? Es heißt? »Manchmal ist er da, aber es ist nicht gesagt.« Ich verstehe, dass der Typ offenbar einige Kanister hortet und das Benzin als Kostbarkeit an zerstreute Reisende abgibt.

Besser als nichts, wenn man nur in Erfahrung bringen könnte, wie viele zerstreute Reisende schon vor uns wegen der Kanister bei dem Kerl angeklopft haben. Vielleicht gibt es Treibstoff im Überfluss oder auch keinen einzigen Tropfen. Womöglich hat der Typ vergessen, die Kanister zu füllen, weil es ihm gerade nicht in den Kram gepasst hat, und sich gesagt, ich pfeife auf den Verdienst. Wie auch immer, wir fahren weiter und hoffen, dass die paar Milliliter Benzin, die uns vermutlich noch bleiben, bis ans Ziel ausreichen. Auch diesmal ist uns Fortuna hold, wir müssen höchstens zwei- bis dreihundert Meter schieben.

Von einem Dörfchen kann keine Rede sein, es ist kaum eine Handvoll Häuser: Wir fragen nach dem Benzinmann, doch das scheint nicht so einfach zu sein, es ist, als hätten wir gefragt, wo der Handchirurg zu finden sei. Señor hier, Señor da, er ist weggefahren, hat zu tun, keine Ahnung… Am Ende ihrer Überlegungen steht jedoch immer die Gewissheit, dass er zurückkommen muss.

»Vor Jahresende?«

»Das bestimmt, Señor.«

Um diese Zeit, an diesem Ort, das will schon was heißen.

Mit gekreuzten Beinen sitzen wir auf einer Bank und warten wie zwei flugbegeisterte Piloten, die auf einer Wolke im Nichts gestrandet sind, weil ihr Tank leer ist. Die Stunden vergehen, die Leute sehen uns an, heben bedauernd die Hände und sagen: Er wird schon kommen, der Benzinmann kommt immer. Irgendwann denke ich, dass er sein Benzin vermutlich getrunken hat, oder er ist in die Wüste gefahren und hat ein verschwenderisches Freudenfeuer damit veranstaltet. Verstehe einer die Mexikaner!

Doch plötzlich taucht ein klappriger alter Lieferwagen mit einem halben Dutzend Kanister auf, die noch aus dem Zweiten Weltkrieg stammen. Am Steuer ein schweigsames Männlein. Er hört uns an, überlegt, nennt einen Preis und wendet sich wieder seiner Arbeit zu, ohne die Antwort abzuwarten. Er verstaut die Kanister unter einem Schutzdach aus Wellblech und Pfählen, das wahrscheinlich seine Wohnung ist. Der Preis ist mehr als doppelt so hoch wie üblich. Sogar fast das Dreifache. Ich möchte gern verhandeln.

»Señor, das Benzin ist zu teuer.«

»Wenn es nicht teuer wäre, würde ich es nicht verkaufen, Señor. Warum sollte ich hier draußen Benzin zum normalen Preis verkaufen, da könnte ich ja gleich woanders hinziehen. Was würden Sie denn an meiner Stelle machen?«

»Dasselbe wie Sie, Señor.«

»Sie geben mir also recht?«

»Sí, Señor.«

»Dafür kriegen Sie einen Extrarabatt.«

Wir kaufen dreißig Liter, und das Männlein schenkt uns zwei dazu, kassiert das Geld, füllt mit äußerster Gewissenhaftigkeit das Benzin ein und verabschiedet sich.

Wir fahren wieder los. Ich würde gern bis Acapulco kommen, rechne mir aber aus, dass es noch eine ziemliche Strecke ist. Vielleicht lohnt sich die Anstrengung, ich konsultiere den Vizekommandanten, und er antwortet: »Weiter, Papa.«

Es ist schon dunkel, als wir in Acapulco eintreffen. Beleuchtete Wolkenkratzer und der chaotische Verkehr verdrängen sogleich die Bilder der Hütten entlang der Straße. Wir haben Hunger und finden zufällig ein italienisches Restaurant, wo wir ausgezeichnet essen und den Besitzer kennenlernen, einen fünfzigjährigen Kalabresen. Giovanni verbringt den Abend mit uns. Nachdem ich wochenlang kein Italienisch gesprochen habe, freut es mich, mit jemandem zu plaudern wie mit einem alten Freund. Wir entdecken, dass wir am gleichen Tag geboren sind.

Es ist seltsam: Wir sprechen nicht über das Italien von heute, sondern über das von vor dreißig Jahren, seinen alten Alfa GT, die langen Haare, die Diskos, eine verheiratete Frau, in die er sich verliebt hatte und vor der er, um keine Probleme zu kriegen, geflüchtet war. Denn wenn du nicht aufpasst, finden dich die Probleme jederzeit.

Er lächelt gerührt, während er ein bisschen mit Andrea spielt, und vertraut mir an, dass sein Sohn manisch-depressiv ist.

»Die Krankheit eines Kindes verlangt einem ungeheuer viel Kraft ab«, sagt Giovanni.

»Und wenn du aufgibst, ist alles aus.«

»Wenn du wüsstest, wie viel ich geweint habe …«

»Und ich erst …«, murmele ich.

Ich erzähle ihm von einer Reise nach Siena. Andrea war drei Tage mit seiner Mutter dort gewesen, um eine Reihe von

Untersuchungen machen zu lassen, die die Diagnose endgültig bestätigt hatten, und ich fuhr die beiden abholen. Dreihundert Kilometer lang habe ich im Auto geheult und geschrien.

Es war meine Art, das Schicksal anzunehmen. Aber dabei habe ich auch begriffen, dass ich nicht mit tränenlosem Weinen und Zähneknirschen durchs Leben gehen wollte. Ich hatte nicht vor, alles runterzuschlucken, mich die ganze Zeit in Sackgassen zu verrennen oder in einem Sumpf zu waten. Angesichts dieser Prüfung würde ich lächeln lernen. Zwar würde mir das nicht leichtfallen, aber ich wollte mich der Aufgabe so verantwortungsbewusst und entschlossen wie möglich stellen. Auf positive Weise.

Acapulco

Strecken und räkeln, gähnen, Andrea an den Fußsohlen kitzeln – wir sind entspannt. Ganz im Gegensatz zu den in der Nacht angekommenen sms: Der plötzliche Kurswechsel Richtung Süden hat Verwandte und Freunde überrumpelt.

»Kennt ihr überhaupt den Weg?«

»Tequila gab's doch auch in den States zu kaufen!«

»Vergesst nicht, uns zwei Sombreros mitzubringen.«

»Kommt ihr irgendwann zurück oder soll ich nachkommen?«

Sie haben ja recht, aber die Reise legt ihre Route gewissermaßen selber fest.

»Sehr gut, jetzt führt kein Weg mehr an Tulum vorbei.«

»Los, kommt nach Tulum!«

»Wir erwarten euch!«

Das ist Lorenzo, der uns noch weiter runter locken möchte.

In Acapulco ist der Strand sehr steil, riesige, mächtige Wellen brechen sich am Ufer. Du stehst am Rand, bis zu den Knien im Wasser, die Welle kommt, zieht dir den Boden unter den Füßen weg und hebt dich in die Höhe. Herrlich, geradezu hypnotisch, Andrea lässt sich ununterbrochen hochheben. Es ist nicht nur Ausdauer und auch keine zwanghafte Wiederholung. Er ist glücklich. Körperlich glücklich, unmittelbar, aus dem Bauch heraus, wie ein aus dem Meer springender Buckelwal.

Den ganzen Vormittag planschen wir im Wasser, dann essen wir eine Kleinigkeit an einer der vielen Imbissbuden am Strand.

Andrea, der in Bezug auf Essen konservativ ist, verschlingt zwei Hotdogs. Ich lasse mich von einem appetitlichen Teller verführen: Fisch mit buntem Salat. Nicht übel, denke ich, der Geschmack sehr exotisch und speziell. Ein authentisches Stück Mexiko. Ich schließe beim Kauen die Augen und sehe Gitarren, Somberos, Tequila, und sogar die Armut erscheint mir weniger bitter.

Was so ein Essen mit einem anstellt!

In Begleitung einer jungen Frau kommt ein Grüppchen Kinder an den Strand. Sie spielen in den Wellen, die Betreuerin lässt sie keinen Moment aus den Augen, ermahnt sie, wenn sie zu wild sind oder sich zu weit hinauswagen. Sie ruft jeden einzeln, hält die ausgelassene Horde mit ständigen Anweisungen zusammen. Sie bemerkt, dass Andrea sich den Kindern nähert, beobachtet ihn ein bisschen und erkennt, dass irgendetwas nicht stimmt. Sie versucht, seinen Blick aufzufangen, Andrea ignoriert sie. Er ist schon mittendrin, ragt einsam aus den Kindern heraus. Es beginnt eine Art Tanz: Alle machen ihn nach, springen im gleichen Moment auf und warten mit angewinkelten Ellbogen auf die nächste Welle, die sie durcheinanderwirbelt. Die junge Betreuerin wird nervös und versucht vergebens, die Kinder zur Ordnung zu rufen. Sie hat gemerkt, dass Andrea zu mir gehört, und schaut mich an, als wollte sie sagen: »Jetzt helfen Sie mir wenigstens.« Sie fühlt sich verantwortlich. Ich brülle Andrea zu, er solle nicht so übermütig sein.

Einer der kleineren Buben hat es Andrea besonders angetan, er nimmt ihn und wirft ihn in die Wellen. Ich weiß nicht, was zwischen ihnen abgeht, was sie verbindet, jedenfalls scheinen sie ohne Worte miteinander zu sprechen.

»Andrea, pass auf das Kind auf!«, aber schon tauchen sie wieder unter.

Die junge Frau fragt mich, was Andrea genau hat, und hört mir tief beeindruckt zu. Sie sagt, der liebe Gott schicke den Menschen Prüfungen.

»Sie meinen, Gott ist wie ein Ingenieur, der sein Material prüft? Um herauszufinden, ob wir verborgene Fehler oder Schwachstellen haben?«

Sie nickt.

Ich verstehe: Um sein Boot durch den Fluss des Lebens zu lenken, baut sich jeder von uns Ruder, so gut er kann, und diese Ruder sollten wir uns möglichst nicht gegenseitig auf den Kopf hauen.

Beim abendlichen Bummel überwältigt uns das hemmungslose Treiben auf den Straßen. Aus den Lokalen dröhnt der ohrenbetäubende Krach voll aufgedrehter Musik, unzählige Betrunkene sind unterwegs. Auch in Las Vegas war viel los, doch im Vergleich zu hier ging es dort zu wie im Kräuterladen eines Klosters. Reinstes Chaos umgibt uns, an jeder Rotlicht-Bar will man uns nötigen einzutreten: Wer weiß, ob das Gummiband zwischen mir und Andrea in diesem Höllenspektakel standhält. Am Eingang der Lokale werden in aller Deutlichkeit die Shows angepriesen. Bei manchen Plakaten zeigt Andrea sich interessiert, fasst die Bilder an, und sofort versucht irgendein Schlawiner, ihn zu ködern. Er hört zu, ich weiß nicht, was er versteht, aber die Mimik ist eindeutig. Ruhig und bestimmt sage ich nein. Dafür scheint es mir noch etwas früh zu sein, Andre.

In unserem Zimmer lege ich mich aufs Bett und studiere die Landkarte: Andre, wir könnten einen Abstecher nach Puerto Escondido machen. Das heißt »Versteckter Hafen«, aber wir machen ihn ausfindig. Sollen wir?

»Bisschen schon.«

Gastronomie

Wir werden Puerto Escondido schon ausfindig machen, aber es liegt nicht gleich um die Ecke. Auf engen, bunten Straßen fahren wir die Küstenlinie entlang. Andauernd gibt es Kontrollen wegen Rauschgifthandels, wir werden viermal gefilzt. Während sie das Auto mit Drogenhunden durchsuchen, bleiben die Maschinenpistolen die ganze Zeit im Anschlag. Die Polizisten sind bewaffnete Jugendliche, in deren Augen Angst flackert. Was für ein Unterschied zu den hünenhaften, arroganten und selbstsicheren US-amerikanischen Cops, die darauf trainiert sind, schon allein mit dem Blick Angst einzujagen.

Am frühen Nachmittag erreichen wir Puerto Escondido, nach acht Stunden Autofahrt. Wir stürmen zum Strand, Andrea hüpft glücklich in den Wellen. Auf einmal merke ich, dass mein Magen revoltiert: Habe ich was Falsches gegessen?

Der Fischteller am Strand von Acapulco fällt mir wieder ein. Der war's. Ich spüre ein brutales Ziehen im Bauch und krümme mich vor Schmerz, gleich platzt mir der Kopf, sogar der Blick ist vernebelt. Ich kann gerade noch Andrea erkennen, der im Wasser planscht. Trotzdem versuche ich klar zu denken: Wir müssen eine Unterkunft finden, und davor muss Andrea noch etwas essen. Beim Gedanken an Essen dreht sich mir der Magen um, aber ich schaffe es, mit Andrea im Schlepptau eine Pizzeria aufzustöbern, natürlich eine neapolitanische, der Pizzabäcker, der uns empfängt, scheint ein sympathischer Gauner zu sein. Kaum sitzen wir am Tisch, habe ich das Gefühl, dass ich gleich zusammenbreche. Ah, der wunderbare Fischteller am Strand von Acapulco. Mir wird speiübel, aber ich halte durch. Nach dem Essen nehmen wir das erste kleine Hotel, das uns begegnet. Das Zimmer ist schäbig, wenigstens gibt es einen Ventilator, wir machen die Tür hinter uns zu, und ich drehe den Schlüssel um. Andrea will gleich wieder raus. Was will er denn draußen so unbedingt? Ein verdammtes Eis. Das liegt jetzt leider nicht drin.

In Kleidern falle ich aufs Bett. Mit letzter Kraft erinnere ich Andrea daran, dass er sich die Zähne putzen und sich ausziehen soll. Eine ganz neue Situation. O je, sage ich mir, es ist so weit! Du bist hinüber, und wer weiß, wie Andrea reagiert, womöglich macht er die Tür auf, kapiert, dass er Hilfe holen muss, geht raus und schreit: »Hilfe!«, oder glaubt vielmehr, dass er schreit, stattdessen kommt kein Ton aus ihm raus, er fasst nur dem Ersten, der daherkommt, an den Bauch, und der denkt, es handle sich um einen Scherz. Dabei ist es ein Hilferuf, der bedeutet: Meinem Papa geht es schlecht!

Ich verstecke den Schlüssel unter dem Kopfkissen, aber das genügt mir nicht: »Andre, geh ja nicht aus dem Zimmer, bitte!«

Dann zwinge ich mich, tief zu atmen, der Ventilator wirkt Wunder, die Luft streichelt mich, und die Panik verfliegt. Doch sobald ich einen Finger rühre, dreht sich das ganze Zimmer um mich. Dunkelheit…

Als ich wieder zu mir komme, ist es vier Uhr in der Nacht. Andrea liegt angezogen und wach auf dem Bett. Ich schleppe mich ins Bad, dann werfe ich mich wieder aufs Bett. »Schlaf, Andre«, murmele ich. Er bewegt sich kaum, wirkt ruhig. Ich kämpfe gegen chaotische Bilder in meinem Kopf: Ich sehe Andrea mit seiner Mama, sie sind auf dem Rasen vor dem Haus, Andrea hält einen Legostein in der Hand. Mit einer monotonen Bewegung dreht er ihn hin und her und wiederholt andauernd: »La la la la la.« Die Mutter ist wie hypnotisiert, Andrea macht unbeirrt weiter, sie krümmt sich, als hätte ihr jemand einen Schlag in die Magengrube versetzt, sie muss sich übergeben …

Erneut tiefe Dunkelheit.

On the road again

Kleineres Corpus callosum, Amygdala und limbisches System mit neuronalen Reduktionen. Ein Bekannter von mir hatte bei seinem an Autismus leidenden Sohn hochdifferenzierte Hirnuntersuchungen vornehmen lassen. Ich erinnere mich an die Namen all der Gehirnteilchen, er las mir die Papiere vor, und in seinem Blick stand die Frage: Gibt es das, so viel Chaos? »Wer weiß, wie es bei uns innen drin aussieht«, sagte ich, um uns beide ein bisschen aufzumuntern. Denn ein Lächeln können diese Maschinen nicht fotografieren.

Ich öffne die Augen und sehe Andrea schlafend daliegen, nicht einmal die Socken hat er ausgezogen. Der Gedanke, dass er neben mir gewacht hat, rührt mich, aber der Magen rebelliert noch immer. Ich versuche aufzustehen, setze einen Fuß vor den anderen, taumele. Das Zimmer schwankt und wirkt riesig groß. Am Fußende des Bettes feinste Papierschnitzel. Vielleicht ist das Schlimmste vorbei: Die Zauberkraft der Papierfetzen ist mächtig. Ich gehe ins Bad, will mich erfrischen, und aus der Leitung kommt kein Tropfen Wasser. Da packt mich die Wut: Wir brauchen sofort ein anderes Hotel! Aber dafür müsste ich wieder ins Auto steigen, und im Augenblick fühle ich mich dazu wirklich nicht in der Lage. Andrea öffnet die Augen, springt vom Bett auf und mustert mich besorgt.

»Schon gut, ich bin noch nicht tot.«

»Tot Papa.«

»Was machen wir? Hier gefällt es mir nicht.«

»Ins Auto«, sagt Andrea.

»Mensch«, antworte ich, »siehst du nicht, wie es mir geht? Bist du sicher? Sollen wir weiterfahren?«

»Mit dem Auto eine Runde machen bis ans Ende.«

Tja, vielleicht hat Andrea einfach zu großes Vertrauen in meine Fähigkeiten. Wahrscheinlich muss ich meine Hände am Steuer festbinden, weil mir sonst die Arme herunterrutschen, ich weiß nicht mal, ob ich auf die Bremse und die Kupplung treten kann. Was ist, wenn ein mexikanischer Elch die Fahrbahn kreuzt und ich geradeaus fahre? »Traust du dich, mit mir ins Auto zu steigen?«

Er lächelt und lächelt: unwiderstehlich. Unter äußerster Anstrengung packen wir die Rucksäcke, meine Bewegungen sind verlangsamt, und Andrea hilft mir auf seine Weise.

Ich fahre barfuß, bloß nicht eingeengt fühlen, die Klimaanlage macht die brütende Hitze erträglich. Ab und zu dreht sich Andrea zu mir hin und streichelt mein Bein. Mir ist, als käme ich wieder ein bisschen zu Kräften. Langsam fahren wir Richtung Oaxaca.

Die Straße führt durchs Gebirge, dreihundert Kilometer Serpentinen, mit Schlaglöchern übersät. Sechs endlose Stunden. Ich trinke den ganzen Tag nur Wasser, Andrea begnügt sich mit dem Dörrfleisch, das an der Straße an kleinen Ständen verkauft wird, eine Tortilla mit Fleisch ist doch ein ausgezeichnetes Mittagessen für ihn, finde ich.

Trotz meiner Übelkeit verläuft die Reise ruhig. Seit der Abfahrt haben wir kein einziges Wort gewechselt, und ich fühle mich, als hätten wir stundenlang gesprochen. Zwei Reisende, viele Gedanken, die jeder für sich im eigenen Kopf verfolgt, viele Blicke, die bedeuten, wir sind uns nahe, wir sind zusammen.

In Oaxaca wählen wir ein Hotel im Zentrum. Die Stadt ist voller Farben, eine Architektur, in der sich Zeit und Geschichte spiegeln. Steinerne Gebäude, große Arkaden. In den vornehmeren Wohnhäusern ist der Patio ein Garten Eden, üppig und sehr gepflegt, oft auch mit kostbaren Raritäten aus der Pflanzenwelt bestückt. Wir überqueren einige Plätze, um die Atmosphäre dieses kolonialen Mexikos zu spüren, überall sitzen Leute, es wimmelt von kleinen Ständen mit Kunsthandwerk, von Männern mit weißen Hüten, Frauen in grellbunten Kleidern, dunklen Augen, bei denen man nie weiß, wie melancholisch sie sind. Ein reges Kommen und Gehen, viele tragen Säcke auf der Schulter oder Körbe mit Hühnern und Puten, Keksschachteln und Schokoladenkringeln. Vielleicht weckt das den Appetit: Andrea verschlingt Fleisch und Kartoffeln, während ich der Kellnerin meinen Zustand erkläre. Sie lächelt, denkt nach und strahlt dann über das ganze Gesicht. Zehn Minuten später erscheint sie wieder und serviert mir eine Hühnersuppe mit Reis. Wie meine Großmutter, wenn wir als kleine Kinder krank waren: etwas Heißes, Ruhe, ein paar Streicheleinheiten.

Kopf oder Zahl

Ich fühle mich entschieden besser, die Fischvergiftung von Acapulco ist überstanden. Zehn Stunden habe ich geschlafen. Das ist lange nicht vorgekommen. Träume aller Art sind doch die beste Medizin.

Ich stehe auf und versuche, Andrea wachzurütteln, aber er bleibt liegen, wenn auch mit offenen Augen. Er ist geistesabwesend. Vielleicht hat ihn mein Unwohlsein mehr verstört, als ich dachte.

Ich krame in der Rucksacktasche und lese einen seiner Texte.

Mir scheint, du redest in diesen Tagen weniger.
durcheinander ist in meinem kopf
Was passiert, wenn in deinem Kopf Durcheinander ist?
ich sehe die wörter und kann sie nicht sagen
Machst du dir Sorgen wegen irgendetwas?
dass ich mich nicht kontrollieren kann. habe angst du hasst mich wenn ich es nicht schaffe
Nun übertreibe mal nicht mit Wörtern wie Angst und Hass. Lass uns lieber etwas dagegen unternehmen, statt uns zu beklagen.
hey papa du nicht durcheinander. mir geht es schlecht. ist nicht leicht sich als schwarzes schaf zu fühlen
Du wirst sehen, dass wir das überwinden. Ich bin immer bei dir.

danke entschuldigung. andrea will sprechen. ich kann die wörter
nicht sagen. fühle mich elend
Hast du auch Schmerzen?
schmerzen im kopf

Ich streichle ihn und frage, ob er Kopfschmerzen hat.

»Nein«, antwortet er kurz angebunden.

»Geht's dir gut?«

»Ja, gut.«

Doch als wir aus dem Hotel treten, stürmt er los, rupft überall Blätter ab und zerreißt sie in kleine Schnitzelchen, als könnte sich darin etwas verbergen.

Ich nehme ihn in die Arme und sage: »Keine Angst, ich bin wieder gesund, und wir fahren jetzt weiter. Mit dem Auto, wie du es gern magst.«

Auf dem Hauptplatz von Oaxaca breite ich unsere große Landkarte auf dem Pflaster aus und zeige ihm, wo Guatemala liegt. Wir sind so in unser Kartenstudium vertieft, dass wir ein Grüppchen Holländer anlocken. Großgewachsene junge Männer mit struppigem Bart, auch sie mit Dutzenden von Karten in der Hand. Vielleicht meinen sie, erfahrene Reisende vor sich zu haben, und wollen Tipps, wie man Mittelamerika durchquert und in die Anden hinaufkommt. Sie hätten das flache Holland satt, sagen sie, und möchten dünne, sauerstoffarme Höhenluft atmen und versuchen, auf viertausend Metern schneller zu rennen als die Indios von Bolivien. Sie lachen, denn sie wissen, dass sie keine Chance haben. Dass wir Europäer wegen unserer Lungen und unserer Beine gar nicht mit den Indios konkurrieren können. Wir wetten zwanzig Euro. Ich gegen die Holländer, aber nicht, weil ich ihnen nichts zutraue. Falls wir uns wieder begegnen, werden wir ja sehen, wie die Sache ausgegangen ist.

»Und wohin wollt ihr?«, fragen sie.

»Nach Guatemala.«

»Und dann?«

»Mal sehen. Unser Traumziel ist Panama.«

Ausgebreitete Landkarten, Finger, die über das Papier fahren, über Hauptstädte, über Grenzen: Honduras, Nicaragua, Costa Rica, Panama.

Die Holländer beschließen, dass sie über Nicaragua fahren. Buena suerte, Jungs.

Wir verabschieden uns.

Der Abend in Oaxaca ist zauberhaft, die Menschen tanzen auf den Straßen und machen überall Musik, in den Lokalen, auf einer auf dem Hauptplatz errichteten Bühne.

Während wir gemütlich draußen sitzen, erzähle ich Andrea von meinem Freund Lorenzo, der vor Jahren nach Mexiko gezogen ist und immer wieder SMS schickt, dass wir ihn unbedingt in Tulum besuchen sollen. Ich falte noch einmal die Karte auseinander: Das würde heißen, über Guatemala zurück nach Mexiko und dort ein Stück die karibische Küste hinauf. Falls uns das zu langweilig wird, fahren wir weiter Richtung Süden nach Panama.

»Was meinst du, Andre?«

»Ja.«

»Ja zu was?«

»Nein.«

»Also fahren wir nicht nach Tulum?«

»Nein.«

»Fahren wir hin, ja oder nein?«

papa ist einzigartig für mich
andrea wäre gern einzigartig für papa

papa gedanken von freiheit
verantwortung für schwierigen sohn
papa erlebt abenteuer

andrea will sprechen
ich kann die wörter nicht sagen

die farben sind meine stimmungen

stadt der leute die dem glück nachjagen
schöne mädchen viele lichter

ich bin gefangen in gedanken an die freiheit

ich mit papa alles gut

menschen sind wir gleich im geist
ich bleibe schamane wie er

ich versuche jeden tag mich zu kontrollieren

andrea will gesund werden

viele gedanken der leute
andrea sieht und hört

ich muss den bauch fühlen
um zu erkennen wer bei mir ist

parallele welt ist autismus
ich muss von erdenbewohnern lernen

schöne erinnerung an papa und andrea

»Ja.«

Es ist nicht zu klären. Minutenlang schwankt er zwischen Ja und Nein hin und her.

»Sollen wir vielleicht eine Münze werfen, um zu entscheiden?«

»Ja.«

»Sehr gut, Andre, dann werfen wir eine Münze. Kopf bedeutet, wir reisen weiter nach Süden, bei Zahl fahren wir nach Tulum.«

Andrea wirft: Zahl. Tulum ist unser nächstes Ziel.

Andre, du hast der Reise einen schönen Kick gegeben: Guatemala, Belize, dann wieder Mexiko. Gleichzeitig träumen wir von einem Bus nach Panama …

Von Mexiko nach Guatemala

Der Flug nach Mexico City ist angenehm.

Um uns die Zeit bis zum Anschluss nach Guatemala City zu verkürzen, essen wir eine Kleinigkeit im Flughafen. Als wir dann zu unserem Gate gehen, verlangt Andrea nach seinem Pullover. Seltsam, es ist überhaupt nicht kalt, ein T-Shirt genügt vollauf.

Wir setzen uns hin und warten, da spuckt Andrea plötzlich in hohem Bogen alles wieder aus, wie ein Vulkan, der ausbricht ohne jede Vorwarnung. Panik. Es geht ihm schlecht, seine Augen glänzen. Ein Mädchen nähert sich und bietet ihm Wasser und einen Kaugummi an. Andere Leute weichen angeekelt zurück. Das Personal kommt zum Putzen. Ich bitte in allen Sprachen um Entschuldigung, helfe Andrea, sich auf einem Sitz auszustrecken, und merke, dass das Boarding begonnen hat. Das Gedränge macht mich wahnsinnig, Andrea dagegen erholt sich schnell und sieht nach kaum zehn Minuten besser aus als zuvor: Er lächelt, hat wache Augen und ist sogar zum Scherzen aufgelegt.

»Du Spitzbube, du, hast mich ganz schön erschreckt!« Ich bin froh, dass es vorbei ist.

Allerdings würde ich gern besser verstehen, wie diese Dinge laufen. Dass er ein bisschen gefroren hat, war natürlich ein Zeichen. Vielleicht hat er zu schnell gegessen. So ist er eben,

er hält dich auf Trab, und du bist immer ein bisschen angespannt.

Im Flugzeug ruhen wir uns jeder für sich auf seinem Platz
aus und warten auf Guatemala.

Beim Aussteigen geht alles glatt, fröhlich erreichen wir als
Erste die Passkontrolle, die Beamten sind freundlich und zu-
vorkommend, sie helfen uns bereitwillig bei den einfachsten
Dingen, und wir finden sofort ein Mietauto.

Guatemala City dagegen stößt uns nach wenigen Stunden
ab: Mit fliegenden Fahnen flüchten wir Richtung Antigua,
die alte Hauptstadt. Wie eine würdevolle alte Dame wird sie
uns vorgestellt: »Sie nannten die Stadt ›la muy noble y muy
leal ciudad de Santiago de los caballeros de Guatemala‹!«, lese
ich Andrea aus einem Prospekt vor. »Stell dir bloß vor, was
für eine lange Autonummer das gegeben hätte.«

Eine Stunde Fahrt, gehüllt in Wolken, die so tief hängen, dass
man sich fühlt wie im dichten Nebel. Das Gewitter mit seinem feinen Sprühregen gleicht einer Aerosoltherapie. Bei dieser Feuchtigkeit bedauern wir, dass wir keine Kiemen mehr
haben.

Antigua ist eine Stadt, die schreckliche Erdbeben erlebt hat,
aber nie ganz verlassen wurde und noch immer einen Zauber
ausstrahlt: Straßen aus dunklem Stein, von Palmen, Arkaden,
einstöckigen Häusern, Brunnen und Waschtrögen gesäumt.
Die Hotels sind restaurierte alte Paläste. Wir wählen einen Ko-
lonialbau im Zentrum: Angestellte, Portiers und Kellner sehen
aus wie Komparsen aus einem Kostümfilm. Sie geleiten uns in
ein riesiges Zimmer mit Mauern und Fenstern für Giganten.

Im Dauerregen schlendern wir ein wenig unter den Arkaden umher. Andrea ist einem vor uns gehenden Paar auf den Fersen. Die beiden scheinen witzig zu sein. Sie tun so, als flatterten sie mit Flügeln, schnalzen mit den Fingern, blasen die Backen auf wie Kröten. Es sind Amerikaner, doch sie reden spanisch. Sie wollen nicht englisch miteinander sprechen, weil sie, behauptet der Mann jedenfalls, ehemalige CIA-Agenten sind. Ich lächle. Da haben wir es ja mit zwei verrückten Vögeln zu tun, denke ich und erwidere: »Andrea ist auch ein CIA-Agent.« – »Tatsächlich?«, ruft die Frau und starrt ihn durchdringend an. Sie laden uns ein, in einem Lokal etwas mit ihnen zu trinken. Missionen im Nahen Osten? Klar doch: »Andrea wird zu den Jugendlichen im Iran geschickt, damit er ihnen einen auf Farben basierenden Geheimcode beibringt.« Erstaunlich, wie manche Geschichten aufgenommen werden: Die beiden fragen ganz aufgeregt: »Einen Farbcode, um die Repression der Ayatollahs zu besiegen?«

»Genau.«

Andrea sitzt am Kopfende des Tisches, umfasst mit der linken Hand seinen Hals und macht ein leicht misstrauisches Gesicht, wie es sich für einen siebzehnjährigen Geheimagenten eben gehört.

»Hm«, sagt der Mann, »aber könnte man vielleicht mal ein Beispiel für diesen Farbcode bekommen?«

»Andre, der Herr möchte deinen Geheimcode wissen.« Andrea schweigt. »Ich weiß nicht, ob er dazu bereit ist«, sage ich. Dann finde ich ein Blatt Papier, schiebe es Andrea hin, und er zerreißt es in winzig kleine Stückchen. Mit einem Filzstift, den uns der Besitzer des Lokals ausleiht, malt er anschlie-

ßend eine Unmenge Pünktchen von unterschiedlicher Farb-
intensität.

»Die verstreuen wir in ganz Teheran«, sage ich. »Jedes Papierstückchen enthält eine genaue Anzahl von hellen und
dunklen Pünktchen. Das ist der Code. Sieht aus wie Abfall,
dabei enthalten sie eine Freiheitsbotschaft.«

Die zwei Amerikaner sind ratlos, sie versuchen, die Punkte
zu zählen, kneifen den Mund zusammen. Wir sind alle Wel-
tenbummler. Alle auf der Jagd nach Geschichten.

Draußen ist es jetzt stockfinster, und es regnet immer noch.

Auf dem Rückweg lassen wir uns von Klanginsel zu
Klanginsel treiben. Andrea hüpft gut gelaunt vorneweg. Er
ist so gut drauf, dass er vor einem Lokal einen jungen Mann
umarmt und ihm auf den Bauch drückt. Unerwartet und
schnell. Der Junge fühlt sich angegriffen und reagiert, als
wäre er in Lebensgefahr: Mit aller Kraft stößt er Andrea weg
und schleudert ihn auf die Kühlerhaube eines Autos. Andrea
gibt keinen Laut von sich. Wenn sich jemand entschieden wehrt,
zieht er sich immer in sich selbst zurück. Mehrere junge
Männer eilen dem anderen zu Hilfe und sehen sich Andreas
untröstlicher Miene und seinem blassen Lächeln gegenüber.

»Es un chico con autismo!«, brülle ich, so laut ich kann.

Sie tuscheln, schubsen sich, blicken stumm auf den ver-
schreckten Jungen vor ihnen. Dann entschuldigen sie sich,
wissen nicht, was sie jetzt tun sollen.

Wir gehen weiter. Andrea bewegt sich hektisch, reibt sich
wie wild die Hände. Ich nehme ihn fest in den Arm und beruhige ihn. »Als Kind«, erzähle ich ihm, »habe ich mich oft
mit anderen gerauft, du kannst dir nicht vorstellen, wie viel
Schläge ich einstecken musste, und dann wird man größer

und lernt, keinen sinnlosen Streit vom Zaun zu brechen, doch wenn es sein muss, zeigt man Rückgrat. Nur ein Dummkopf prügelt sich ohne einen Grund.« Ich hake mich bei ihm ein. »Andrea, jetzt verpass ich dir eine«, sage ich zum Spaß.

»Probier's, Papa.« Er rennt los. Ich laufe hinterher, stelle ihm von hinten ein Bein, das wäre ein Foul mit Platzverweis. Doch er springt gleich wieder auf. Wir rennen, bis uns die Luft ausgeht.

Im Hotel würde ich ihn gern dazu bringen, dass er mir etwas erzählt.

Andrea bleibt lange im Bad, ich höre, wie er x-mal den Wasserhahn auf- und zudreht.

Schließlich schaue ich mir seine Texte an und finde einen, den er im Dezember des Vorjahres geschrieben hat. Ich stelle mich an sein Bett und lese ihn laut vor.

Ciao Andrea, wie war dein Tag heute?
unruhig
Warum bist du unruhig?
hab es satt andrea nicht zu kontrollieren. krise außer kontrolle. bitte alle um entschuldigung andrea geht es schlecht unfähig zu kontrolle. ciao papa
Warte Andre. Wir müssen an der Kontrolle arbeiten, das weisst du. Versuch mir zu sagen, warum du allen auf den Bauch drückst.
ich muss den bauch fühlen um zu erkennen, wer bei mir ist. ich stelle mich vor indem ich die leute anfasse. dann bin ich beruhigt
Aber du weisst, dass es die Leute stört.
ist mir bewusst aber wenn andrea menschen nicht anfasst sehe ich verwirrung und k.o. für andrea der sich aufregt

Kannst du den Leuten denn nicht an die Schulter fassen statt an den Bauch?

mir gefällt bauch

Verstehst du, dass es sie stört, oder nicht?

verstehst du dass ich mich nicht kontrollieren kann?

Du musst es immer wieder versuchen.

ich versuche jeden tag mich zu kontrollieren

Erzähl mir, wie du das machst.

ich muss vieles in ordnung bringen und warte bis ich es nicht mehr aushalte und es mir schlecht geht. ich halte länger durch und werde besser

Andre, brauchst du etwas?

andrea braucht hilfe. kopf verwirrt fühle mich schlecht

Hilfe wobei?

meinen autismus zu heilen. ich habe es satt so zu leben.

Ich weiß, Andre, ich weiß.

Siga me

Wir fahren ins Reich der Apostel: Die zwölf am Atitlán-See gelegenen Dörfchen sind nach ihnen benannt. Es soll dort wunderschön sein.

Das Wetter ist fürchterlich, und das Navi lässt uns schamlos im Stich. Wir verfahren uns mehrmals.

Schließlich landen wir in einer ärmlichen, heruntergekommenen Gegend, baufällige Hütten entlang der Straße, zerlumpte Kinder und eine brutale Schlägerei. Vor unseren Augen wird ein armer Kerl zu Boden gestoßen und getreten. Etwas beunruhigt fragen wir nach dem Weg. Die Menschen sind freundlich, trotz gut sichtbarer Machete im Gürtel, und bemühen sich, uns in diesem angeblich gesegneten Land weiterzuhelfen. Wir folgen ihren Angaben, ohne uns von Erdrutschen und Felsblöcken am Straßenrand entmutigen zu lassen. Was mag bloß passiert sein? Die Hälfte des Gebiets sieht aus, als hätte hier ein wild gewordener Riese gewütet, die andere Hälfte taucht gelegentlich zwischen Kurven, Nebel und Regen auf und verschwindet wieder.

»Andre«, entschlüpft es mir, »das hier ist kein Spaziergang.«

»Spaziergang schön.« Doch auch er sieht sich forschend um.

Zum Glück fahren wir ziemlich langsam, zum Glück landen wir nicht im Abgrund. Wenige Meter vor der gähnenden Leere komme ich mit einer Vollbremsung zum Stehen. Ich reiße die Augen auf: Das gibt es doch nicht! Die Brücke vor uns ist eingestürzt. Warnschilder null. Vielleicht lauern hier größere Gefahren. Vielleicht ist diese eingestürzte Brücke nur der Anfang. Ein wenig Angst kriecht in mir hoch: Wo sind wir hier?

Ich schätze, der See ist nicht mehr weit, etwa fünfzig Kilometer. Wir steigen aus dem Auto und starren auf das unüberwindliche Hindernis. Andrea wirft einen Stein. »Halt«, sage ich zu ihm, mir ist, als hörte ich einen Motor. Ein Jeep kommt angebraust. Ich hebe die Arme, um ihn auf die Gefahr hinzuweisen. Er verlangsamt keineswegs. Du lieber Schreck. Ein Irrer! Ein Selbstmörder! »Geh zur Seite, Andrea.« Reifen quietschen, abrupt hält der Jeep an, und ein mageres Männchen streckt misstrauisch den Kopf heraus. Er mustert uns lange, bevor er fragt:

»Qué pasa?«

»Señor, wir haben uns verirrt. Hier geht es nicht weiter. Wie kommt man nach Atitlán?«

Der Typ in dem Jeep lacht belustigt – was diese Touristen doch für Angsthasen sind! – und antwortet spöttisch: »Siga mc, siga me.« Wir sollen ihm folgen? Trauen wir uns das? Welche Alternativen haben wir? Ich sehe Andrea an, und wir folgen ihm. Er biegt in ein Schottersträßchen ein, das unter der Brücke durch führt. Ohne weiter auf uns zu achten, fährt er direkt und ziemlich schnell auf das Wasser zu. Donnerwetter, denke ich, der will nicht allein Selbstmord begehen, der sucht Gesellschaft. Wo will er hin?

Ich sehe, wie er sich bedenklich entfernt – wenn er uns abhängt, sind wir wieder in der Patsche. Also weiter! Der Typ fährt in den Fluss hinein, ich halte den Atem an und erwarte das Schlimmste. Mit schreckgeweiteten Augen, den Fuß auf der Bremse, nähere ich mich dem Wasser. Entgegen meinen Vermutungen ist es ist nicht tief – der verrückte Fahrer erreicht schon das andere Ufer.

»Andre, was jetzt? Eins, zwei, drei – los!« Wir stürzen uns hinein, ich hole tief Atem und versuche, den Fluss an der gleichen Stelle zu durchqueren wie der Jeep. Drüben halte ich neben dem Mann und sehe, dass er zufrieden lacht. Mistkerl, denke ich, aber er hat uns gerettet und begleitet uns bis ans Ziel: Ende gut, alles gut.

An den Ufern des Atitlán-Sees erkennt man nach und nach die Dörfer. Üppiges Elend bis nach Santiago Atitlán. Graue Hütten im strömenden Regen, Ufer und Landungsstege sind überschwemmt. Andrea kann nicht widerstehen und watet barfuß hinter einer kleinen Gruppe Frauen her, die einen unter Wasser stehenden Gehsteig entlangmarschieren. Dabei fällt er unweigerlich einem jungen Mann auf, der sich anbietet, uns das Dorf zu zeigen. Der Junge flößt mir instinktiv Vertrauen ein, vielleicht brauchen wir ihn.

Unser improvisierter Reiseleiter führt uns zu einer Bude, wo wir ein Brötchen essen: Kauen löst meine Anspannung ein wenig. Er erzählt uns von einem vor wenigen Monaten niedergegangenen Bergsturz, der alles zerstört und viele Menschen getötet hat, darunter auch viele Kinder. Auch seine Schwägerin und ihre sechs Kinder sind umgekommen. So viel Unglück kann man gar nicht glauben, man möchte fast hoffen, dass er Lügen erfindet, Lügen für uns Touristen aus der reichen Welt.

Ein wenig niedergeschlagen beschließen wir, nach Chichicastenango weiterzufahren, eine Stadt, die für ihren Markt berühmt ist und auch sonst noch einiges zu bieten haben soll.

Wir fragen nach dem Weg: Bis Chichicastenango sind es drei Stunden, heißt es, später dann eine Stunde und nach ein paar Dutzend Kilometern auf einmal vier Stunden. Es ist verwirrend, jeder sagt etwas anderes, niemand will zugeben, dass er es nicht weiß, und behauptet einfach das Erste, was ihm einfällt: Sie reden drum herum, es klingt, als würden sie den Raum Handbreit für Handbreit vermessen, sie fragen dich, wie schnell dein Auto fährt und ob du es eilig hast. Vielleicht handelt es sich um eine lateinamerikanische Besonderheit: Jedes Mal, wenn jemand eine Ortschaft erwähnt, verändert sie ihre Lage. Nachmittags um vier ist sie acht Kilometer entfernt, um fünf dagegen dreißig Kilometer, Uhr und Orte laufen unentwegt hintereinander her.

Bei Dämmerung erreichen wir Chichicastenango, und auch hier kommt uns sogleich ein junger Mann entgegen. Man erkennt uns von weitem. Viele Jugendliche warten auf Touristen, um ihnen ihre Dienste anzubieten. Unser Guide stellt sich vor: Er heißt Vittorio, ist achtzehn Jahre alt und ein direkter Nachfahre der Mayas. Er ist sehr nett, zeigt uns rasch ein Hotel, wo wir auch zu Abend essen können, und schlägt einen gemütlichen Spaziergang zum Markt am nächsten Morgen vor. Er findet für alles eine Lösung, und das an einem Ort, wo wir uns zum ersten Mal verloren fühlen.

Das Hotel, das Vittorio uns besorgt hat, ist ein Kloster

aus dem achtzehnten Jahrhundert, majestätisch und elegant, und der Innenhof gleicht einem prächtigen Gewächshaus mit seinen Kaskaden blühender Bougainvillea und den frei fliegenden, bunten Papageien. Flügelschlagend plustern sie sich auf, dann drehen sie den Kopf und beäugen uns. Zwischen zwei Reihen steinerner Mönche steigen wir die Treppe hinauf. Im Zimmer gibt es sogar einen Kamin, der für die Nacht angeheizt wird. Es ist ein angenehmer, seltsamer Ort, wir werfen unsere Rucksäcke aufs Bett, und sofort verbessert Andrea die Schieflage der Kissen.

Der ungewisse Straßenzustand veranlasst mich, Auskünfte über die Route einzuholen, die ich für den nächsten Tag auf der Landkarte herausgesucht hatte. Einer der jungen Leute an der Rezeption, Guillermo, spricht ein wenig Italienisch. Als Zweitjob arbeitet er als Touristenführer und rät mir von unserem beabsichtigten Besuch der Maya-Tempel ab, weil die Überschwemmung die Straße unpassierbar gemacht habe. Er hat etwas Vertrauenerweckendes. Er empfiehlt uns, das Programm zu ändern, und zuletzt gehen wir alle zusammen essen: Andrea, ich, Vittorio und Guillermo.

Andrea spielt den Kellnern alle möglichen Streiche, während wir von den Mayas sprechen, die an diesem Ort tiefe Spuren hinterlassen haben. Ich höre Geschichten von Vulkanen und Erdbeben, von Guerillakämpfern und von antiken Lebensweisen.

Die Wörter für »Messer«, »Teller« und »Wasser« in der Maya-Sprache klingen vollkommen fremd. Vittorio erklärt uns, dass die Alten im Dorf nur diese Sprache sprechen. Vor allem die Schamanen. Ich staune: Schamanen? Gibt es die noch? Die beiden jungen Männer ereifern sich: Allein in

Chichicastenango sind es mehr als dreihundert. Jeden Tag vollziehen sie Rituale an verschiedenen Orten.

Als wir vom Tisch aufstehen und in die schwarze Nacht hinaustreten, stimmt Vittorio in der Maya-Sprache einfache Trauerlieder an. Es gibt überhaupt kein Licht, weder Mond noch Sterne. Nur am Boden flackern ein paar kleine Feuer, improvisierte Kochstellen, auf denen das Essen für den morgigen Markt zubereitet wird. Der feine, anhaltende Regen zwingt die Menschen, mit Kapuze herumzulaufen, was alle, denen wir begegnen, zu undurchdringlichen Gestalten macht. Wir sind in vergangene Jahrhunderte eingetaucht. Vielleicht geht meine Phantasie mit mir durch, doch mir ist es unheimlich. Mehrmals taste ich im Dunkeln nach Andrea, um mich zu versichern, dass er neben mir ist. Zerlumpte Menschen bitten uns um alles Mögliche. Besonders beeindruckt mich ein alter Mann, der nackt ist bis auf ein paar zerrissene Plastiktüten, die Hemd und Hose darstellen sollen.

Er sieht mich an: »He, Señor, guten Abend.«

»Guten Abend, wie heißen Sie?«

»Ich bin Batista.«

»Alles in Ordnung?«

»Gott sei Dank, alles in Ordnung.«

»Entschuldigen Sie, Señor, ich möchte nicht unhöflich erscheinen, aber wenn man Sie so ansieht, würde man meinen –«

»Señor, es könnte noch schlimmer kommen. Wenn ich etwas zu essen hätte, ginge es mir allerdings besser. Man muss es ja nicht übertreiben mit dem Luxus, aber ab und zu …«

»Hier wird doch überall Fleisch und Brot zubereitet. Greifen Sie zu, ich lade Sie ein.«

Wir bleiben ein bisschen bei ihm. Er sagt, er sei dreiundvierzig, der Mann ist jünger als ich. Seine Haut ist wie trockenes Leder, und er hat so wenige Zähne, dass er wohl hauptsächlich von Luft leben muss.

Er kaut ganz, ganz langsam, um jeden Bissen auszukosten. Sein Blick ist verschleiert.

Andrea weicht mir aus, ich muss ihn ständig im Auge behalten. Heute hat er keinen guten Tag gehabt. Nicht das Tohuwabohu rundherum besorgt mich, sondern dass ich ihn nicht spüre, er ist verstörter als gewöhnlich, spricht kaum, fasst ständig alles an und zerreißt, was ihm in die Finger kommt.

Ich frage mich, ob die Welt, die wir gerade bereisen, nicht zu intensiv, zu überladen für ihn ist. Nordamerika war zum großen Teil leere Landschaft, und die Sinneseindrücke waren klarer, in gewisser Hinsicht einfacher. Das hier ist ein verschlungenes Universum, wer weiß, wie viele Empfindungen auf ihn einstürmen.

Wir gehen in unser Zimmer zurück, der Kamin wärmt. Vor dem Feuer hören wir Musik, ich umarme Andrea und gebe ihm einen Kuss: Gute Nacht, Andre.

Schamanen

Farben, Farben und nochmals Farben: Das ist der große Markt, den Vittorio uns versprochen hatte. Das Wetter ist strahlend, es hat zu regnen aufgehört, und man braucht keine Kiemen mehr: Die Erde ist wieder kompakt und fest unter unseren Füßen.

Um uns herum Menschen, die sich umarmen, sich zurufen, sich freundschaftlich begrüßen, ein Sinn für Gemeinschaft, den wir nicht kennen. Keine Aufregung, keine Hast, es sind einfache, bescheidene Leute, die mit ihrer Ware sorgsam umgehen und höflich miteinander reden, wenn sie etwas kaufen oder wissen wollen.

Angeregt von dem Gespräch bei Tisch gestern Abend, möchte Vittorio uns die Orte zeigen, wo die Schamanen ihre Riten zelebrieren. Da ist eine Kirche, in der man kleine Altäre, Lichter, Kerzenbündel erspähen kann. Unbekannte und unverständliche Gesten, große Spiritualität.

Ein sehr starkes Gefühl, auch Andrea ist beeindruckt.

Erfreut über unser Interesse, führt Vittorio uns einen Hügel hinauf. Der Weg ist gesäumt von Verkaufsständen und Tieren. Wir bewegen uns in einem Strom schweigender Menschen. Ich frage, ob wir an einem Ritual teilnehmen können. Vittorio ist sich nicht sicher, denn es ist spät, die Rituale finden normalerweise bei Sonnenaufgang statt und sind inzwischen zu Ende. Nur ein paar Spuren sind noch zu sehen: in sich versunkene Menschen, brennende Kerzen.

Vittorio will uns unbedingt einem Schamanen vorstellen. Ich habe keine Ahnung, wie ein Schamane aussieht. Vittorio spricht mit solcher Inbrunst von ihm, dass ich eine Art Staatschef erwarte, eine herausragende Persönlichkeit, elegant und schlicht, in einer vielleicht nicht luxuriösen, aber stilvollen Wohnung.

Stattdessen kommen wir zu einer kleinen Hütte, zwei Mal vier Meter, Schlamm und Steine – wir würden so was als Lagerraum nutzen, wie diese Schuppen auf dem Land, in denen man Geräte, Kartoffelkisten und Säcke mit Dünger verstaut. Vittorio lässt uns eintreten, wir bleiben an der Türe stehen und beobachten einen alten Herrn, der eine Frau behandelt wie bei uns früher die Wunderheiler. In liebenswürdigem Ton fragt er nach unserem Anliegen. Trotz seines bescheidenen Äußeren zieht mich die Intensität seiner Augen an wie ein Magnet, und ich sage spontan und aus vollem Herzen: »Ich möchte ein Ritual für meinen Sohn.« Der Schamane fixiert mich und gibt mir zu verstehen, dass er mir viele Fragen stellen muss. Ich spreche Spanisch und er die Maya-Sprache. Vittorio übersetzt.

Wie heißt Ihr Sohn? Wann ist er geboren? Name der Mutter? Seit wann ist er so? Hat er Geschwister? Wovon ernährt er sich? Versteht er, was man ihm sagt? Malt er? Schreibt er? Schläft er viel oder wenig? Ist er ruhig oder gewalttätig? Lässt er sich umarmen?

Unwillkürlich blende ich Diagnosen, Klinikberichte, Medikamente und Elektroenzephalogramme aus. Ich erzähle direkt und einfach.

Der Schamane hört aufmerksam zu.

»Sprechen Sie als Vater über ihn …«

Der Satz überrascht mich. So sehr, dass ich weder nach Erinnerungen suche noch meine täglichen Schwierigkeiten mit Andrea benennen mag. »Ich habe ihn sehr lieb«, erkläre ich überzeugt, mit lauter Stimme.

Der Schamane wägt schweigend meine Worte. Ich lasse meinen Blick durch den Raum schweifen, in dem überall seltsame Gegenstände und zerfledderte Bücher herumliegen: Ich lese einige Titel: *Maya-Kalender, Das Buch der Schamanen, Das Höllenbuch, Das Buch des Okkulten, Die Schwarze Magie.* Wo sind wir bloß hingeraten?

Dann wendet er sich mir wieder zu, um den Zeitpunkt des Rituals festzulegen: in zwei Stunden, auf dem Friedhof des Dorfes. Ich zucke zusammen. Auf dem Friedhof? Hat er Friedhof gesagt? Ich schaue nach allen Seiten, sehe erst Vittorio, dann Andrea an. Muss das sein? Die Friedhöfe werden hier wohl nicht so sein wie bei uns daheim, das ist klar, bestimmt herrscht hier eine ganz andere Auffassung, aber trotzdem bin ich in Verlegenheit. Doch der Schamane meint es völlig ernst. Vittorio zuckt nicht mit der Wimper. Andrea ebenso wenig.

»Andrea, wovor fürchten wir uns?«

»Vor nichts, Papa.«

»Dann machen wir es.«

Mit Vittorios Hilfe habe ich alles notiert, was wir für das Ritual brauchen: Eier, Zigarren, Zigaretten, Kerzen, verschiedene Öle, Schnaps, Parfum. Wir gehen los, um die Sachen einzukaufen, die dann verbrannt werden sollen. Sorgfältig wähle ich alles aus, die Eier müssen frisch sein, ich möchte lieber farbige Kerzen, ich erkundige mich nach der Qualität der Öle, nach den Zigarren- und Zigarettenmarken. Ich schnuppere an mehreren Parfums.

Nachdem wir zwei Tüten gefüllt haben, betrachte ich verwundert das bizarre Sammelsurium. Warum nicht? Ich denke an die zahllosen Versuche, die wir schon gemacht haben, um Andreas Situation zu verbessern. Nichts haben wir uns erspart. Wir haben bei der Schulmedizin angeklopft und sind, stets voller Hoffnung, auch ungewöhnlichere Wege gegangen. Ich kann die Misserfolge gar nicht mehr zählen, aber dennoch haben wir nicht den Mut verloren, sondern nach vorne geblickt. Was kann da ein weiteres Ritual schaden? Oder nützen? Wer weiß.

Bald ist es so weit. Im Gänsemarsch wandern wir langsam hügelan zum Friedhof, und ich merke, dass wir uns keinem Ort der Traurigkeit nähern. Das hier ist nicht nur ein Grundstück, das die Knochen derer beherbergt, die einst gelebt haben. Die Toten dominieren vom Gipfel des Hügels das ganze Umland. Der Friedhof ist ein kleines Dorf mit Straßen und Gärten und bunten Altären. Viele Menschen drängen sich um die kleinen Wohnstätten der Toten, andere nehmen an den Ritualen teil, die überall zelebriert werden, und erfüllen die Luft mit Gesängen und rituellen Gebeten. Ab und zu hört man einen Knall, Feuerwerkskörper werden gezündet, die Menschen zucken zusammen, ohne zu erschrecken. Wir sind in eine surreale Atmosphäre eingetaucht.

Vittorio führt uns zu dem Schamanen. Sehr viele Leute grüßen ihn und küssen ihm die Hände. Er zeigt keinerlei Überheblichkeit, im Gegenteil, er hat für alle eine freundliche Geste, ein freundliches Wort. Er ist heiter und gelassen. Er lächelt uns an und gibt uns durch Vittorio zu verstehen, dass wir vor seinem Altar meditieren sollen. Den Kopf leeren. Ich weiß nicht, ob Andrea das hinkriegt, ob er tatsächlich diese Achterbahn bremsen kann, auf der seine Gedanken unterwegs sind. Leise flüstere ich: Andrea, Kopf leeren. Dann schweigen wir. Der Schamane zündet ein Feuer an und legt nach und nach die Sachen darauf, die wir mitgebracht haben. Etwas knistert in den züngelnden Flammen, der Schamane beginnt zu beten. Er segnet uns gewiss hundert Mal. Ich befürchte, dass der Überfluss an Segen von einer gewaltigen Anstrengung zeugt, wir sind offensichtlich ein schwieriger Fall. Er benetzt Andreas Haar mit den Parfums und will, dass ich ihm die Hände auf die geschlossenen Augen lege. Ich fühle seine Wimpern zucken. Dann fordert er mich auf, eine riesige Zigarre zu rauchen, die nicht enden will und mich benebelt. Wenn uns jemand von außen durch die Wolke aus Rauch und Tönen beobachten könnte, sähe er uns versunken im Schatten eines großen Baums sitzen. Erneut muss ich Andrea die Augen zuhalten, und der Schamane spuckt dreimal Schnaps auf sein Haupt und auf meines.

Es sind Stunden vergangen. Wir tauchen aus tiefsten Tiefen auf, sind eine Mischung aus Staub, Schweiß, Parfum, Rauch, Schnaps, Weihrauch, Spucke und wer weiß was noch. Andrea befreit sich, bewegt sich, betrachtet das brennende Feuer. Er findet kleine Steine und Holzstücke und wirft sie in die Flammen. Ich kann seinen Blick nicht deuten. Er ist intensiv, sehr klar, aber ich verstehe ihn nicht. Wir umarmen den Schamanen.

Hintereinander steigen wir den Friedhofshügel hinunter,

ich als Letzter. Ist das Gefühl, in weite Ferne geblickt zu haben, nur Einbildung? Genügt es, Kerzen anzuzünden, Gebeten zu lauschen, dich anderen Menschen nah zu fühlen … Genügt das, um bestimmte ungewohnte Regungen zu wecken? Würden wir sie immer fühlen, wenn wir hier wären? Oder empfinden wir sie, weil es uns gelingt, eine Bresche zu schlagen in unserem Leben voller Berechnungen und Rationalität? Geschieht es, weil wir uns eine Pause gönnen, mal einen Takt aussetzen?

Unser Abschied dauert sehr lange.

Wir setzen unsere Reise auf der Panamericana fort, wieder Häuser und Baracken am Straßenrand, Spuren von Erdrutschen, ständige Umleitungen. Wir kehren nach Antigua zurück, suchen uns ein neues Hotel, geben das Auto ab und kaufen die Fahrkarten für den Minibus, der uns morgen nach Puerto Barrios bringt. Dort wollen wir das Schiff nach Livingston besteigen. Guillermo hat uns bei dem Abendessen in Chichicastenango erzählt, dass in Livingston die verschiedensten Völker leben, viele der Bewohner sind Garifuna, die teils von Kariben, teils von Sklaven aus Westafrika abstammen, die dort Schiffbruch erlitten haben. Livingston ist ein guter Ausgangspunkt, um die karibische Küste hinaufzufahren bis nach Tulum.

»Wir fahren zu den Garifuna!«, habe ich zu Andrea gesagt: »Es ist ein Kreislauf, weißt du, erst waren sie frei, dann Sklaven und danach wieder ein bisschen freier.« Ich erkläre ihm, dass das Leben Chancen bietet.

Weniger Sklave zu sein, das geht.

Landung in Livingston

Andrea versucht die Rucksäcke zu packen. Er zieht die Reißverschlüsse auf, zu und gleich wieder auf, schichtet die Kleidung nach ganz eigenen Kriterien immer wieder um. Irgendwann kommt in mir die Wut hoch: Ist es denn möglich, dass
er kein T-Shirt ordentlich hineinlegen kann? Dann beruhige
ich mich wieder, wir blödeln herum: Ich lege auch etwas von
hier nach da, mache einen Rucksack ein paarmal auf und zu.
Andrea lacht über mein Theater.

Draußen vor dem Hotel erwartet uns ein Kleinbus, der
uns zu dem Busbahnhof bringt, wo die Linien nach Puerto
Barrios abgehen. Die anderen Passagiere sind schon eingestie-
gen: drei junge Dänen und zwei Mädchen aus Australien.
Sie haben uns den Platz neben dem Fahrer frei gelassen, da
setze ich mich hin, und einen Platz neben den Mädchen, wo
Andrea es sich bequem macht. Er erobert sie sofort und bekommt ihre ungeteilte Aufmerksamkeit.

Nach kaum einem halben Kilometer merke ich, dass der
Rucksack mit den Ausweisen und dem Handy fehlt, den sollte
Andrea tragen. Ziemlich ungehalten schnauze ich ihn an: »Wo
hast du den Rucksack gelassen?« Er schaut mich so groß und
unschuldig an, dass unsere Reisegefährten mich mustern, als
wollten sie sagen: »Und du, wo warst du?« Ein ehernes Bündnis. Ich schlage mir an den Kopf: Wir müssen umkehren.

Nach einer Stunde Fahrt steigen wir am Busbahnhof aus, wo Überlandbusse aus längst vergangenen Zeiten auf uns warten, bauchige, schnaufende Brummer. An den Fahrkartenschaltern stehen lange, langsame, ziemlich disziplinierte Schlangen. Leider soll der Bus nach Puerto Barrios um dreizehn Uhr abfahren, das heißt, uns bleiben nur wenige Minuten. Das schaffen wir nie. Wir müssen sehr verzweifelt aussehen, denn unverhofft taucht ein Mann mit schwarzen Hosen, weißem Hemd und einem Schildchen um den Hals auf. Er fragt uns, wohin wir wollen. Puerto Barrios? Nur mit der Ruhe, und schon stürmt er los, um den Bus aufzuhalten, fordert den Fahrer auf zu warten, hastet an der Schlange vorbei zum Schalter, lädt die Rucksäcke auf den Bus und lässt uns einsteigen. Ich kann nicht umhin, ihn angemessen zu belohnen.

Fünf Stunden Fahrt. So stand es auf dem Fahrplan. Irgendwann verzieht sich Andrea auf die hintersten Sitze, die nach und nach frei geworden sind, und ich bleibe vorne. Getrennt reisen wir bis an unseren Bestimmungsort. Seit unserer Abfahrt sind wir nie so lange so weit voneinander entfernt gewesen. Der Bus lässt uns an der breiten Straße aussteigen, die zur Mole führt, *el muelle,* wie es hier heißt. Wir angeln unsere Rucksäcke vom Dach und gehen ein Stück zu Fuß, unsere Beine sind ganz steif geworden vom langen Sitzen in dem engen Bus. Es ist brütend heiß, die einzige Erfrischung bietet eine kleine Bude am Ende der Mole, wo es in einem Wassereimer gekühlte Getränke gibt. Zum Glück legt unser Boot bald ab, wie eine Rakete flitzt es über die Wellen.

Auf dem Landweg ist Livingston nicht zu erreichen, da es von unpassierbaren Parks und Naturschutzgebieten umgeben ist. Die einzige Möglichkeit ist dieses Boot. Beim Anlegen herrscht großes Gedränge, Reisende versuchen, ihr Gepäck herauszuziehen, das Boot schwankt, alle wollen schnellstens an Land. Nur Andrea möchte nichts davon wissen, den Fuß wieder auf festen Boden zu setzen. Er reibt sich die Hände, folgt den Seilen, fixiert einige Wasserkanister. Wir sind ein bisschen in Not, aber ein Schrank von einem Mann mit Rastafrisur bemerkt es und hilft uns. Er nimmt unsere Rucksäcke, erfasst Andreas Zustand im Flug und lächelt beruhigend. Wir wechseln einen Blick, es bedarf keiner Worte, er ist unser Rettungsring. »Mein Name ist Ricardo, und ich kann euch eine nette Unterkunft und die schönsten Strände zeigen, aber auch, wo man gut isst.« Er hat ein offenes, einladendes Lächeln: Er braucht uns und wir ihn. Ich bin mir sicher, dass auf ihn Verlass ist und dass er uns folgen wird wie ein Schatten. Wir lassen unser Gepäck in einem Hotel aus bemaltem Holz und beginnen, mit Ricardo das Zentrum zu erforschen. Überall Menschen von dunkelster Hautfarbe und eine Atmosphäre wie in Jamaika, Bob Marley in allen Schaufenstern und Lokalen.

Am Abend nimmt uns Ricardo zu einem Konzert mit: Eine Band spielt, das Publikum trinkt Bier, und es herrscht eine unbeschwerte Stimmung. Die Menschen umhüllen Andrea wie eine Haut, er stürzt sich ins Getümmel, berührt und lässt sich berühren, hüpft den ganzen Abend, umarmt und küsst, wen er will.

Man spürt so viel Nähe, mehr als wir je in den Ländern finden könnten, die sich Fortschritt und Zivilisation auf die Fahnen geschrieben haben.

Positive Vibrations

Sieben Uhr morgens. Andrea ist schon auf und sprüht vor Energie. Der Computer war die ganze Nacht an. Mir gehen viele Dinge durch den Kopf.

»Lass uns schreiben«, sage ich. Mein Ton ist entschieden, ich rücke einen Stuhl zurecht, Andrea setzt sich, und ich stelle mich hinter ihn. Ganz zart und vorsichtig nehme ich seine Hand. Dann schreibe ich:

Andre, was war das für eine Erfahrung mit dem Schamanen?

Andreas Hand bewegt sich, Faust aufs Herz, und langsam, aber bestimmt führt er den Finger auf die Tasten.

menschen sind wir gleich im geist ich bleibe schamane wie er
Aber was hast du gespürt?
wie er gespuckt hat herzstechen und bauchweh

Mein Herz rast vor Aufregung, aber ich fühle mich leicht wie eine Feder. Wenn Andrea schreibt, schließe ich die Augen, und wenn ich sie wieder öffne, kann ich nur staunen. Ich fühle die Nabelschnur, die uns verbindet.

Wie hast du das Ritual erlebt?

zu weit weg habe ihre seelen auf mir gefühlt

War das schlimm für dich?

sehr stark aber sind einzigartige erfahrungen

Also, was meinst du?

jetzt gut

Vorher, dort, war es nicht leicht …

gute erinnerung

Ich weiß, dass er sich ganz genau an jede Einzelheit erinnert. Deshalb versuche ich noch mehr aus ihm herauszuholen.

Und wie war es für dich in New Orleans?

straßen voll musik schöne spaziergänge durch die stadt großer fluss
gute pommes frites

Und all die Hotdogs, die du gegessen hast?

gute hotdogs sehr lecker

Du hast deinen Zauberstab in New Orleans im Hotel liegengelassen … Hat das einen besonderen Grund?

schöne erinnerung an papa und andrea bleibt dort wir fahren
morgen hin zauberstab holen

Hast du ihn für jemand Bestimmtes dagelassen?

für papa und andrea wenn wir wiederkommen

Und du meinst, morgen?

nein. andrea will noch mal hinfahren

Und die Leute dort überall?

viele gedanken der leute auf den straßen andrea sieht und hört

Zum Beispiel?

papa gedanken von freiheit verantwortung für schwierigen sohn
papa erlebt abenteuer

Und was sagst du zu den Besitzern des Bed & Breakfast in Amarillo?

wir fahren wieder hin zu denen mit dem schönen haus

Aber wie fandest du die beiden?

sympathisch und allein und verrückt sahen sie uns

Ok, jetzt sag mir was zum Coyote Ugly in Denver.

lokal für große gefällt mir du auch gut amüsiert

Und der bullige schwarze Rausschmeißer, mit dem du dich angefreundet hast ...

starke muskeln und gutes herz mein freund

Und das blonde Mädchen, das du kennengelernt hast?

schönes mädchen nett zu papa und andrea

Was bleibt dir von dem Abend?

umarmungen und küsse dunkel und lachen in der stadt spazieren-
gehen gefällt mir
basta

Wir sind 500 Kilometer gefahren, um die Lichter von Las Vegas zu sehen. Wie war das für dich?

schöne lange fahrt um in die stadt der spiele zu kommen

Was hat dir in Las Vegas am besten gefallen?

schöne mädchen viele lichter stadt der leute, die dem glück nach-
jagen

Andre, ich möchte gern wissen, wie du die Nacht in Puerto Escondido verbracht hast, als ich krank war und praktisch in Ohnmacht gefallen bin.

ich habe gewacht

Bist du wirklich die ganze Zeit wach geblieben?

wach geblieben und habe dich angeschaut ich weiß dass schlaf
heilt und andrea war bei dir

Ich bin wie berauscht, betrunken von all den Wörtern. Wie viel Zeit wohl vergangen ist? Eine Stunde? Fast zwei. Andrea streichelt seine Finger.

Aufgeräumt gehen wir hinunter, trinken Mineralwasser und Kaffee und machen uns auf zum Strand.

Eine kleine Karawane stößt zu uns: Ricardo bringt eine unförmige Frau mit, eine Verwandte, sagt er, und diese hat ein kleines Mädchen im Schlepptau, das angeblich ihre Enkelin ist. Das seltsame Trio möchte uns zu einem magischen Ort führen, zu den sieben Wasserfällen, wo die Energie des Wassers und die Schönheit der Natur miteinander verschmelzen.

Unterwegs begegnen wir Grüppchen von schwankenden Gestalten. Verträumte Gesichter und am Körper herabhängende Arme. »Die sind betrunken«, flüstere ich, doch Ricardo widerspricht heftig: Voodoo. Vier Tage und vier Nächte in Gesellschaft der Geister. »Schade, Andre«, sage ich, »wenn wir früher gekommen wären, hätten wir auch teilgenommen. Mir scheint, das fehlt noch auf unserer Liste, stimmt's?« Ricardo biegt in einen Seitenweg ein und sagt: »Kommt mit.« Durch dichte Vegetation gelangen wir zu einer großen Hütte, die von kleineren Häuschen umstanden ist. Viele Menschen sind da, Männer, Frauen und auch Kinder. Ricardo fragt sie aus, fordert sie auf, uns ihre Erfahrung mitzuteilen. Ich soll auf keinen Fall glauben, wir seien auf die banalen Folgen eines Besäufnisses gestoßen. Die Menschen erzählen, sie hätten in der Tat ganze Flaschen geleert, aber nicht aus freien Stücken, sondern dem Willen der Geister gehorchend, die von ihnen Besitz ergreifen und sie zwingen, jeden Tropfen Energie zu verschwenden. Und wenn die Geister es beschließen, kehrt der Körper erschöpft zur Normalität zurück, als wäre nichts geschehen.

Ich bin perplex, aber die Vorstellung beeindruckt mich, ich verbinde sie gedanklich mit Andreas plötzlicher Ruhe nach emotionalen Stürmen: Verwirrung, Ausbruch, Ruhe. Scheinbare Leere.

Aus der Menge sticht ein Mann heraus, der ein Anführer zu sein scheint, er beobachtet uns lange und eindringlich. Er strahlt starke Energie aus, ein Charisma, das unter die Haut geht. Er versucht zu sprechen, aber sogleich schweift der Blick ins Leere, als wären wir plötzlich unsichtbar, und seine Worte hallen wie fernes Echo. Dann sinkt er auf eine Hängematte.

»Voodoo«, wiederholt Ricardo, während er uns zu den sieben Wasserfällen führt: ein natürliches, allen zugängliches luxuriöses Wellness-Center mitten in der Wildnis. Wir geben uns einer ausgiebigen Massage hin, an manchen Stellen ist der Wasserstrahl zart, an anderen stärker und laut wie die Ohrfeige einer erbosten Mutter. Wir wechseln mit den Behandlungen ab, von Kaskade zu Kaskade.

Ricardo liefert sich mit Andrea eine Spritzschlacht, seine Sympathie für ihn ist unübersehbar. Er hat mich nach tausend Einzelheiten seiner Geschichte gefragt und mir erklärt, dass er Andreas Gedanken fühlt, dass Andrea Dinge sieht, die wir nicht sehen, und dass man ihm zuhören und ihm folgen muss.

Am Nachmittag laufen wir im Stadtzentrum dem einzigen Italiener von Livingston in die Arme. Er steht vor seinem Restaurant, erkennt uns von weitem und winkt eifrig, um unsere Aufmerksamkeit auf sich zu ziehen. Er lädt uns in das Lokal ein und bietet uns etwas zu trinken an. Andrea verschiebt alles, was nicht niet- und nagelfest ist, während der Mann beginnt, sein Leben zu erzählen, angefangen bei der Erstkommunion. Mit der Frage, wie man am besten von hier nach Tulum kommt, gelingt es mir, ihn zu unterbrechen.

»No problem!« Und nach kurzem Nachdenken: »Ihr nehmt ein Boot nach Punta Gorda und von dort den Bus nach Belize City, oder nein, halt, ich empfehle euch dem Kommandanten eines Schiffs, das direkt in Belize anlegt, Zoll no problem, und außerdem gebe ich euch die genauen Angaben, wo ihr ein Privatflugzeug mieten könnt, das euch nach San Pedro bringt, auf Ambergris Caye. Die Insel muss man gesehen haben.«

So, muss man das?

»Das sagt euch ein Landsmann, mir könnt ihr vertrauen! Seid unbesorgt.«

Andrea hat eine pompöse Speisekarte ergattert und will sie mitnehmen. »Nein, die wird nicht zerrissen, Andre«, sage ich zu ihm.

Morgen Abend verlassen wir Livingston. Ricardo mit den Rastalocken ist nunmehr unser Bruder. Er besteht darauf, dass wir seine Familie kennenlernen. Sie behandeln uns wie Respektspersonen, wir schütteln Dutzende von Händen, lächeln mit den Augen, erhalten Glückwünsche für alle denkbaren Gelegenheiten. Gegen Zahnschmerzen und Knochenschmerzen. Und einen Schmerz, von dem ich nicht begriffen habe, wo er sitzt.

Und sie lassen mich unsäglich viel trinken.

Die Stufen von Venedig

Volle drei Stunden stehen wir auf der Mole und warten darauf, dass das Boot endlich beschließt abzulegen. Von neun bis mittags um zwölf. Stehen ist bezogen auf Andrea ein gewagtes Wort: Kreuz und quer rennt er am Rand der Mole entlang, und vor Angst, dass er ins Wasser rutscht, trifft mich mehrmals beinah der Schlag. Er dagegen ist die Ruhe selbst, er bewegt sich mit der Sicherheit eines Seiltänzers, betrachtet dabei den Himmel und unsichtbare Horizonte. Er schießt los und hält im letzten Moment schwankend inne. Ich ertrage es nicht mehr: Ich fange ihn ein und halte ihn fest. »Warum fahren wir denn nicht endlich?«, frage ich alle, die vorbeikommen. Schuld ist die Emigration, der Kapitän, der Zoll. Zuletzt ist niemand schuld, und auf geht's.

An Bord sind Andrea und ich, zwei Deutsche, zwei blonde Mädchen, von denen ich nicht weiß, aus welchem Land sie kommen, und ein Dutzend Belizer, groß, dick und nicht sehr freundlich. Abweisend schauen sie uns an und tuscheln eifrig, meiner Ansicht nach reden sie über uns, die Touristen. Vielleicht haben sie gute Gründe, vielleicht wirken wir ja unsympathisch.

Nach der Zollkontrolle nehmen wir ein Taxi zu dem kleinen Flughafen, wie uns der Italiener aus Livingston geraten hat. Wir buchen einen Flug um sechzehn Uhr und essen in einem Restaurant im Zentrum zu Mittag. Es gibt Fisch, unwillkürlich denke ich an Puerto Escondido, aber ich habe Vertrauen. Andrea nimmt Fleisch und Kartoffeln. Cola und Bier.

Das Flugzeug ähnelt einem Kleinwagen, einem alten Fiat 500, ich sitze neben dem Piloten und Andrea hinten. Es startet wie ein schüchternes Vögelchen, hebt ab und lässt sich vom Wind helfen. Unter uns Flüsse und Urwald, wie eine Spielzeuglandschaft; ich drehe mich nicht zu Andrea um, denn ich fühle, dass er reglos dasitzt und sich von der schlingernden Bewegung wiegen lässt, diesen Augenblick schweigender Hingabe möchte ich nicht stören. Wohlbefinden breitet sich aus. Dann setzen wir ruckelnd zum Sinkflug an, die Flügel durchschneiden die Luft, wir landen in Belize City. In lärmender Gesellschaft steigen wir wieder auf, weitere sieben Passagiere sind zugestiegen, die wie wild fotografieren. Es ist eine Befreiung, in San Pedro auszusteigen.

Die Insel ist allerdings sehr touristisch, zu sehr, und dadurch steigen unsere Ansprüche, wir meiden die grellsten Unterkünfte, kein Hotel will uns so recht gefallen, bis wir schließlich eines von nüchterner Eleganz direkt am Strand finden. Am Abend, bei einer Pizza, umarmt und küsst Andrea zwei junge Belizerinnen so selbstverständlich, dass es einem ganz normal vorkommt. Die Mädchen erkundigen sich, ob auch er, wie der Protagonist aus *Rain Man,* eine Unmenge Daten im Gedächtnis speichern oder astronomische Berechnungen anstellen kann. Die Frage wird oft gestellt, viele Leute haben diese Vorstellung von Autismus. Wir lassen uns darauf ein und prahlen wie zwei Aufschneider im Zirkus: Ich erzähle von Italien und von Venedig und behaupte, dass Andrea und ich, dank seiner Begabung, an einem wichtigen Projekt arbeiten: alle Stufen der Brücken Venedigs zu zählen. Falls dann eines Tages ein Bösewicht eine stehlen sollte, würden die Behörden es dank unserer Studie sofort merken. »Wir sind die Retter der Stufen von Venedig«, sage ich. Die Mädchen lachen belustigt, vielleicht auch, weil wir tatsächlich wie zwei fahrende Gaukler aussehen. Wir sind zerzaust und ein bisschen müde. Andrea blickt mich rasch und forschend an, mit diesen leuchtenden Augen, die tausend Dinge ausdrücken wollen.

Wir verlassen das Lokal, und er wirkt so selbstsicher, dass ich mich seiner Führung anvertraue.

»Wo liegt das Hotel, Andre?«, frage ich.

»Da unten.«

»Rechts oder links?«

»Rechts.«

Ich folge ihm und lasse ihn an jeder Gabelung die Richtung wählen. Er entscheidet immer sehr schnell. Manchmal scheint es mir richtig zu sein, dann wieder vollkommen abwegig, und allmählich habe ich das Gefühl, dass wir uns verirren. Dreimal hintereinander landen wir an ganz unglaublichen Orten.

»Und jetzt? Wie kommen wir jetzt zum Hotel zurück?«, schreie ich, weil ich den Weg nun wirklich nicht mehr finden würde. Andrea aber geht entschlossen los. Ich folge ihm ohne Widerrede. Er hat Landkarten im Kopf, und trotz einiger für mich unlogischer Umwege erreichen wir das Hotel. Nicht immer ist es nötig, zwischen zwei Punkten eine gerade Linie zu ziehen …

Manchmal aber schon. Unvergesslich das Konzert von

Vasco Rossi, fünfzigtausend Leute in einem riesigen Park. Einen Augenblick lang lauschen wir versunken einem Lied, und plötzlich ist Andrea verschwunden. Wir suchen ihn, ein Freund und ich, bahnen uns mühsam einen Weg durchs Gedränge und verlieren sehr bald jede Orientierung. Als das Konzert schon halb vorbei ist und wir völlig entmutigt umherirren und den Freunden, die auf uns warten, SMS schicken, sehe ich plötzlich Andreas Kopf aus der Menge ragen: Unbeirrbar wie ein Zug auf dem Geleis schiebt er die Menschen auseinander und zieht eine vollkommen gerade Linie. Wir laufen hinter ihm her, und er führt uns mit geometrischer Präzision zum Ausgangspunkt zurück.

Belize

Grantig sind sie, die Leute in San Pedro. Man hatte uns vorgewarnt, deshalb wundern wir uns nicht groß darüber. Das Meer ist nicht berauschend, vielleicht sind wir auch nicht in der richtigen Stimmung, jedenfalls wird der Tag grundlos grau, und wir bleiben die ganze Zeit träge am Strand. Imbisspause an einem Kiosk.

Jemand hinter uns fragt uns auf Spanisch:

»Italiener oder Franzosen?«

Ich drehe mich um und erkenne nicht gleich, wer uns angesprochen hat, ich schaue zur Theke und übersehe dabei eine Reihe niedriger, zum Strand hin gewandter Stühle.

»Ihr seid doch Italiener«, höre ich, und dann erst sehe ich sie: eine sehr klein geratene Frau, geradezu eine Zwergin. Mit breitem Lächeln und weißem Badeanzug sitzt sie da und trinkt etwas. Sie bemerkt meine Überraschung, erhebt sich und kommt an unseren Tisch.

Andrea ist leicht verblüfft, dann umarmt er sie und hebt sie fast hoch.

Die Frau strampelt ein bisschen, so dass ich rasch eingreife, um sie zu befreien.

Sie heißt Manuela, ist eine Rechtsanwältin aus Bilbao, hier halb in Urlaub und zu einem Viertel in besonderer Mission unterwegs.

»Und das restliche Viertel?«, frage ich.

»Das nutze ich für biologische Standardaktivitäten.«

Ich versuche herauszufinden, womit sie sich beschäftigt, und sie antwortet:

»Nicht mit Menschenrechten.«

»Weil wir mehr als genug davon haben?«

Die Rechtsanwältin lacht.

»Was hat Ihr Sohn?«

»Er leidet an Autismus.«

»Bei meiner Statur dürfte ich so was ja gar nicht sagen, aber: Pech muss der Mensch haben.«

Ich erstarre, und sensibel, wie sie ist, merkt sie es sofort.

»Nein, meine Äußerung ist nicht diskriminierend!«

»Ach nein?«

»Hören Sie, würden Sie nicht gern an einem Knochen nagen, wenn Sie ein Hund wären?«

»Ich glaube schon.«

»Aber stattdessen geben dir die Menschen dieses stinkende Zeug aus der Dose, oder dieses Trockenfutter, das dir so in der Kehle brennt, dass du eine Halbe Bier kippen möchtest, selbst wenn du ein ehrlicher Haushund bist. Verstehen Sie, was ich meine? Es geschieht zu unserem Besten. Sie lieben dich, ziehen dich groß und verwandeln dich, so wirst du gezwungen, Sachen zu akzeptieren, die dir schaden. Verstehen Sie, mit welcher Art von Normalität wir anderen es zu tun haben? Einschließlich Hunde, natürlich.«

Sie stürzt sich in einen lebhaften Vortrag über Normalität, darüber, dass sie reine Konvention sei und dass Normalsein auf der qualitativen Ebene gar nichts bedeute: Es bedeute nur, die Gebrauchsanweisung ein bisschen zu kennen.

Ich lächle, das sage ich mir auch immer, wenn ich mal allein zu Hause bin und plötzlich frei entscheiden kann, ob ich mit Freunden ausgehen oder auf dem Sofa liegen will: zu einfach, das Leben, ohne Andrea!

»Die Normalos«, fährt sie unerschütterlich fort, »ertragen die Verschiedenheit nicht, wie alle, die es sich zu einfach machen. Sie verstehen überhaupt nicht, was es bedeutet, sich im Leben so zu verausgaben, dass dabei unterm Strich eine rote Zahl herauskommen muss, was es bedeutet, dass man ständig vor neuen Hürden steht. Na ja, eigentlich können sie einem auch leidtun, die Normalos, manche Hindernisse im Leben wissen sie einfach nicht zu schätzen, weil sie dauernd so hochkreative Sachen zu tun haben wie Raten abbezahlen, Konflikte schüren, ein paar Bomben auf Japan werfen, eine Reihe religiöser Vernichtungskriege führen – haben Sie etwa je einen autistischen Jungen gesehen, der ein Massaker, einen Betrug, die Unterdrückung von seinesgleichen anordnet? Können Sie sich eine Aktionärsversammlung oder eine Parlamentssitzung vorstellen, in der alle Teilnehmer Autisten sind? Ist Ihnen klar, wie viel weniger Schaden dann angerichtet würde?

Man ist sich ja nicht einmal einig, wie man sie bezeichnen soll, solche wie Ihren Sohn: Behinderte, Menschen mit Handicap... jede Menge Euphemismen. Ich finde, es wäre klarer, das Wort ›Unselbständige‹ zu benutzen. In dem Sinn, dass sie von jemandem abhängig sind, der eine mehr, der andere weniger, so wie weltweit Millionen unselbständiger Arbeitnehmer vom Arbeitgeber. Nur dass diese speziellen Unselbständigen nie in Rente gehen und auch keine Gewerkschaft haben, die sie verteidigt, keine Zunft, die die schützt. Natürlich bin ich nicht der Meinung, dass die Unselbständigen die Kontrolle über den Planeten ausüben sollten. Es würde ihnen schon reichen, sich etwas weniger anstrengen zu müssen, ein paar Tage Urlaub zu haben und womöglich auch mal eine kleine Anerkennung zu bekommen.«

»Also befassen Sie sich doch mit Menschenrechten!«

»Nein, ich befasse mich mit anderen Dummheiten.« Auf einen Zug leert sie das Glas, das sie mitgebracht hat. Es muss sich um ein hochprozentiges Getränk handeln. Mit der gleichen Mühe, mit der sie hinaufgeklettert war, rutscht sie von dem Stuhl hinunter, zwinkert Andrea zu und sagt, wir sollen doch mal in Bilbao vorbeikommen.

»Ciao, italiani …«

Wir kehren an den Strand zurück. Ehrlich gesagt, kommt uns die Energie in Belize nicht so geballt vor wie anderswo. Es ist ein Ort, so durchlässig wie Luft, du durchquerst ihn, und er hinterlässt keinen Eindruck. Immerhin hat eine Zwergin für die Erweiterung des Horizonts gesorgt.

Morgen reisen wir ab. Morgen fahren wir nach Tulum.

Ichgehweg

Wir werden mit dem Bus nach Tulum fahren, aber vorher müssen wir uns nach Chetumal einschiffen und die mexikanische Grenze passieren, hoffentlich wird es nicht zu chaotisch. Alles klar. Ich öffne die Augen erst, als ich überzeugt bin, alles gut geplant zu haben.

Es ist noch früh. Ich reiße die Fenster auf, Meeresgeruch und erstes Tageslicht dringen ins Zimmer. »Raus aus den Federn!«, sage ich zu Andrea, der sich auf die andere Seite dreht. Wir müssen uns beeilen, das Boot wartet bestimmt nicht auf Faulpelze. Und es ist unglaublich: Andrea steht auf und erledigt alles ganz zielgerichtet. Er verliert sich in keinem seiner Rituale, macht nichts auf und zu, sondern ist vollkommen präsent. Wir frühstücken in aller Eile und erreichen den Landungssteg so zeitig, dass wir uns direkt neben dem Kommandanten des Boots niederlassen können. Eine Stunde unbeschwerte Seereise, mit Sonnenbad und Wellenschaukeln. Andrea ist überglücklich, er lacht vergnügt und steckt mich an, wir umarmen uns oft. Wäre unser Leben doch immer so …

Auf der Mole von Chetumal erledigen wir rasch die Zollformalitäten, kein Problem, außer den Beamten, die Andrea ständig überwachen. Der Bus nach Tulum fährt schwankend und pünktlich ab, die Tür bleibt ein wenig offen, wodurch ein angenehmer Luftzug hereinweht. Unsere Mitpassagiere sind in Gedanken versunken, als wäre die Reise von hier nach dort auch eine Lebensentscheidung, etwas Wichtiges, eine Herausforderung.

Wir fahren nach Tulum, weil uns Lorenzo wiederholt und mit großer Herzlichkeit zu sich nach Hause eingeladen hat. Es ist schön zu wissen, dass es auf dem riesigen Kontinent, den wir durchqueren, Inseln der Freundschaft gibt, kleine Buchten zum Atemholen. Oder vielleicht wirkt schon die Aussicht, einen lieben Menschen wiederzusehen, wie Balsam für die Seele, und das genügt.

Mehrmals versuche ich, bei der Nummer anzurufen, die Lorenzo mir geschickt hat. Er antwortet nicht, und mir wird klar, dass ich nicht gerade viele Angaben besitze, um ihn aufzuspüren: den Namen eines Ortes und eines Hotels, das neben seiner Wohnung liegen müsste. Präzise wie immer. Inzwischen ganz unser Stil.

Ich wette mit Andrea, dass wir ihn finden.

»Finden wir Lorenzo?«

»Nein.«

»Was soll das heißen, nein? Was machen wir denn, wenn wir ihn nicht finden?«

»Baden im Meer.«

Ausgezeichnet.

Wir steigen aus dem Bus aus und haben keine Ahnung, in welche Richtung wir gehen sollen. Zur Not schlagen wir uns eben nach Cancún durch, dort gibt es einen Flughafen. Die Leute, die uns stocksteif an der Bushaltestelle stehen sehen, beobachten uns, ich frage nach dem Weg, ernte aber nur Kopfschütteln, niemand hat eine Ahnung, wo der Ort liegt, den wir suchen.»Wenden Sie sich an einen Taxifahrer«, rät mir ein Herr mit großem weißem Hut. Prima Idee!»Und wo finde ich einen Taxifahrer, Señor?«

Er weiß es nicht. Na dann…

Andrea, wir brauchen unbedingt einen Taxifahrer. Wir durchkämmen die Straßen und finden ein Taxi hinter einer Reklametafel. Der Fahrer schläft selig.

Auch er hat noch nie etwas von dem Ort gehört, den ich ihm nenne. Andrea umkreist in der Zwischenzeit das Taxi wie ein Streifenpolizist. Pflichtbewusst stellt der Mann eine kleine Untersuchung an, klingelt an einigen Türen, geht in mehrere Lokale und erfährt, dass es vielleicht, wahrscheinlich, wer weiß, etwa zwanzig Kilometer weiter ein Sträßchen gibt, das zu dem fraglichen Hotel führen könnte.»Vamos, Señor?«

»Vamos.«

Ein Glückstreffer. Es ist das gesuchte Hotel. Zusammen mit seiner Frau und ein paar italienischen Freunden sieht Lorenzo zwei Wanderer mit Rucksack und einer Tasche voll schmutziger Wäsche aufkreuzen. Sie reißen die Augen auf: So eine Überraschung!

Umarmungen, Begrüßung, Komplimente.»Seid ihr müde?« Das Haus ist wunderschön gelegen. Lorenzo und seine Frau helfen uns sogar beim Auspacken, und anschließend begleiten sie uns an den Strand, das ist die beste Art, sich von der Anstrengung zu erholen.

Im Sand schlafe ich beinahe ein und verliere mich in Tagträumen.

Andrea planscht im Wasser. Er hält ein dunkles Arzneifläschchen in der Hand und schwingt einen großen Kupferlöffel.

»Willst du ein bisschen Sirup, Papa?«

»Sirup?«

»Er schmeckt gut.«

»Ich brauche keinen Sirup.«

»Einen Löffel voll Ichgehweg-Sirup. Willst du ein bisschen Ichgehweg?«

»Nein! Nein…«

Ich wache auf, und herrje! Ich würde so gern ganz frei mit Andrea sprechen, drauflosquatschen ohne Punkt und Komma, über Hotdogs und Ketch-up, Zebrastreifen und kaputte Scheinwerfer, auch über die Pubertät möchte ich gern reden und wie er sie im Autismus eingesperrt erlebt, ich würde gern von ihm selbst erfahren, wie es ihm geht, ohne es mir von den Ärzten erzählen zu lassen oder einfach nur vorzustellen, erfahren, welche Wünsche und Begehren ihn umtreiben.

Tulum

Häuslichen Alltag genießen: ein ausgezeichneter Grund für einen Umweg, falls man bei dieser kurvenreichen Reise überhaupt von Umweg sprechen kann. Das hat sich Lorenzo schon gedacht: »Ich wusste, es würde euch guttun, euch mal ein paar Tage in einem schönen Haus auszuruhen. – Einem Kurhaus«, fügt er lächelnd an. Wir kennen uns schon sehr lange, auch wenn Lorenzo Italien vor Jahren verlassen hat und wir uns nur durch den Äther hören.

»Einem Irrenhaus?«, flachse ich, und es sollte natürlich ein Witz sein, aber Lorenzo bleibt ganz ernst, ich finde, er hat sich verändert, natürlich, man verändert sich, auch er wird denken, dass ich mich verändert habe. Im Brustton der Überzeugung behauptet er, ein Freund müsse die Bedürfnisse des Freundes im Voraus spüren, und wenn er auf unserer Reise für irgendetwas tauge, dann dafür, dass wir uns bei ihm wie zu Hause fühlen.

Wie zu Hause, das Angebot nehmen wir gerne an! Man hört keinerlei Geräusche, doch als wir aufstehen und zum Frühstück herunterkommen, finden wir den Tisch in der Küche schon gedeckt, Lorenzos Frau wärmt die Milch, eine Espressokanne blubbert, Lorenzo sucht im Kühlschrank nach Butter und Marmelade für das geröstete Brot, zwischen Tellern und Tassen stehen ein Strauß gelber Blumen und Gläser mit Würfelzucker in vier oder fünf Farben. Lorenzo legt den Finger auf den Mund und deutet auf die Stühle, wir setzen uns wortlos, Andrea zögert, doch sobald er ein paar Stück dunklen Kuchen entdeckt, greift er zu, es könnte ja super Schokolade sein.

Alltag: eine Tasse nehmen, einen anständigen Espresso schlürfen, nachdem wir uns im eigenen Badezimmer vor dem Spiegel die Zähne geputzt und genug Zeit gehabt haben, um ein paar Grimassen und ein Lächeln zu proben. Andrea wirkt sehr angetan: Er trinkt mit großen Schlucken, beißt in den Kuchen, sät Krümel, steht auf und schließt ein Schränkchen, steht noch einmal auf und öffnet es wieder, kramt darin, verschiebt etwas, setzt sich wieder hin. Lorenzos Frau zuckt nicht mit der Wimper, er auch nicht: Gastfreundschaft.

Das Mittagessen ist noch prächtiger. Lorenzo deckt sorgfältig den Tisch, wählt die Gläser aus, zeigt nur flüchtig die Weinflaschen, denn eigentlich möchte er mich überraschen. Er riecht an einem Korken und verdreht die Augen in gespielter alkoholischer Verzückung.

Andrea ist ganz außer sich vor Freude: Mit großen Sprüngen hopst er durchs Zimmer und wirft strahlende Blicke auf Teller, Besteck, Gläser und perfekt aufgereihte Stühle. Und all die Aufmerksamkeiten der Hausfrau, möchtest du dieses oder jenes, hier eine Serviette zum Zusammenfalten, da die Kleinigkeiten, die noch fehlen, damit der Tisch vollkommen ist: Salzstreuer, Ölfläschchen, Brotscheiben, die genau aufeinandergeschichtet werden müssen, Messer, die alle in eine Richtung schauen. Und der Kühlschrank, der sich mit weichem Geräusch öffnet und schließt. Ein Paradies der Gewissheiten. Vielleicht hätte Andrea einen Klappstuhl am Meeresufer vorgezogen, immer am gleichen Ort, immer die gleiche Welle, in die man unendlich oft eintauchen kann. Repetitive Bewegungen als Abwehrstrategien gegen die Schwingungen der Welt? Oder sind es Botschaften? Oder Possen?

Nachmittags am Meer lege ich mich in die Sonne, tiefe Gelassenheit überkommt mich, trotz leichter Magenkrämpfe. Selbstverständlich fällt nicht einfach jede Spannung spurlos von mir ab. Im Gegenteil, gerade wenn die Situation mal etwas weniger angespannt ist und das Adrenalin ausbleibt, fordert der Körper einen gewissen Tribut.

Der Abend im Restaurant wird unerwartet zum Albtraum. Mit einer einfachen Eistüte in der Hand verwandelt Andrea sich und die Sachen rundherum in abstrakte Gemälde. Schokoladeneis natürlich. Er schafft es nicht, sich einzukriegen. Eine Riesenaufregung, die Ruhe ist dahin. Ein bisschen macht es mich wütend.

Nachdem wir ganze Packungen von Servietten verbraucht und eine Art klebrigen Waffenstillstand geschlossen haben, versuchen Lorenzo und seine Frau, mich zu trösten, sie möchten verstehen und mehr über Andrea wissen. Wie das überhaupt gekommen sei, fragen sie, und wie sehr es uns verändert habe. Ich schwöre, dass ich ihnen gern alles haarklein erklären würde, was genau mit Andrea passiert ist und was heute in seinem Kopf vorgeht. Doch ich betrachte meine Hände, suche nach Wörtern, ich habe keine sichere Antwort, nur Vermutungen.

Für Eltern ist es schon schwierig zu begreifen, dass das Hirn ihres Kindes anders funktioniert, doch wenn sie mit den »Geheimnissen des autistischen Verstands« konfrontiert sind, übersteigt das ihren Horizont. Wie sollte man da dahinterkommen?

Seit Jahrtausenden entwickeln wir komplizierte Filtersysteme, um uns vor dem Fluss der Ereignisse zu schützen. Kalender, Uhren, religiöse Überzeugungen, Antifaltencremes, Hörschutzgeräte gegen den Schmerz der anderen, Regelwerke, die den Weg ins Paradies und ins Fegefeuer weisen. Maßvolle Veränderungen akzeptieren wir, aber wirklich einschneidende Ereignisse sollen am besten nur ein- bis zweimal im Jahrhundert geschehen. Und nicht bei uns zu Hause. Jeder von uns hat mehr als ein paar Tropfen Autismus in sich.

Über Autismus weiß man sehr viel, und gleichzeitig weiß man nichts. Ein Teil der autistischen Menschen besitzt besondere Begabungen, und wir wissen nicht, warum. Es ist nicht klar, warum die Ausmaße der Gehirnbereiche anomal sind. Ebenso wenig ist klar, warum Autisten pedantischer sind als die normalen Pedanten und Veränderungen vielleicht noch heftiger ablehnen als eine Diva, die nicht altern will. Wir wissen mehr über ferne Galaxien, Schwarze Löcher und die verborgenste Struktur der Materie.

Ist Autismus etwa ein Problem mit zu vielen Variablen? Eine zu schwierige Herausforderung? Oder interessiert er uns nicht genug?

Einstweilen taste ich mich auf Sichtweite vor, zäh und ausdauernd, aber auf Sichtweite.

Flechten

Drei Tage sind im Nu verflogen. Ich merke, dass meine Wahrnehmung von Andreas Verschiedenheit differenzierter geworden ist, seit wir ununterbrochen so eng zusammenleben und jede Regung miteinander teilen. Bei dem Versuch, Andrea in meine Welt hereinzuholen, ist es mir vielleicht gelungen, einen kleinen Schritt in seine zu tun: Ein bisschen autistischer bin ich, glaube ich, geworden.

Gestern habe ich mich mit den Freunden lange unterhalten. Sie sind fest überzeugt, dass mein Bedürfnis nach Freiheit der Hauptgrund für diese Reise war.

»Hast du in den Wochen oder Monaten vor der Abreise nicht manchmal einen verführerischen Duft wahrgenommen? Ein Ziehen gewissermaßen, weißt du, im Bauch.«

»Ja, doch, ich glaube, ich habe so was gespürt.«

»Siehst du«, ruft Lorenzo, »das ist das Bedürfnis nach Freiheit.«

»Meinst du, es war allein mein Bedürfnis, hierherzukommen?«

»Eure Bedürfnisse, Andreas und deine, kann man sowieso nicht trennen. Gib's zu, ihr seid wie eine Flechte: eine Grünalge und ein Pilz, die aneinander kleben ...«

Andrea ist sicher die Alge.

»Aber gemeinsam seid ihr stark«, fügt Lorenzo hinzu.

Dann wechselt er übergangslos das Thema und ergeht sich in einem Loblied auf Costa Rica und Panama. Urwälder, Parks, Bäume, die wertvolles Holz liefern, Schiffskarawanen. Das sollte man nicht versäumen.

Nun, das werden wir auch nicht.

Lorenzos Frau hakt sich bei Andrea ein, bevor wir uns verabschieden. Er legt ihr die Hände auf den Bauch.

»Gefällt dir mein Bauch?«

»Ja.«

»Hör zu, du musst gut auf Papa aufpassen.«

»Aufpassen …«

»Bitte, vergiss es nicht. Wirst du ihn beschützen?«

»Ja, Papa schön.«

Sie küssen sich.

Und weiter geht's: Nach Umarmungen, Abschiedsworten und dem Versprechen, wiederzukommen, fährt uns ein Freund von Lorenzo zum Flughafen von Cancún.

Um ein Haar hätten wir den Flug verpasst, das angeschriebene Gate stimmt nicht, sie rufen uns über Lautsprecher aus. Im Flugzeug studieren wir die neuen Landkarten, die wir mit Lorenzo besorgt haben.

Andrea sitzt hinter mir, ich winke ihm, er winkt zurück, und ich nicke ein. Ich fühle, dass etwas auf meinen Bauch drückt, öffne die Augen und sehe Andrea, der mich anschaut.

In Kürze werden wir landen und müssen ein Leihauto und ein Hotel finden und die Route nach Panama festlegen: für erfahrene Reisende wie uns ein Kinderspiel, so einfach wie ein Glas Wasser trinken.

Aber trotz aller Erfahrung schaffen wir es nicht, in San José ein passendes Auto aufzutreiben. Das heißt, ein Auto bekommt man, aber man darf damit nicht bis nach Panama fahren. In den Staaten Mittelamerikas ist es verboten, mit Leihwagen von einem Land ins andere zu fahren. Man muss sie an der Grenze stehenlassen. Wir lösen das Problem, indem wir uns einer Firma anvertrauen, die eine Tochtergesellschaft in Panama hat: An der Grenze von Costa Rica werden wir das Auto abgeben und in ein anderes umsteigen, mit dem wir in die Hauptstadt weiterfahren können. Die äußerst liebenswürdige Angestellte, die uns den Vertrag ausstellt, hat Andreas Zustand erfasst und flüstert mir beim Hinausgehen zu, er sei mein Engel. Ich müsse mich glücklich schätzen, so einen Sohn zu haben, denn er sei ein Geschenk des Himmels.

Viele Leute loben uns dafür, wie wir mit den unterschiedlichen Situationen umgehen. Sie sind überzeugt, dass Andrea ein glücklicher Mensch ist, der in zwei Dimensionen leben kann, der irdischen und einer anderen, die ich noch immer nicht ganz sehe.

Wer weiß, vielleicht bin ich tatsächlich vom Glück begünstigt. Doch was Andrea betrifft, wäre ich mir da nicht so sicher. Ich tauche jeden Tag in sein Leben ein, und nicht nur für zehn Minuten wie die anderen. Ich glaube, dass er leidet, und wirklich glücklich wäre ich erst, wenn es mir gelänge, ihn aus diesem Gefängnis zu befreien. Die Engel zu bemühen reicht leider nicht!

Costa Rica

Der Vormittag in San José vergeht rasch. Mit dem Auto erkunden wir die Umgebung, gelangen auf Nebenstraßen, großenteils ungepflasterte, schmale Wege: Der Himmel verbirgt sich hinter dichtem Laub, und es ist, als würde man in dunkles Gedärm vordringen. Andrea betrachtet durchs Autofenster die wuchernden Bäume, er spürt die Lebenskraft des Urwalds, wir sind fasziniert und orientierungslos zugleich. Seltsam, denke ich, Pflanzen sind Leben pur, sie stehen da mit ihren Wurzeln, suchen sich Wasser, nutzen das Licht. Kein Filter – das Leben, wie es kommt, direkt. Seltsam, seltsam, das Leben pur.

Plötzlich tauchen Hängebrücken vor uns auf, ein Wildbach tost unten in der Klamm, und bevor wir sie überqueren, bitten wir die Geister um ihren Schutz. Einheimische, die zu Fuß unterwegs sind, halten uns an, bereitwillig nehmen wir sie ein Stück mit. Sie helfen uns, die holperigsten Straßen zu meiden und die geradeste Strecke zu fahren, die immer noch kurvenreich genug ist. Ohne Scheu erzählen sie aus ihrem Alltag, ganz beiläufig, als könnte uns das wirklich nicht interessieren, als würden sie ihre Geschichten einfach vor sich hin sagen. So rumpeln wir über die Sträßchen und erfahren dabei von Hoffnungen auf ein kleines Geschäft, von der Geburt eines Enkels, vom Kauf eines Hörgeräts aus zweiter

Hand. »Aber ich muss es wohl segnen lassen, Señor, wer weiß, welche Flüche es im vorigen Ohr gehört hat.« Niemand weiß etwas Genaues über Panama, das sei ein anderes Land, sagen sie, wo alle stehlen und man den Taxifahrern nicht trauen darf.

Wir erreichen Jaco, wieder an der Pazifikküste. Allmählich wird es dunkel, wir brauchen unbedingt eine Unterkunft für die Nacht und finden ein einfaches Hotel, sehr preiswert und sehr sauber. Nicht weit davon gibt es ein argentinisches Restaurant. Während ich mich nach einem Tisch umschaue, erforscht Andrea das Lokal. Er klatscht in die Hände und läuft ans Ende des Raums, wo ein Mädchen mit einem Korb Palmblätter an einem kleinen Tisch sitzt. Mit ihren geschickten Fingern zaubert sie daraus flink kleine Gegenstände. Ohne innezuhalten, schaut sie Andrea an. Sie zeigt ihm einen geflochtenen Schmetterling, dann, als er nicht reagiert, holt sie noch mehr geflochtene Tierchen unten aus dem Korb. Plötzlich fasst Andrea ihr an den Bauch, sie schreit leise auf, doch Andrea lässt sich nicht beirren. Ich bin wenige Schritte entfernt und teile ihr Andreas Problem mit.

Sie möchte wissen, was Autismus ist. So sonderbar es klingen mag, aber auf Spanisch fällt es mir leichter, es zu erklären, als in meiner eigenen Sprache: Er ist in sein eigenes Universum eingeschlossen, auf seine Art weiß er um unsere Welt und möchte gern Beziehungen anknüpfen, aber seine Brücken führen ihn anderswohin.

Ich lade das Mädchen an unseren Tisch ein, Andrea lächelt selig. Sie bemüht sich, mit ihm zu sprechen. Sie ist 1993 geboren, im selben Jahr wie Andrea, sogar im selben Monat. Schließlich verkündet sie, dass sie ein Segelboot für uns flechten möchte. Da werden wir staunen! Und wie durch ein Wunder gelingt es ihr, obwohl Andrea sich an ihren Arm schmiegt. Schweigend starren wir auf ihre Finger, die feinen Nadeln und Pinzetten gleichen: Sie fahren durch die Blätter, die sich verflechten, der Schiffsrumpf taucht auf, dann ein Großmast voller Segel, unten breit und oben winzig. Das Segelboot wiegt so gut wie nichts, fast schwebt es in der Luft. Sie stellt es in der Mitte des Tisches auf. Dann bleibt sie noch ein wenig bei uns sitzen, Andrea hebt das Boot hoch und lässt es segeln, greift danach und schickt es wieder los, ein unwiderstehliches Spiel; schließlich überschüttet er sie mit Küssen. Das Mädchen ist hingerissen: Wer weiß, was dieser Kavalier ihr als Nächstes bieten wird. Doch auf einmal steht er auf, geht weg, schlendert durch das Lokal. Als er zurückkommt, widmet er sich der Süßspeise, als sei das Mädchen gar nicht vorhanden. Sie weiß nicht, was sie tun soll, und geht.

Andrea bleibt – wieder einmal – allein.

Hotel Iguana

»Krokodilswolken, Señor.«

»Wolken?«

»Wolken. Und eine Stadt wie vor hundert Jahren.«

Man erzählt uns so viel Gutes über Puerto Jiménez, dass wir beschließen hinzufahren.

Es regnet, erst gegen elf Uhr kommt die Sonne ein wenig heraus. Wir entdecken, dass heute der 15. August ist, Mariä Himmelfahrt, und gehen zur Feier des Tages an einen herrlichen, fast menschenleeren Strand zum Baden. Zur Lockerung mache ich auf dem Sand einen Dauerlauf.

Als wir wieder aufbrechen, fallen ein paar Tropfen, die ein heftiges Gewitter ankündigen. Das Autofahren wird sehr anstrengend. An der soundsovielten Polizeisperre müssen wir das Auto ausräumen und werden gefilzt. Die Hunde beschnuppern uns wie Suppenknochen, und die Polizisten sind schroff und stur. Unversehens greift sich Andrea die Mütze eines der Männer und setzt sie sich auf den Kopf. Kompliment, Andre, hervorragende Idee!

Die Polizisten goutieren diese Vertraulichkeit gar nicht, sie umstellen uns mit gezückter Maschinenpistole. Ich wedle mit den Händen, um zu sagen, dass doch nichts Schlimmes passiert ist. Ein erfahrenerer Polizist gibt mir recht. Es wäre ja wirklich peinlich, wenn am nächsten Tag in den Zeitungen stünde: Gefährlicher junger Autist durchbricht Straßensperre, nachdem er Polizisten die Mütze geraubt hat. Die Nervosität flaut ab, und von der drohenden Erschießung gehen wir zum Erinnerungsfoto über. Andre, die Rechnung des Kardiologen schicke ich dir später.

Dauerregen. Langsam geht uns die Puste aus vor lauter Trostlosigkeit. Fast hätte ich Lust umzukehren, aber jetzt sind wir schon so weit gefahren. Wir irren herum, suchen vergeblich nach Anhaltspunkten, mühen uns nach Kräften ab, doch der Urwald kennt keine Gnade und verschluckt uns. Plötzlich tauchen Tiere auf, eine Art Wildschweine, scheint uns, außerdem Vogelschwärme, Kolibris oder übergroße Schmeißfliegen, und noch anderes, mit Sprungfedern ausgerüstetes Getier. Andrea zuckt bei jeder huschenden Bewegung zusammen, und die unheimlichen Wesen flitzen von der grünen Wand auf der einen Seite zur Pflanzenmauer auf der anderen.

»Wir schlafen einfach auf einem Baum«, sage ich und sehe Andrea an. »Komm schon, wir binden uns mit Stricken fest.« Kein sehr gelungener Scherz.

Plötzlich bemerken wir rechts einen Weg, der nicht hierher passt, mit eingefassten Rändern wie in einem Stadtpark, und weiter hinten die Umrisse eines Hauses, einen spitzen Winkel, Teile eines Daches, so etwas wie ein Schild.

Ein vornehmes Gebäude nimmt Gestalt an, offenbar ein Hotel.

Auf den ersten Blick könnte man es für eine Kulisse aus Pappmaché halten, die Reste eines im mittelamerikanischen Urwald gedrehten Hollywoodfilms. Doch nein, dem Schild zufolge ist es das Iguana: von majestätischen Bäumen und

Papageiengeflatter umgebener Luxus, der Eingang umrahmt von Blüten und üppigen Sukkulenten voller Knospen.

Der Zufall, den man nie geringschätzen soll, hat uns in ein Hotel für reiche Leute geführt, die vom Blätterrauschen in den Schlaf gewiegt werden möchten. Wir bekommen ein traumhaftes Zimmer, und zur Entspannung, sagt man uns, gibt es draußen im Freien einen Whirlpool. Und ich hatte mich schon eine notdürftige Hütte für Andrea und mich basteln sehen. Sicher, wir hätten uns amüsiert, aber wir sind auch nicht traurig, dass wir jetzt wohlig im Wasser liegen, in Gesellschaft von drei jungen Amerikanerinnen, die uns zwischen einem Drink und dem nächsten mit honigsüßen Augen anschauen. Zwar regnet es, aber man kann nicht alles haben. »Mensch, Andrea, die drei sind nicht übel, was? Ich würde sogar sagen: erste Sahne.« Er hört mir nicht zu, sondern lässt sich zwischen die Luftblasen gleiten und taucht unter. Eine der drei, die ihn sehr aufmerksam beobachtet hat, fragt, ob ich ihn je eine Wassertherapie hätte machen lassen.

»Mir ist gleich aufgefallen, dass der Junge etwas Besonderes hat. Nicht an seiner Haltung, denn ich habe weder schlaffe Hände noch hängende Schultern, einen gebeugten Rücken oder Augen von unterschiedlicher Intensität gesehen. Der Körper ist frei, aber der Geist nicht.«

»Was soll das für eine Therapie sein?«

Sie lächelt geheimnisvoll. Zweimal im Jahr, vertraut sie mir an, unterziehe sie sich einer ungewöhnlichen Kur. Miriam, so heißt sie, behauptet, dass diese Methode als Eignungstest für Astronauten angewendet werde. Man müsse im Dunkeln in eine Wanne steigen, die mit einer dicken Flüssigkeit gefüllt ist, und in seinen Gedanken schwimmen. Ihr gelinge es, auch zwei bis drei Stunden auszuharren. Die Gedanken tauchten ab, und dann spreche sie mit ihrem Vater als jungem Mann. Sie habe sogar ihren eigenen Tod gesehen, sagt sie.

Fasziniert, aber nicht überzeugt höre ich ihr zu.

»Ihrem Sohn könnte es guttun«, drängt sie. »Lassen Sie es ihn probieren.«

Andrea patscht auf die Luftblasen an der Wasseroberfläche und strampelt mit den Füßen. Er bespritzt die Amerikanerinnen, die uns fast zu freundlich einladen, mit ihnen zu Abend zu essen.

»Nehmen wir die Einladung der Damen an?«

»Damen schön«, sagt Andrea.

Die Amerikanerinnen sind neugierig, drücken sich aber sehr vorsichtig aus, vor Andrea würden sie nie etwas Unangenehmes sagen.

»Wissen Sie was? Die Wissenschaft behauptet, wir seien alle verschieden, dabei gleichen wir uns immer mehr. Wenn es so weitergeht, werden Menschen wie Ihr Sohn bald die einzigen Inseln der Andersartigkeit sein.«

»Das soll wohl ein Kompliment sein«, erwidere ich.

»Ich wollte sagen, dass eine große Symphonie viele Zwischentöne beinhaltet.« Die Amerikanerinnen fragen, ob sie die Fotos anschauen dürfen, die wir unterwegs gemacht haben, und kommentieren belustigt die Schnappschüsse aus den USA. Vor allem New Orleans. Sie lachen über unsere Kurzfilmchen. Draußen geht ein böses Unwetter nieder, und doch entwickelt sich unser Abend überaus heiter. Die drei Amerikanerinnen outen sich als Musikerinnen, und am Ende des Essens holen sie in einer Ecke des Restaurants zwei Geigen und ein Violoncello aus den Instrumentenkästen heraus.

Drei exzentrische Frauen, die musizierend durch Lateinamerika ziehen. Es regnet, und uns umschmeicheln Geigenklänge. Hinreißend. Andrea und ich finden, dass die Damen eine Huldigung verdient haben. Aus dem Bukett auf unserem Tisch wähle ich drei Blumen aus und erkläre Andrea, wie er jeder der drei eine davon überreichen soll. Er macht es perfekt und fügt auf eigene Faust noch ein paar Küsse hinzu. »Romantische Italiener«, sagt die eine Geigerin. Ich danke Andrea, dass er es so formvollendet hingekriegt hat: »Besser als jeder Gentleman!«

Andrea ist die Ruhe selbst. Was für ein Glücksfall, heute Abend. Mag ja sein, dass sich das Leben wie ein Maulwurf seine Tunnel gräbt, aber ab und zu gelangt es auch hinaus ans Licht. Himmel, Andre, solche Ferien habe ich noch nie gehabt: endlos lang, unvorhersehbar. Hab ich dir schon gesagt, dass du der beste Reisegefährte bist, den ich je hatte?

Was für eine schöne Baracke

Flügelschlagen, Tierschreie – der Urwald erwacht sehr früh. Ich schaue auf die Uhr: kurz vor sechs. Andrea ist schon auf und lauscht. Umso besser, wir müssen sowieso bald los, denn bis nach Panama braucht man beinahe fünf Stunden. Gegen Mittag erwarten sie uns an der Grenze für den Wagenwechsel.

Die Fahrt verläuft ruhig, an Schlaglöcher und sonstige kleine Mängel der Straße haben wir uns gewöhnt. Nach ein paar Stunden sehen wir direkt am Straßenrand eine so elende Hütte, dass ich den Gedanken, sie könnte bewohnt sein, weit von mir weise. Vor allem nach unserer Nacht im Hotel Iguana. Die Wände bestehen aus Holzstücken unterschiedlichster Form, das Dach ist ein windschiefes, rostiges Wellblechsammelsurium. Ich entdecke zwei an einen Pfosten gebundene Schweine, und das deutet nicht unbedingt auf einen verlassenen Schuppen hin. Trotzdem kann ich nicht glauben, dass hier jemand leben sollte. Was für magere, traurige Schweine …

Aus der Baracke tritt ein Typ um die fünfzig. Er ist in Lumpen gekleidet, ziemlich schmutzig und macht mit der Hand die Andeutung einer Geste, ein unaufdringliches Zeichen. Als wollte er sagen: Ich existiere, so gut ich kann. Vor Verwirrung hätte ich beinahe den Rückwärtsgang eingelegt, aus dem Magen steigt ein seltsames Gefühl auf. Ich fahre an der

Baracke vorbei, und mir ist, als sähe ich im Rückspiegel noch einmal dieses Winken. Was machen wir? Er will mir etwas mitteilen. Ich blicke Andrea an: Du kennst mich ja! Wir kehren um.

Als das Auto erneut zu hören ist, kommen noch zwei Männer heraus, und alle drei stellen sich in Reih und Glied wie Fußsoldaten zur Parade. Sie grüßen verhalten, ihr Blick ist freundlich. Der Größte stellt vor: Der eine ist sein Bruder und der andere einer, der nicht ganz richtig im Kopf ist und bei ihnen lebt. Er will uns ununterbrochen die Hand schütteln. Es ist unübersehbar, dass sie bettelarm sind, ein paar Hühner, die frei herumlaufen, und die angebundenen Schweine sind gewissermaßen ihr Bankkonto. Hinter der Hütte, dicht und drohend, der Urwald. Ihm ein Stück Land abzuringen und darauf etwas anzubauen ist bestimmt nicht einfach.

Die Hände auf die Brust gelegt, bitten sie uns einzutreten, und der leicht debile Mann packt sogleich meine Hand und lässt sie nicht mehr los.

Schließlich sehen wir ihn. Das heißt, unser Herz macht einen Satz, noch bevor wir die Gestalt richtig wahrnehmen. Auf einer zerschlissenen Matratze – ein Bett kann man es beim besten Willen nicht nennen – liegt ein etwa zwanzigjähriger Junge.

Hastig erklären uns die anderen, dass er invalide ist, und zeigen uns seine steifen Beine. Er kann nicht gehen, und um sich aufzurichten, zieht er sich mit seinen klauenartigen Händen an den Pfosten des Zimmers hoch. Und die ganze Zeit drückt er eine Halbliterflasche aus Plastik an sich, als wäre es ein Plüschtier.

Ich beobachte seine Gebärden, auch den unsteten Blick,

und erkenne die Merkmale des Autismus. Die Hände bewegt der Junge genau wie Andrea, auch das Rucken des Kopfes ist symptomatisch. Ich bin fassungslos, ja entsetzlich wütend – wie ungerecht kann das Leben denn noch sein? Zu all dem Elend auch noch Autismus! Ein Unglück kommt selten allein …

Ich schnappe nach Luft, blicke mich ungläubig um. Fragend sehe ich die Erwachsenen an und hoffe, dass sie mir gleich versichern werden, dass der Junge nicht sein gesamtes Leben zwischen dem Bett und den Pfosten verbracht hat. Nein, nein, denke ich: Irgendwo habt ihr einen alten Jeep, den ich übersehen habe, und wahrscheinlich versteckt ihr ihn, damit der Fiskus euch nicht draufkommt, ihr habt einen Jeep, ladet den Jungen ein und dreht jeden Tag eine Runde im Urwald, blickt in die Baumkronen hinauf, folgt den Papageien, und der Junge streckt die Hände nach ihnen aus. An schönen Tagen, wenn ihr nicht durch den Wald fahrt, sitzt der Junge in einem bequemen Sessel in der Sonne und winkt den Autos, die Lastwagenfahrer halten an und erzählen, was in der Welt draußen passiert, denn sie sind freundlich und haben es nicht eilig, er hört zu und lächelt gelegentlich. Am allermeisten aber wünsche ich mir, dass hier immer die Sonne scheint, weil ja nicht auszudenken ist, wie es hier aussieht, wenn es regnet. Wenn ihm nichts anderes übrigbleibt, als brav auf seiner Matratze zu liegen, die wie ein Floß im Wasser schwimmt, während die Erwachsenen sich abhetzen, um den Lebensunterhalt zusammenzukratzen, und er nur seine Matrosen herbeirufen kann: zu Hilfe, zu Hilfe, alle Mann an Bord, und eilig kommen die zwei Schweine gerannt, versuchen, den Anker zu lichten und seine Seele zu retten. Mich schaudert. Ich bin zutiefst entsetzt.

Die Männer erzählen uns, dass Jorge zweiundzwanzig Jahre alt ist, aber ich kriege nicht heraus, wessen Sohn er ist, denn ich verstehe sie nur ungefähr. Alle drei sind sehr liebevoll zu ihm. Ich umarme ihn, und eine Welle von Empfindungen überrollt mich. Und er? Er lacht. Ja, er lacht. Verfluchter Jorge, denke ich, da bist du so übel zugerichtet, und dann diese glückstrahlenden Augen. Als erzählten wir dir wer weiß welche Witze oder Märchen oder als wären wir in deinen Augen sonderbare Vögel, wie du sie noch nie gesehen hast. Er lacht von Herzen, wir stehen in einer armseligen Hütte und fühlen uns, als seien wir zu einem Geburtstagsfest eingeladen.

Andrea hat unterdessen ein paar Sachen in Ordnung gebracht, einen alten zerfledderten Kalender geradegerückt und in einer Dose mit Schrauben und Schraubenmuttern gewühlt. Außerdem hat er uns alle mehrmals umarmt. Sein Blick ist höchst aufmerksam, wer weiß, welche Fotos er gerade aufnimmt.

Vielleicht ist es die entwaffnende Einfachheit der Männer, vielleicht sind es die erwiderten Umarmungen, Jorges Augen, das träge Schwanken der Schweine – die Zeit rast jedenfalls. Ich fühle mich Teil einer kleinen Gemeinschaft von Brüdern. Wir können uns nicht losreißen und bleiben den ganzen Vormittag. Der Abschied ist schwer. Wir lassen ein bisschen Geld da und einige T-Shirts für Jorge. Sie haben um nichts gebeten und bedanken sich, als hätten wir ihnen ein Stück Himmel beschert.

Auf dem Rest der Fahrt drückt uns eine Last das Herz ab,

wir fühlen uns wie gelähmt, auch Andrea hat sich tief in sich zurückgezogen. Dann taucht plötzlich eine ganz gewöhnliche Tankstelle auf, als wäre nichts geschehen.

Die Grenze von Panama macht sich bemerkbar, bevor wir sie sehen. Jede Menge Autos und die ältesten Lastwagen der Welt, die verlorenen Auspufftöpfe am Straßenrand lassen sich gar nicht zählen. Die Mechaniker- und Reifenbuden auch nicht. Überall Stände, die alles und jedes feilbieten, ein unglaubliches Gewimmel, Kinder, die Fußball spielen zwischen Autos, die ungeduldig hupen, Hühner, die wild umherrennen, als seien sie gerade unter den Röcken der Frauen hervorgescheucht worden, und alte Weiblein, die unbeirrt dasitzen und auf wer weiß was warten. Eine geballte, vorwärtsdrängende Menge, so weit das Auge reicht. Der Grenzübergang ist nah und mit ihm Kontrollen und bürokratisches Ungemach. Eine Hitze wie im Backofen, doch noch lästiger ist der Lärm: Gemurmel, Geschrei, Geplauder, dröhnende Motoren, schrille Hupen, gerupfte Hühner, eine ohrenbetäubende Kakophonie. Und wir eingekeilt mittendrin. Um sich verständlich zu machen, muss man laut brüllen. Ich fürchte, es wird ein Wahnsinn, hier mit Andrea zu warten.

Zum Glück lauern auch hier Menschen, die aus der Grenze einen Job machen: Mit geübtem Auge erkennen sie sofort, wenn Touristen in Schwierigkeiten sind, vielleicht riechen sie sie ja schon kilometerweit und richten den Blick auf die Stelle, wo sie erscheinen werden. Sobald wir das Auto abgegeben haben, redet uns ein Mann an. Ein Riese in weißem Unterhemd, völlig verschwitzt, sein Spanisch ist beinahe unverständlich. Ich bezahle ihn umgehend und händige ihm

Pässe und Geld aus. Er verschwindet in der Menge. Ein bisschen bang wird mir schon: Und wenn er jetzt abhaut? Hier, im Herzen Mittelamerikas? Ich umarme Andrea, und wir blödeln eine Weile herum, zur Beruhigung. Die Zeit scheint stillzustehen, doch als ich schon anfange, mir vorzustellen, wie wir ohne Auto, ohne Geld und ohne Papiere Hühnermist verkaufen müssen, um etwas Kleingeld zusammenzukratzen, wedelt der Mann im Unterhemd von weitem mit den Pässen und winkt uns zu sich. Ohne Schlange zu stehen, überschreiten wir die Grenze, hier ein Stempel, da ein Stempel, wir folgen ihm, ohne genau zu wissen, wohin er uns führt. Ende gut, alles gut, wir sind in Panama.

Der junge Mann vom Autoverleih wartet schon seit Stunden auf uns. Als wäre das nicht genug, umarmt Andrea ihn auch noch stürmisch, und er prallt zurück wie ein Gummiball.

»No tengas miedo. Hab keine Angst.«

Anschließend, im Büro des Verleihs, verpassen sie uns einen Geländewagen mit allem Komfort. Nicht dass wir den unbedingt gewollt hätten, aber es gibt gar keine Wahl, der Jeep ist gerade verfügbar und kostet sogar weniger als der Kleinwagen, den wir in Costa Rica hatten.

Wir fahren Richtung Santiago, hier sind die Nebenstraßen noch holperiger, noch schmaler, und der Wald schreibt sich hier mit Großbuchstaben. Er könnte uns mir nichts, dir nichts verschlucken. Die baufälligen Brücken häufen sich, eine völlig intakte Brücke macht uns misstrauisch: Und wenn es eine Falle wäre? Beim Überqueren all dieser unsicheren Konstruktionen sterben wir tausend Tode. Noch zweihundert Kilometer bis Santiago, nur Mut. Als wir beide Pipi müssen, beschließen wir anzuhalten. Ich werfe einen Blick auf den Jeep und sehe, dass wir einen Platten haben. Bei dem Gerüttel war mir das überhaupt nicht aufgefallen. Ich mache mich ans Werk, aber keine Chance, der Ersatzreifen will sich nicht aus seiner Verankerung lösen. Andrea wirft Steine in den Fluss. Ich trete ein paarmal gegen den Reifen, doch der stammt von Bruce Willis ab und gibt nicht nach. Ich bin am Rande eines mörderischen Nervenzusammenbruchs, als einige schrottreife Fahrräder mit fröhlichen jungen Burschen darauf in Sicht kommen. Einer von ihnen lernt Mechaniker und ist noch dazu Toyota-Fan. Der Reifenwechsel bei diesen Autos birgt für ihn kein Geheimnis. Es ist so, wie wenn man in der Wüste auf einen Fachmann für Seeanemonen trifft. In relativ kurzer Zeit lösen wir das Problem und sind wieder flott.

Schwein gehabt, sage ich allein vor mich hin. Andrea hat zwei Stunden lang nur Steine ins Wasser geworfen. Viele Steine.

Allmählich wird es dunkel, die Burschen sagen, nach Santiago geht es einfach immer geradeaus: Die Straße, auf der wir uns befinden, ist die einzige, die es gibt.

Gegen neun Uhr abends kommen wir an, irgendetwas an dem Auto scheint mir nicht zu stimmen, womöglich haben wir noch mal einen Platten. Der Tag war lang, deshalb halten wir vor dem erstbesten Hotel. Die Räder sind in Ordnung, es war nur meine Anspannung. Das Hotel ist annehmbar, wir essen Pizza und raffen uns sogar noch dazu auf, ein wenig durch das Städtchen zu schlendern, als wir plötzlich am Rande eines taghell erleuchteten Spielfelds stehen und die zweite Halbzeit eines herrlich turbulenten Fußballspiels mitbekommen.

Im Hotel Dusche, Zähneputzen, ab ins Bett. Gedämpfte Musik dringt aus Andreas iPod, während ich noch einen Blick auf die Fotos von heute werfe. Da, ein Bild von Jorge, ein Stich ins Herz. Werden wir ihn wiedersehen?

Ich bin absolut alle, Andre, du hoffentlich auch.

Panama

»Jorge glücklich.«

»Was sagst du da, Andre, du meinst, dass Jorge glücklich ist?«

»Jorge glücklich.«

»Na hör mal, er lebt in einer Hütte aus Erde und Schlamm, in die es reinregnet! Er hat keine Freunde, liegt auf seiner dreckigen Matratze und kann sich nicht rühren. Seit zweiundzwanzig Jahren! Wie kann er da glücklich sein? Hat es dir nicht weh getan, ihn so zu sehen?«

Andreas Augen sind weit offen, unstet, er bewegt sich schnell. Ich komme mir ihm gegenüber töricht vor, unfähig, hinter die Kulissen zu blicken. Als ginge er über den Schein hinaus und ich nicht.

Jorge glücklich.

Ich trage die Frühstückstassen zur Theke zurück. Ich sehne mich nach einer Atempause und wünsche mir nur, ohne weitere Erschütterungen bis Panama City zu kommen.

Gemächlich zuckeln wir die Panamericana entlang und hören die Lokalsender, weil wir die Stimmung mitkriegen wollen. Wenn es uns irgendwo gefällt, halten wir an, um etwas zu trinken. Ich kann es kaum erwarten, den Panamakanal zu sehen, der mich von klein auf fasziniert hat. An diesem Einschnitt, der Mittelamerika von Südamerika trennt, vermischen sich zwei Ozeane, Gold und Silber, Glück und Unglück für so viele Menschen. Ein Nabel der Welt.

Während wir ewig lange zwischen zwei Felswänden dahinfahren, erzähle ich Andrea diese Dinge. Auf einmal kommen wir auf einer Brücke heraus, und ich versuche mich mit dem Blick zu orientieren. Ich dachte, wir seien noch weit weg, dabei sind wir schon da, wir sind auf der Puente de las Americas. Vor Aufregung gerate ich kurz ins Schleudern, während Andrea mit dem Finger auf die Schiffe zeigt, die auf die Durchfahrt warten.

In Panama-Stadt, das uns monumental und dekadent erscheint, parken wir und schlendern auf der Suche nach einem Restaurant in eine der netteren Straßen hinein. Neugierig betrachten wir die Schaufenster, die Menschenmenge verdichtet sich und lichtet sich wieder, wie Zugvogelschwärme.

Andrea bleibt vor einem Geschäft mit T-Shirts stehen, ich gehe noch ein paar Schritte weiter, frage einen Verkäufer, wo man in hier am besten isst, der junge Mann freut sich sichtlich, behilflich sein zu können, er zählt mir eine endlos lange Liste von Restaurants auf, empfiehlt mir verschiedene Gerichte – ich drehe mich um, und Andrea ist verschwunden. In der Hoffnung, ihn in dem T-Shirt-Laden zu finden, kehre ich um. Aber da ist er nicht. Auch rundherum sehe ich ihn nirgends.

Immer mit der Ruhe, ich habe ja das Gummiband, daran denke ich: Wir haben das Gummiband, ich weiß, was Andrea lockt. Ich versuche, mich in ihn hineinzuversetzen: Wahrscheinlich hat er mich nicht gesehen, ist zurückgegangen oder hat unvermittelt die Straße überquert, um dort den Bürgersteig entlangzugehen. Ich laufe von Laden zu Laden, schaue überall nach. Es ist, wie ich dachte: Eine Händlerin bestätigt mir, dass vor wenigen Minuten ein seltsamer Chico hereingekommen und sofort wieder verschwunden ist. Zieh an dem Gummiband, zieh an dem Gummiband!

Dreißig Meter weiter kommt links eine Querstraße, da gibt es auch noch Läden mit auffälligen Schildern, einer ist voll mit Vogelkäfigen und Aquarien. Sie schließen gerade, ja, sagen sie, ein Junge hat kurz hereingeschaut. Er ist in der Nähe, ich spüre es.

Da taucht er am Ende der Straße auf, Hand in Hand mit einer Frau, als kennte er sie schon seit je.

»Papa im Auge behalten!«, schreie ich.

»Der *menino* hat Hunger«, ruft die Frau.

»Papa im Auge behalten! Andrea, erinnerst du dich an das Gummiband?«

»Gummiband…«

»Der *menino* hat Hunger!«

Schon gut, jetzt gehen wir essen. Die Frau mustert uns, entspannt sich, sagt, sie heiße Joana und sei Brasilianerin. Ich entspanne mich ebenfalls.

»Mögt ihr Fleisch vom Grill?«

»Warum?«

»Kommt mit, es gibt ein brasilianisches Abendessen, ihr seid meine Gäste.«

»Andrea, du heißt doch Andrea, stimmt's? Möchtest du ein bisschen richtig gutes Fleisch essen?«

»Er versteht kein Portugiesisch. Andre, gehen wir Fleisch essen?«

»Fleisch ja…«

Okay, also los.

Ich gehe hinter ihnen her, denn die Frau hat sich fest bei Andrea eingehakt, streichelt ihm übers Haar und spricht leise mit ihm. Ab und zu schaut Andrea mich stirnrunzelnd an, aber er zieht den Arm nicht weg. Vor einem kleinen gelben Haus bleiben wir stehen. Sie klingelt, lässt uns eintreten, stellt uns mehreren Personen vor, alle aus Brasilien, zwei jungen Frauen und vier in der Küche hantierenden Männern. Joana ist eine Frau mit starker Ausstrahlung, ihre Bewegungen und ihre Worte haben Gewicht.

Niemand fragt, warum wir hier sind, sie hat uns mitgebracht, das genügt. Ich versuche, Dea, einer der beiden Frauen, die Situation zu erklären, erzähle ihr von unserer Reise und auch etwas über Andrea. »Ach, deshalb seid ihr hier!«, ruft sie und fügt hinzu, Joana besitze die Gabe, die Seele der Menschen zu erleichtern.

»Was, die Seele erleichtern?«

»Joana macht die Gedanken heller, lindert die Sorgen. Das ist ihr Beruf hier ...«

»Ist sie Psychologin?«

»Psychologin?« Dea lacht herzlich. »Sie erleichtert die Seele: mit den Händen, mit Schweigen, mit Wasser ...«

Beim Abendessen mischen sich unsere Reiseberichte mit den brasilianischen Erinnerungen der anderen, und Joana zieht uns in ihren Bann, indem sie das Leben auf den Straßen in Indien schildert, die Farben des Himmels über Tibet, eine dunkle Grotte im Bauch von Java. Als junge Frau sei sie viel herumgekommen, »und als junge Frau«, sagt sie wehmütig, »ist meine Tochter fortgelaufen. Auch das ist ein Weg«, fügt sie hinzu und erzählt gleich darauf lebhaft von Roxana, der Tochter ihrer Tochter, die sie aufgezogen hat wie eine Mutter.

Einer der Männer, Nazario, fragt, ob wir möchten, dass er in unsere Zukunft schaut, und ich vermute, dass er gleich die Karten hervorholt, sehe aber, dass eine gewisse Bewegung entsteht. Nazario rückt die Stühle weg, öffnet eine Schublade und zieht ein Bündel graue Metallbänder heraus. Er stöbert unter dem Spülbecken, bis er eins von diesen Werkzeugen findet, mit denen man Metall zum Schmelzen bringen und kleine Lötarbeiten ausführen kann.

»Blei«, sagt er, indem er auf die Metallstreifen zeigt und erst mich, dann Andrea einen aussuchen lässt.

Er hält das Blei mit einer großen Holzklammer, während ein anderer es mit der Flamme erhitzt. Eine Frau bringt eine Schüssel voll Wasser. Nazario fängt das geschmolzene Metall mit einer Tasse auf, die er halb gekippt hält, so dass es in die Schüssel gleitet. Bei der Berührung mit dem Wasser wird das Blei wieder fest: Mein Streifen verwandelt sich in einen langen gewundenen Faden und einige kleine flache Fladen mit gezackten Rändern.

»Jetzt gieße ich das Blei für Andrea«, sagt Nazario.

Ich sehe, dass er im Vergleich zu vorher den Abstand verändert und dass eine größere Menge Blei in die Schüssel tropft. Im Wasser bildet sich fast so etwas wie eine Blume und noch eine zweite Form, die an eine geöffnete Hand erinnert.

Joana nimmt meine Bleifiguren, betrachtet sie und sagt: »Alles gut«, doch sie scheint es eilig zu haben, Andreas Gebilde zu studieren. Sie sieht ihn an und streichelt ihn.

»Wohin wollt ihr als Nächstes fahren?«, fragt die Frau plötzlich.

»Ehrlich gesagt, weiß ich es noch nicht.«

Da mischt sich Dea ein und sagt, sie arbeite in einem Reisebüro, wir sollten doch am nächsten Tag bei ihr vorbeikommen. Sie überreicht mir eine Visitenkarte und verspricht, ein interessantes Ziel für uns zu finden.

Mal sehen, mal sehen …

Wir verabschieden uns herzlich. Joana und Nazario bringen uns im Auto zurück ins Hotel.

Zum ersten Mal schläft Andrea auf der Fahrt ein, und ich muss ihn beinahe ins Bett tragen.

Roxana

Das Läuten des Telefons reißt mich aus dem Schlaf.

»Am Empfang fragt eine Dame nach uns«, sage ich zu Andrea, der mich mit großen Augen anschaut und gähnt.

»Ich gehe hinunter, mach du dich inzwischen fertig und putz dir die Zähne, ich bin gleich wieder da.«

Es ist Joana.

Sie grüßt mich nicht einmal: »Wo ist der *menino*?«

»Andrea ist im Zimmer.«

»Ich bin die ganze Nacht wach gelegen und habe nachgedacht. Ich muss ihm einen Brief anvertrauen.«

»Einen Brief? An wen denn?«

»Ich erkläre dir alles, aber vorher lass mich mit ihm sprechen.«

»Sprechen? Du hast doch gesehen, wie schwierig das ist.«

»Er wird mich verstehen.«

»Joana, wir brauchen nicht noch mehr Komplikationen.«

»Ich habe dir gesagt, dass ich lange darüber nachgedacht habe, vertrau mir.«

Ich betrachte sie, gefährlich wirkt sie nicht, eher ein bisschen verrückt, aber wie oft wurden auch Andrea und ich schon für verrückt gehalten?

Und außerdem kann ich immer noch nein sagen.

»Ich hole ihn. Warte hier.«

Als Andrea sie sieht, umarmt er sie, und sie streichelt lange seine Haare, murmelt leise Worte, kaum ein Hauch. Ich frage sie, ob alles in Ordnung sei, und sie antwortet, dass der *menino* weiß, wie man mit den Lebenden spricht.

Ich reiße die Augen auf, denn ich verstehe nicht, worauf sie hinauswill, die spinnt aber wirklich, denke ich.

»Er spricht nicht mit den Toten … Es bringt kein Glück, mit den Toten zu sprechen, man muss mit den Lebenden kommunizieren«, fügt sie noch hinzu.

Ich bin unruhig, erwidere, dass es wahr ist, dass Andrea nicht herumredet, sondern kommuniziert.

»Nicht mit Worten, er teilt sich durch Gefühle mit.«

»Ich … ja, vermutlich schon.«

»Doch, doch, ganz bestimmt.«

Wenig später fragt sie ihn auf Portugiesisch, ob er Roxana, ihrer einzigen Enkelin, einen Brief überbringen kann. Andrea reagiert nicht.

»Aber wo wohnt diese Roxana überhaupt?«, frage ich. Welchen Sinn soll das haben?

Joana antwortet mir nicht, sie wendet sich weiter an Andrea. Sie sehe Roxana seit Monaten nicht und mache sich Sorgen, weil sie geträumt habe, das Mädchen sitze eingesperrt hinter unzähligen verschlossenen Türen.

»Also, wo wohnt sie und bei wem?«, greife ich ein.

»Roxana lebt bei meinem Bruder in Arraial d'Ajuda. Im Bundesstaat Bahia.«

»Und was sagt er, wie es ihr geht?«

»Er behauptet immer wieder, es sei alles in Ordnung. Aber er sagt nicht die Wahrheit. Würdest du jemandem trauen, der dir erzählt, dass es deinem Sohn gutgeht, wenn du nie was von ihm selber hörst?«

»Nein, sicher nicht, aber …«

»Wenn Andrea ihr den Brief bringt, gibt er ihr den Schlüssel, um die Türen aufzuschließen.«

»In Brasilien? Du möchtest uns bis da runterschicken? Nein, nein, wir haben vor, nach Venezuela zu fahren«, sage ich spontan, ohne nachzudenken.

»Fahrt nach Arraial«, drängt die Frau.

»Joana, du hast Andrea wiedergefunden, und dafür bin ich dir dankbar, aber das darfst du nicht ausnutzen.«

Ihr Blick ist leuchtend und intensiv. Sie hat schon was.

»Ein Brief«, murmele ich. Den wir quer durch die halbe Welt tragen sollen …

»Nur ein kleiner Brief«, sagt die Frau. »Ich vertraue ihn dem *menino* an.« Sie zieht einen weißen Umschlag heraus. Darauf stehen in Blockschrift Name und Adresse. Sie reicht ihn Andrea, der ihn auf der Handfläche balanciert. Wir sehen uns alle an.

Ich nehme den Brief an mich.

Joana legt sich die Hand aufs Herz, drückt Andreas Finger und geht.

Als wir allein sind, schaue ich ihn an: War es eine Dummheit?

»Was machen wir jetzt mit dem Brief, Andre?«

»Brief schön.«

Was sonst …

Wir suchen das Reisebüro der jungen Brasilianerin Dea auf, nicht nur, um uns in Sachen Reiseziele beraten zu lassen, sondern auch, weil ich mir klarwerden will, was es mit Joana und diesem seltsamen Brief auf sich hat.

Kaum sind wir dort, hüpft Andrea durch die Räume wie eine Antilope.

Dea und ihre Freundin empfangen uns sehr herzlich, sie haben schon einige Routen für uns ausgearbeitet, aber ich bringe sie aus dem Konzept, indem ich nach Joana frage.

Dea weiß recht wenig über die Geschichte dieser Frau.

Ich lege Joanas Brief auf den Tisch und erkläre, was gerade passiert ist.

Dea reißt die Augen auf, sie ist wirklich überrascht. Joana habe bis gestern Abend kaum je von Roxana gesprochen. Hier und da einen halben Satz, einen Seufzer, mehr nicht.

Andrea hat etwas in ihr bewegt, meint sie und schaut uns an, als wären wir Retter in der Not. Unterdessen hat sich Andreas Aufregung gelegt, er ist wie beschwichtigt, zart wie eine Libelle.

»Ein Brief ist wichtig«, überlegt Dea.

»Ja, aber wir können doch nicht bis nach Brasilien reisen...«

»Warum, was habt ihr denn für Verpflichtungen? Hast du uns nicht erzählt, dass ihr auf Abenteuer aus seid? Ihr könntet euch eine atemberaubende Schifffahrt gönnen und von Manaus aus das Amazonasgebiet erkunden. Ich habe ein super Angebot für einen Direktflug morgen Vormittag.« Ihr Lächeln würde sogar einen Elefanten dazu bringen, mit dem Fallschirm abzuspringen.

Beinahe unwiderstehlich. Beinahe.

»Aber ist das nicht gefährlich? Das Amazonasgebiet...?«

»Ihr seid sogar durch Guatemala gefahren … Das ist auch nicht so ohne.«

»Andrea, was meinst du, sollen wir nach Manaus fliegen?«

»Manaus, bisschen schon.«

»Und dann?«, frage ich Dea.

»Eine Möglichkeit, nach Arraial zu kommen, findet ihr bestimmt, für Typen wie euch ist das ein Kinderspiel.«

Eine Reise aus Papier: Auf einmal ist dieser Gedanke wieder da. Einstweilen widme ich mich Panama. Wir fahren noch einmal auf die Brücke, bis auf die andere Seite, schweben eine Weile über dem Ozean. Eine Reihe von Schiffen wartet drauf, den Kanal zu durchqueren. Am Fenster eines kleinen Lokals, in dem wir Fisch und Kochbananen mit Reis essen, sehen wir Waren aus aller Welt von Ozean zu Ozean wandern. Sämtliche Operationen gehen mit fließender Langsamkeit vor sich. Ich denke an die schnellen Produktionsrhythmen, an das hastige Beladen der Container – und dann diese Prozession auf dem Wasser. Das hat etwas Archaisches, Elementares, Läuterndes.

In Panama Viejo weckt ein kolossales Fußballspiel unsere Neugier, teuflisch schnelle Füße an einem zerfetzten Ball. Gegen Abend steigen wir zu den Gärten von Ancón hinauf und überblicken die Stadt wie von einem Kirchturm aus.

Ich lege mich auf den Rasen. In der Tasche sticht mich Joanas Brief. Andrea hüpft und gibt sich seinen Ritualen hin. Die Leute beobachten ihn, manche lachen wie bei einer Zirkusnummer.

Ich schließe die Augen und höre rund um mich lauter unbekannte Stimmen. Meine Phantasie macht sich selbständig. Ich sehe Andrea in einer Küche mit einer Frau und einem Kind, Andrea, wie er Geschirr spült, die Waschmaschine anstellt, Andrea, wie er das Kind im Arm hält, die Frau, die ihn an der Hand nimmt, und das Kind, das hinter Andrea herläuft, während er lachend davonrennt.

Manchmal finde ich es eine Ungeheuerlichkeit, dann wieder so normal: Warum sollte Andrea kein Kind haben? Er ist hübsch, stark, lächelt immer, reagiert nie bösartig, wenn ihm etwas nicht passt… Wer möchte nicht gern so einen Mann? Oder so einen Vater? Ich würde ihn lieben, wenn ich sein Sohn wäre.

Falls er mir eines Tages diesen Wunsch zu erkennen gäbe, hätte ich gern die nötige Kraft, Klarsicht und Sensibilität, um seinem Traum Flügel zu verleihen. Gewiss, es wäre eine noch wichtigere und aufregendere Reise als die, die wir gerade erleben. Aber manche Reisen beginnen nicht erst mit der Abfahrt. Sie beginnen früher. Viel, viel früher…

Ich ziehe den Brief heraus, halte den Umschlag gegen das Licht, schnuppere sogar daran: Ich denke an Andreas Texte. Manchmal kostet es unendliche Anstrengung, auch bloß ein paar Worte zu schreiben. Eine ganz und gar vergebliche Anstrengung, wenn sie bei niemandem ankommen. Vielleicht ist es kein Zufall, dass wir den Boten spielen sollen. Vielleicht muss es so sein. Ja, Andrea muss den Brief überbringen. Verdammtes Brasilien, konntest du nicht etwas näher sein?

Methode

Gestern Abend war ich sehr streng zu Andrea: »Morgen früh, wenn du aufstehst:

- fang nicht mit deinen Riten an
- mach nicht die Reißverschlüsse auf
- räume nicht die Rucksäcke aus
- starre nicht ins Wasser im Klo
- wasch dir das Gesicht
- putz dir die Zähne
- zieh dich allein an, die Kleider sind im Schrank.«

Dann habe ich genau die Schritte der nächsten Tage aufgezählt: »Morgen nehmen wir das Flugzeug und

- fliegen nach Manaus
- suchen ein Hotel
- bleiben ein paar Tage dort
- und fahren dann an den Amazonas, in den Regenwald, aber nicht zu lange, denn danach
- müssen wir noch nach Arraial.«

Vielleicht wacht Andrea deshalb bester Laune auf. Dass ich ihm das heutige Programm ausführlich erklärt habe, hat ihn positiv gestimmt. Auch wenn ich wahrhaftig nicht weiß, was in den nächsten Tagen im Einzelnen passieren wird.

Frühstück und letzte Fahrt im Geländewagen, zum Flughafen. Während wir auf den Flug nach Manaus warten, kaufen wir einen Ersatz für einen unserer Rucksäcke, der völlig verschlissen ist. Er ist ja auch weit gereist und hat viel gesehen. Wir lassen ihn zurück wie einen Freund. Sorgfältig lege ich den Brief, den wir Roxana aushändigen sollen, in den neuen Rucksack.

Zum ersten Mal isst Andrea im Flugzeug alles, was sie uns servieren: Reis mit Huhn, seine Portion und die Hälfte von meiner, Karotten und Salat legt er obendrauf. Gewöhnlich mag er das abgepackte Flugzeugmenü nicht, doch heute ist er sehr gnädig. Wer weiß, was er ausbrütet.

Nach der Ankunft finden wir mühelos ein Reisebüro, und Herr Armstrong erläutert uns sein Angebot mit der gleichen Methode, die ich bei Andrea angewendet habe: »Ich buche euch:

– ein Hotel im Zentrum
– zwei Tage Regenwald
– eine Fahrt den Amazonas hinauf
– eine Übernachtung in einem Eingeborenendorf, wo ihr in so engem Kontakt mit der überwältigenden Natur seid, dass ihr Asphalt und Beton augenblicklich vergesst.«

»Perfekt«, sage ich.

Into the wild

Vielleicht hatte ich ihn aus dem Rucksack genommen und auf den Nachttisch gelegt. Ich weiß es nicht mehr. Und es ist auch völlig egal: Der Brief an Roxana ist in winzigen Fetzen über das ganze Zimmer verstreut. Andrea ist vor mir aufgewacht, eindeutig.

»Warum schon wieder?!«, brülle ich. »Den Brief hättest du nicht zerreißen dürfen!«

»Brief schön.«

»Von wegen, Brief schön! Und jetzt? Wie stehen wir jetzt da?!«

Ich sammle die Fetzen ein. Ich werde sie Stück für Stück wieder zusammensetzen. Es geht doch nicht, dass wir einen Brief, der uns anvertraut worden ist, in ein Häufchen Papierschnitzel verwandeln. Ich erkenne Silben, einen halben Konsonanten hier und einen halben da, sie passen nicht zusammen – Donnerwetter, Andrea, hättest du sie nicht noch kleiner machen können!? Nichts, ich kriege nichts zustande, und dann müssen wir das Hotel verlassen, weil es schon Zeit ist für den Ausflug in den Regenwald. Ich finde eine durchsichtige Plastiktüte, fülle die Briefatome hinein, sehe nach, ob auch nichts auf dem Fußboden liegengeblieben ist, und verstecke die Tüte im Rucksack.

Wir rennen los und finden die Expeditionsteilnehmer schon

vor dem Reisebüro versammelt: ein Herr aus Brasilien, der seit zwanzig Jahren in Los Angeles lebt, wo er einen Irish Pub betreibt, und drei junge Kanadier: ein sehr netter Mann und zwei Frauen. Unser Reiseleiter mustert uns eingehend, und vor der Abfahrt empfiehlt er uns, uns mit Mückenschutzmittel einzudecken. Wir haben für das Amazonasgebiet keinerlei gesundheitliche Vorsorge getroffen, doch man beruhigt uns. Die Moskitos seien zwar ungeheuer lästig, aber weiter nichts. Genau wie das heftige Gewitter, das plötzlich über uns hereinbricht. Wir laufen von einem Geschäft zum anderen, um vor dem Regen zu flüchten und Mückenschutzmittel zu kaufen. Diese Aufgabe nimmt mich so in Anspruch, dass ich vergesse, mir für die Wiederherstellung von Joanas Brief Tesafilm oder Leim zu besorgen.

»Sucht den Landungssteg am Rio Negro«, hatte man uns gesagt, »dort wartet das Boot, das euch in den Regenwald bringt.« Ganz einfach, wenn man weiß, welches: Wir stehen vor einer endlosen Reihe von Booten mit Früchten, Geflügelkörben, Ziegen, Zementsäcken, alten Kompressoren und hageren Männern, die soeben zu irgendeiner Schwerarbeit aufbrechen. Zum Glück erkennt uns unser Kommandant und ruft laut unsere Namen.

Wir gleiten zwischen zwei Flüssen dahin, die sich berühren, ohne je ihre Wasser zu vermischen, der eine klar und durchsichtig, der andere trüb und düster. Ich stelle mir vor, dass es Wassertiere gibt, die hin und her schnellen, ich ahne das leise dumpfe Schlagen der Flossen in der dunklen Tiefe und die munteren Zickzackbewegungen im Hellen. Wie Andreas Welten. Ich starre ins Wasser, und mich schaudert.

Unvermutet steuert das Boot das Ufer an, wir sehen große

Hütten. Die Indios empfangen uns freundlich, ohne jede Unterwürfigkeit, und kehren sofort zu ihren Tätigkeiten zurück. Um die Mittagszeit wird wie aus dem Nichts eine Mahlzeit herbeigezaubert: einfaches Mehl, Brunnenwasser und ausgezeichnetes Dörrfleisch. Während wir essen, machen die Männer die Kanus bereit, mit denen wir gleich zum Fischen fahren. »Piranha«, sagen sie.

»Andre, wir angeln Piranha.«

»Schön.«

»Wer?«

»Kinder.«

Ein Wirbel kleiner Beine fegt durch das Dorf und verschwindet.

Wir verbringen einen langen Nachmittag damit, Fische mit ziemlich spitzen Zähnchen an Bord zu ziehen, aber so schrecklich wie im Film wirken sie nicht. Beim Abendessen stoßen noch drei Deutsche zu uns, die seit einigen Wochen im Regenwald leben, zwei Jungen und ein Mädchen. Sie sind groß und zerzaust. Drillinge. »Wir sind Myrmekologen.« »Myrme- was?« – »Ameisenforscher«, erklären sie mir geduldig, und ich kann es kaum glauben, doch sie ziehen aus ihrem Rucksack kleine Behälter mit Insektenproben heraus. Sie erzählen, dass wir mitten im Reich der Ameisen seien, sie erreichten hier eine Rekorddichte. In der Tat, ich spüre es schon jucken.

Die beiden jungen Männer sind in die Gärtnerameisen verliebt, gerührt schildern sie mir, dass diese Ameisen auf den Bäumen eine Orchideenart züchten. Sie zeigen uns Fotos, als ob es sich um ihre Freundinnen handelte, Andrea nähert sich, wirkt aber gar nicht interessiert. Die Drillingsschwester wiederum erzählt, sie sei auf Kriegerameisen gestoßen, die mit ihrer Aggressivität sogar die Truppe des Spartanerkönigs Leonidas in Schwierigkeiten gebracht hätten.

Anscheinend lausche ich so gespannt, dass die drei restlos von ihrem ameisenkundlerischen Delirium überwältigt werden: Als handle es sich um die Offenbarung des Jahrhunderts, erklären sie mir mit feierlichem Blick, dass die Ameisen sich wie ein Superorganismus verhalten.

»Superorganismus? Aber wenn sie doch kaum halb so groß sind wie ein Pfefferkorn?«

»Können Sie sich vorstellen, was für ein explosives Gewürz dabei herauskäme, wenn sich alle Pfefferkörner vereinigen würden? Jede Ameise ist wie eine Körperzelle, zusammen sind sie eine riesengroße Genossenschaft. Deshalb haben sie eine große Zukunft vor sich …«

»Wir wären nicht gerne Teil eines Superorganismus«, sage ich, aber ich begreife die Begeisterung der jungen Forscher durchaus.

Während wir noch plaudern, wird es unvermittelt Nacht, als hätte man einen Rollladen heruntergelassen. Keine Dämmerung, kein gelbes Ampelsignal: Hier ist es entweder hell oder dunkel, dazwischen gibt es nichts. Wo ist eigentlich Andrea abgeblieben? Hat ihn der jähe Lichtwechsel erschreckt? Da ich ihn nicht sehe, gehe ich ins Dorf hinein, wo viel los ist. Schweigend bereiten die Indios die Kanus für die Krokodiljagd vor. Schon bald finde ich Andrea wieder, der sorglos in der Dunkelheit herumgelaufen ist und einen seiner freien Momente genossen hat.

An Bord herrscht eine sonderbare Stimmung, und obwohl sich die Augen an die Dunkelheit gewöhnt haben, ist selbst der paddelnde Steuermann kaum wahrnehmbar. Die Indios, die jeden Winkel des Flusses kennen, springen ins Wasser, wenn sie zwei rote Pünktchen sehen – die Augen eines Krokodils. Sie fangen nur solche, die unter einem Meter lang sind, und müssen so flink wie möglich mit einer Hand das Maul und mit der anderen den Schwanz festhalten. Sonst setzt es Bisse. Jetzt hieven sie ein erstes Krokodil ins Boot. Wir Landratten, höchstens an den Umgang mit Katzen und Kanarienvögeln gewöhnt, zucken ganz schön zusammen. Wir lassen es von Hand zu Hand gehen und befolgen aufmerksam die Anweisungen der Indios, aber es ist, als reiche man sich als Friedenszeichen eine Handgranate weiter. »Bitte, Andre«, flüstere ich, »halt dich mit Küssen zurück.«

Belustigt schauen die Indios zu, wie ungeschickt und plump wir uns anstellen bei unserem Versuch, uns für ein paar Stunden in Naturburschen zu verwandeln. Eins ist klar: Diese Welt ist weder roh noch primitiv, man muss alle Sinne schärfen, sich tarnen.

Bei unserer Rückkehr versammelt sich das ganze Dorf, etwa fünfzig Personen. Andrea berührt alle.

Maria, ein besonders hübsches Mädchen, streicht scheu, aber neugierig um ihn herum. Die Erwachsenen geben uns zu verstehen, dass sie leicht schwerhörig und nicht ganz richtig im Kopf ist. Sie sagen es ganz ungeschminkt, ohne Beschönigung. Maria läuft hin und her, spricht wenig und lacht sehr viel. Auch an ihr erkenne ich, wenngleich in schwächerer Form, die Symptome des Autismus. Sie läuft hinter uns her, und als wir versuchen, uns mit ihr zu verständigen, starrt sie uns mit großen, weit aufgerissenen Augen an. Sie ist wie hypnotisiert von Andreas Bewegungen und folgt ihm auf dem Fuß.

Ein paar Dorfkinder wagen sich bis zu der Hütte vor, in der wir übernachten, und wollen, dass Andrea mit ihnen spielt. Jede seiner Gesten wird mit Jubel begrüßt. Aufgeregt nehmen sie ihn in ihre Mitte, eine kleine Horde, die unablässig durchs Dorf galoppiert, Andrea und Maria voraneweg, alle anderen hinterher. Ein fröhliches Karussell.

Wenn ich Andrea in den Pausen in der Schule besuchte, fand ich ihn in einer Ecke des Hofes. Immer in derselben Ecke, immer allein, fuchtelte er mit den Armen herum und hüpfte auf Zehenspitzen. Mit seinem Popcorn, seinen Mandarinen oder einem Päckchen Grissini. Die Lehrer erzählten mir eifrig, ob es ein guter oder schlechter Vormittag gewesen war. Ich hörte zu, doch ganz abgesehen vom jeweiligen Tagesverlauf verletzte es mich, Andrea so zu sehen. Zu wissen, dass die anderen eine Gruppe bildeten und er nicht dazugehörte. Ich erfuhr, dass manche Klassenkameraden zu ihm kamen und immer wieder fragten: »Wie viel ist eins und eins? Los, eins und eins, das ist doch ganz leicht!« Oder sie schubsten ihn und verspotteten ihn wegen seines sonderbaren Verhaltens. Mir war nicht einmal danach, sie zu tadeln, Anderssein wird seit je bestraft, wenn nicht per Gesetz, dann aus alter Gewohnheit. So läuft es, so bitter das auch klingen mag.

Und hier gleicht er einem Volkshelden!

Ich sehe, wie sie sich gegenseitig blaue Striche auf die Arme und ins Gesicht malen: Andrea ist im siebten Himmel.

Zum Abschluss des Abends sitzen wir noch vor der Hütte: die Drillinge aus Berlin, die zwei Kanadierinnen mit ihrem Freund, der brasilianische Tourist, die beiden Reiseleiter aus

Manaus und ich. Sprachen, Akzente und Eindrücke mischen sich.

»Was machen wir morgen?« Portugiesisch mit hörbar deutschem Akzent.

»Morgen Delphine.« Portugiesisches Portugiesisch.

»Piranhas, Krokodile und nun Delphine: Sind denn Delphine auch gefährlich?« Englisch.

»Leider haben die Delphine letzte Woche drei Reisende zerfleischt.« Englisch mit portugiesischem Einschlag.

»Und wo habt ihr sie begraben?« Portugiesisch mit meinem italienischen Akzent.

»Wir haben sie nicht begraben. Was glaubt ihr denn, wovon sich die Anakondas ernähren?« Anglo-italo-portugiesisch-sarkastisches Gelächter.

»Wie verbringt man denn so seine Abende hier im Urwald, ohne Fernseher, ohne Kneipen, ohne mal schnell wohin fahren zu können?« Englisch, mit leicht portugiesischem und leicht besorgtem Unterton.

Die Reiseleiter blinzeln dem männlichen Teil der Gesellschaft zu und breiten mit Unschuldsmiene die Arme aus: »Was kann man wohl tun, am Abend im Wald?« Das versteht man in allen Sprachen.

Prompt kommt die deutsche Ameisenkundlerin auf ihre Lieblinge zurück und beschreibt eine Art, die anscheinend auf die sexuelle Fortpflanzung verzichtet und den männlichen Beitrag zu den Geburten ad acta gelegt hat.

Die Männer brummen, die Frauen kichern.

Es wird Nacht, Andrea streicht immer noch zwischen den Bäumen vor unserer Hütte herum. Die Köchin, die ihn schon kennt, tritt zu mir und sagt: »Rufen Sie Ihren Sohn.«

»Ach, lassen wir ihn ruhig, er fühlt sich in dieser Umgebung besonders wohl.«

»Hören Sie auf mich. Wissen Sie, nachts treiben sich unter den Bäumen oft arge Schlangen herum …«

»Andreeeeeeeeee, komm sofort heeeeeeer!«

Wir schlafen in einem geräumigen Pfahlbau, unter uns winden sich Horden von Anakondas, und rundherum flitzen Affen und andere sympathische Wesen der Dunkelheit. Wir legen uns in die Hängematten, nur eine Kerze spendet uns Licht. Gute Nacht, Andre, schau, wo wir gelandet sind …

Ich sehe, dass er schlagartig einschläft. Leise knipse ich die Taschenlampe an und hole den Umschlag mit den Brieffetzen heraus. Klebstoff müsste man haben. Meine Hängematte für einen Tropfen Klebstoff!

Manaus

Die Indios haben die Kanus flottgemacht, sie rudern uns an eine Stelle des Flusses, wo wir mit den Delphinen schwimmen können. Hastig schlingen wir das Frühstück hinunter. Andrea ist schon ganz aufgeregt bei der Vorstellung, dass er diesen herrlichen Säugern begegnen wird. »Delphine schön«, sagt er, »Mädchen schön.« Es ist ein freudiger Moment.

Die Fahrt ist recht kurz, doch bei der Ankunft dürfen wir uns keineswegs einfach wie Bleiklumpen ins Wasser fallen lassen. Unser Begleiter gibt uns Anweisungen und erklärt, dass Delphine sehr misstrauisch sind, dass wir sie weder zwischen den Schulterblättern kraulen noch an der Flosse ziehen dürfen. Dann bringt er uns in aller Ruhe zu ihnen. Es gelingt uns tatsächlich, sie zu streicheln, sie sind warm wie ein Baby, man wird sofort süchtig. Wenn Andrea könnte, würde er wohl am liebsten einem von ihnen auf den Rücken klettern und bis nach Patagonien reiten. Ich habe Mühe, ihn davon abzuhalten. Bruder der Delphine, Kommandant eines Wals: Wäre das ein gutes Leben für ihn, das, wonach er sich sehnt?

Leicht wie Wasserflöhe gleiten wir zurück. Mehrere Boote begegnen uns, wir schwenken die Arme zum Gruß und blicken noch lange der einen oder anderen Gestalt nach, die in der Gegenrichtung verschwindet und sich vielleicht fragt, wer du bist, wohin du gehst und ob es je ein Wiedersehen geben wird.

Im Dorf ist schon der Tisch gedeckt, wieder erwartet uns dieses Mehl, das unbeschreiblich schmeckt. Du nimmst eine Prise in die Hand, es ist staubig und trocken, du kostest es, schluckst es hinunter und nimmst gleich noch mal davon, verwundert, dass einfaches Mehl so köstlich sein kann. Es ist das Spezialmehl aus Manaus, sagen sie. Für uns ist es das Abschiedsessen, wir kehren in die Stadt zurück, während andere weiter in den Urwald vordringen. Wir verabschieden uns von allen sehr herzlich.

Ich suche Maria, sie beobachtet uns von weitem, und als wir versuchen, uns zu nähern, läuft sie lachend davon.

Zwei Stunden im Kanu, eine Stunde mit dem Boot, und schon sind wir wieder in Manaus. Das Reisebüro verspricht seinen Kunden zum Abschied eine luxuriöse Dusche. Das Angebot lassen wir uns nicht entgehen. Sauber und parfümiert besichtigen wir sodann die Stadt mit ihren Kais voller Bananen – grüne Stapel, so weit das Auge reicht. Der Fischmarkt ist so groß wie ein Fußballfeld, einer der wichtigsten von ganz Südamerika, heißt es. Unglaublich viele sonderbare Menschen sind hier unterwegs, angefangen von den reihenweise anstehenden Käufern in Krawatte und weißem Hemd, die ganze Container voll Fisch für den Export ersteigern, bis hin zu dem Heer von Bettlern, die sich mit einem Real für das nächste Bier begnügen.

Ich nehme auch eines, und Andrea trinkt gierig sein Wasser.

»Na, Andre, was hältst du von unserem Ausflug zu den Piranhas und Krokodilen?«

Er lächelt, wendet sich ab und schlendert um die Fisch-
stände.

»Und der Regenwald? He, Andre, ich rede mit dir.«

Haben die majestätischen Bäume womöglich nur mich
beeindruckt? Und diese riesige grüne Gebärmutter? Erlebt
er das alles eher so, als spielte er zu Hause im Garten? Als
wäre nie etwas geschehen? Als wäre es zu nichts nütze?

Ich hatte Andreas Texte einen um den anderen weggelegt,
wenn ich sie gelesen hatte. Jetzt nehme ich sie und zerreiße
sie in winzige Stücke, so wie er es macht. Ich werfe sie in einen Papierkorb. Ein Text ist noch übrig. Der letzte, der mir
bleibt.

Heute Abend bin ich in sonderbarer Stimmung, vielleicht
treiben mich auch mir selbst unklare Gefühlsregungen um,
jedenfalls gehe ich in eine Agentur und frage, ob es einen
Flug gibt, der uns in die Nähe von Arraial d'Ajuda bringt.
Der Angestellte mustert mich neugierig: »Was wollen Sie denn
da?«

»Wir müssen einen Brief überbringen«, antworte ich.

»Einen Brief?! Aber das sind dreitausend Kilometer, geben Sie ihn mir, ich schicke ihn ab, den Brief. Was ich Ihnen
anbieten kann, sind äußerst günstige Pauschalreisen nach
Fortaleza, Belém oder in die Lençóis Maranhenses.«

Sein Blick sagt es deutlich: Was sind Sie für ein Mann, dass
sie Ihre Zeit damit verschwenden, einen Brief in das hinter-
letzte Kaff zu bringen?

»Dieser Brief, mein lieber Herr«, sage ich, »besteht aus
lauter kleinen Papierstückchen, so einen zerrissenen Brief
kann man nicht abschicken, begreifen Sie das? Wenn ich einen ganzen Brief in Händen hätte, ließe sich vielleicht darüber

reden. Oder haben Sie hier Briefmarken für Briefe, die aus winzigen Fetzen bestehen?«

»Nein«, erwidert der Mann.

»Sehen Sie?«

Ich denke, dass Andrea mich besser kennt, als ich vermute; seine Reaktionen sind nie absehbar, vielleicht kann ich mich nicht über Bäume und Blätter mit ihm unterhalten, aber zuletzt ist immer er es, der mich in eine Richtung drängt.

Der Angestellte resigniert: »Na gut, dann könnten Sie nach Salvador da Bahia fliegen und anschließend ein Auto mieten, wir können es von hier aus buchen. Und versäumen Sie nicht, unterwegs noch ein paar schöne Orte anzuschauen: Barra Grande, Itacaré… Nutzen Sie es aus. Amüsieren Sie sich.«

Einverstanden.

»Briefträger sein ist eine ernste Angelegenheit«, sage ich zu Andrea und zwinkere ihm zu.

Der Flug nach Salvador geht um zwei Uhr nachts.

»Haben Sie ein bisschen Tesafilm?«, frage ich.

»Nein.«

»Klebstoff?«

»Nein.«

Kühe & Kühler

Dunkler Himmel erwartet uns: Andrea lehnt am Fenster, ich sitze in der Mitte, und am Gang nimmt ein alter Mann Platz.

»Haben Sie Angst vorm Fliegen, Senhor?«, fragt er mich.

»Sehe ich so aus?«

»Sie machen sich irgendwie Sorgen, aber nicht wegen des Flugzeugs, scheint mir …«

Hätte ich seine Stimme am Telefon gehört, ohne sein Gesicht vor mir zu sehen, hätte ich mir einen reifen Mann vorgestellt, so um die sechzig.

Aber seine Haut ist die einer Schildkröte, er ist so dürr wie ein Bäumchen, das in der Wüste gewachsen ist, nur die Augen, die Augen leuchten mit solcher Kraft, dass ich denke: Das muss ein glücklicher Mensch sein.

Er behauptet, er sei zweiundneunzig, drei entzückende Frauen hätten ihm vierzehn Kindern geschenkt, und jetzt reise er nach Salvador da Bahia, um seinen Jüngsten zu treffen.

»Senhor«, sage ich zu ihm, »ich kann es nicht glauben, dass sie fast ein Jahrhundert auf dem Buckel haben.«

»Warum denn nicht, Senhor? Hundert Jahre sind kein Unglück«, erwidert er.

»Sie strahlen so viel Energie aus, Senhor. Bei allem Respekt, ein Zweiundneunzigjähriger kann gar nicht so rüstig wie Sie sein.«

Er hat blaue, beinahe durchsichtige Augen.

»Ich habe noch nie einen Pullover gebraucht, Senhor. Ich habe mein Lebtag als Fischer gearbeitet und nie unter Kälte oder Liebesmangel gelitten. Die Leute meinen, Liebe gehöre zum Menschen, ungefähr so wie das Gewicht zum Blei. Die Liebe käme von allein.«

»Und was meinen Sie?«

»Mit der Liebe ist es wie mit der Temperatur. Man kann unter null oder auf hundert Grad gehen. Manchmal muss man sich distanziert und kühl verhalten, denn es gibt Menschen, die ertragen es nicht, wenn du sie berührst. Andere Male musst man so warm sein wie der Atem. Man kann ganz schöne Katastrophen anrichten, mit der Liebe.«

»Ja, und?«

»Ich habe einen Regler für die Liebe erfunden, Senhor. Ich merke, wann man mehr auf- oder zudrehen muss. Es kommt auf den Menschen an und auf den Augenblick. Denn Liebe, Senhor, ist die richtige Temperatur, um eine Blume zum Blühen zu bringen. Vielleicht will der Tod mich deshalb nicht…«

»Der Tod will uns alle, Senhor.«

»Das ist wahr. Aber er will von mir auch das Geheimnis des Reglers, und das will ich ihm nicht geben. Und solange er versucht, mich zu überreden, bin ich hier auf Erden unterwegs. Ist das verkehrt?«

»Nein, Senhor, goldrichtig.« Schau sich einer diesen Typen an!

In Salvador da Bahia gehen wir nach Pelourinho hinauf, zu dem zauberhaften Ort oben auf dem großen Hügel. Vor zwanzig Jahren war hier Niemandsland; nicht einmal die Polizei wagte sich hierher; vermutlich wegen der Kriminalität – oder wegen des Trommellärms.

Als wir, in herrliche Düfte gehüllt, zwischen den bunten Häuschen umherschlendern, hören wir das Trommeln schon von weitem, es tönt die Straßen herauf und überrollt uns, als eine Band an uns vorbeimarschiert.

Nachdem wir mit einem Taxifahrer gesprochen haben, wissen wir, welchen Weg wir nach Arraial nehmen. Erste Etappe: Barra Grande.

»In höchstens einer Stunde seid ihr dort.«

Dabei braucht man über vier Stunden, sie erzählen halt gern das Blaue vom Himmel herunter, diese Brasilianer!

Eine schöne Fahrt, aber ziemlich holperig: Die letzten fünfzig Kilometer ist die Straße ungeteert, mit riesigen, wirklich nervenaufreibenden Schlaglöchern. In einem bleiben wir fast stecken, und ich komme nur mit Mühe wieder heraus.

Ich versuche mit Andrea zu sprechen, und wir verheddern uns in einer Diskussion über Kühe und Kühler.

»Grässlich, die Straße hier, der Kühler ist schon ganz heiß. Andrea, aber schau mal dort die Kühe!«

»Kühler«, sagt Andrea.

»Nein, Andre, der Kühler ist vorn am Auto. Das da sind Kühe. Okay? Wie heißt der Teil vom Auto?«

»Kühe.«

»Nicht Kühe! Kühler! Und die da vorne, weiß mit vier Beinen?«

»Kühler.«

Ich halte an und steige aus: »Nein, so nicht, diese Sache müssen wir klarkriegen! Also, die weißen Dinger mit Beinen da sind Kühe, und das hier am Auto ist der Kühler. Wie heißt das hier am Auto?

»Kühe.«

Kühe, Kühler, Kühe, Kühler. Keine Chance. Langsam verliere ich die Geduld. Nur ruhig, ganz ruhig: tief durchatmen. Ich zünde mir eine Zigarette an, blase den Rauch aus.

Bei Dunkelheit treffen wir in Barra Grande ein und sind total erschöpft. Zum Glück finden wir eine gute Unterkunft. »Zieht die Schuhe aus, wenn ihr ins Dorf geht«, sagen sie zu uns: »Hier kann man barfuß gehen, die Straßen sind aus Sand.« Andrea saust auf Zehenspitzen los wie noch nie.

Cuidalo!

In Barra ist der Asphalt noch nicht erfunden. Sie wollen keine modernen Straßen, weil sie den Ansturm der Touristen fürchten. Der Zauber dieses Fleckchens ist ihnen heilig: der winzige Dorfplatz, die einfachen, schmucken Häuser, die Stille, die die Stimme des Ozeans bis in die Wohnungen dringen lässt, und das bunte, fröhliche Gewimmel von Freunden und Bekannten.

Vor einem kleinen Laden fragen wir nach dem Strand. Als eine Frau stehen bleibt, um uns zu antworten, umarmt Andrea sie. Leise sage ich zu ihm, vielleicht mag die Signora das nicht, und sie antwortet überrascht auf Italienisch. Sie stellt sich vor, Regina ist ihr Name, sie hat einen Landsmann von uns geheiratet und will uns vor allem gleich sagen, dass wir in einem Paradies gelandet sind, in Barra zu leben sei das Schönste, was einem passieren könne. Sie sieht Andrea an, lächelt ihm zu und sagt, dass Barra der richtige Ort für ihn sei, die Leute hier würden ihn bestimmt sehr gernhaben. Sie führt uns zu verborgenen Stränden, wir trinken agua de coco, und die Zeit verfliegt. Ein angenehmer, entspannter Nachmittag. Mit einem Zwischenfall.

Ein fliegender Händler am Strand sieht diese Bohnenstange von einem Touristen und freut sich schon darauf, ein bisschen zu feilschen und ihm eine Kleinigkeit zu verkaufen.

»Probieren Sie sie an«, sagt er und hält ihm einladend eine Handvoll Armbänder entgegen. Andrea nimmt ihn beim Wort. Er greift nach den Armbändern, doch auf einmal, vielleicht wegen des Gesichtsausdrucks des Mannes oder aus irgendeinem anderen dunklen Grund, rennt er damit davon. Der überraschte Händler stutzt einen Augenblick, dann stürmt er hinterher. Zu viel Schwung: Er stolpert und wirft seine gesamte wertvolle Ware um. Ich stehe etwas weiter weg und kann nicht eingreifen. Der Händler liegt am Boden, er schreit wie am Spieß. Als Andrea dieses Gebrüll hört, zischt er ab wie eine Rakete. Von dem Spektakel aufgeschreckt, halten ein paar Leute ihn zu Recht für einen Dieb und setzen ihm lärmend nach. Ich eile zu dem Händler und stammle keuchend ein paar erklärende Worte. Er beruhigt sich, versucht, die Verfolger zu stoppen, es sei nichts passiert, ruft er, worauf sie sich verwundert umdrehen, und Andrea, nur noch ein Pünktchen am Horizont, sieht das Zögern der Männer, die ihm auf den Fersen waren, und bleibt stehen.

Jetzt lachen die Verfolger wie verrückt. Der Händler sagt zu mir: *»Faça atenção ao menino.«*

Ja, das höre ich ständig in allen Sprachen: »Take care of him!«, »Pay attention!«, »Cuidalo!«

Ja, ja, ich passe schon auf…

Danke

Für die Weiterreise müssen wir fünfzig Kilometer voller Schlaglöcher zurückfahren, Kühler und Kühe lassen grüßen. Ich ignoriere sie. Ich habe meine Lektion gelernt. In Itacaré finden wir einen riesengroßen, einsamen Strand. Palmen, ein Wasserfall, der seitlich vom Berg herunterrauscht und fast in den Ozean mündet, blendend heller Sand. Heute ist absoluter Ruhetag.

Im Schatten der Palmen ausgestreckt, möchte ich auf einmal unbedingt die Nachrichten wiederlesen, die wir auf dieser Reise bekommen haben.

Ich rufe Andrea, denn ich weiß, dass er immer großes Interesse zeigt, wenn wir Fotos und SMS anschauen.

»Andrea, dein Bruder hat auch geschrieben!«

»Bruder!«

»Totti sagt brauchen einen verteidiger. Auf dem trikot des fc florenz kein sponsor sondern aufschrift: fußball macht spaß. Florenz kauft d'agostino boruc und insúa und verkauft keirrison an barcelona und gobbi neapel kauft cavani milan kauft amelia yepes und papastathopoulos. Dida und favalli frei und ronaldinho vielleicht zum flamengo. Rom kauft simplicío adriano und rosi. Juventus kauft bonucci martínez pepe und stolari lanzafame und motta und verkauft cannavaro. Inter kauft biabiany castellazzi coutinho und fa-

257

raoni und verkauft arnautović quaresma und donati an lecce. Ciao papa.«

»Ciao papa. Heute fehlst du mir sehr. Hab dich lieb. Gruß an andrea.«

»Unsere mannschaft ist meister geworden, und ich habe eine medaille und einen fußball bekommen, schade dass die meisterschaft zu ende ist, kuss, dein champion.«

Er ist der Sohn nach Andrea. Keine einfache Position. Irgendein nicht gerade sensibler Mensch hat zu mir gesagt, mit den Kindern sei es mir halt fifty-fifty gegangen. Manche Leute sehen die Sache eben so.

Vor der Abreise haben der Kleine und ich im Haus Fußball gespielt. Mein Tor ist immer die Eingangstür und seines die Terrassentür. Wir haben uns eine richtige Meisterschaft ausgedacht, mit Punkten und Rangliste der Torschützen, und haben alle Ergebnisse auf einer Tafel verzeichnet. Dazwischen haben wir über meine Reise mit Andrea diskutiert. Ich habe ihn gebeten, im Haushalt mitzuhelfen, ich weiß, dass ich mich auf ihn verlassen kann, und er hat es feierlich versprochen. Er wirkte ganz unbeschwert. Für den Tag unserer Rückkehr haben wir uns verabredet: Dann werden wir uns erzählen, wie dieser ungewöhnliche Sommer für uns beide verlaufen ist.

Andrea ist gerührt, und zusammen wiederholen wir die Namen der Freunde, die uns geschrieben haben.

»Siehst du, wie viele Leute unsere Reise verfolgen und uns gernhaben?«

»Leute schön.«

»Sollen wir allen ein großes Danke sagen?«

»Danke an alle.«

»Sollen wir unser Danke über den Ozean schicken, damit er es auf die andere Seite der Erde trägt?«

Andrea lächelt.

Und dann blicken zwei Männer an einem einsamen Strand auf die Wellen, breiten die Arme aus und schreien, so laut sie können:

»Danke!«

Kakao

Unwahrscheinliche Begegnungen? Gestern Abend haben wir beim Essen einen Mann getroffen, der in Arraial gelebt hat. Vor dem Dessertwagen hat der lebhafte, rundliche Herr angefangen, mit Andrea zu spielen.

Woher kommt ihr? Wohin fahrt ihr, nach São Paulo oder nach Rio? So kamen wir auf Arraial d'Ajuda zu sprechen.

Daraufhin beschrieb er uns in allen Einzelheiten die Gegend und die Leute, er kannte Joana, eine bildschöne Frau, und wusste, dass sie aus Arraial wegziehen musste. Wegen eines Gauners, eines gewalttätigen Kerls namens Alvaro Dias Barbosa, der ihr nachstellte. Er kannte auch die Enkelin, Roxana, hatte sie aber schon eine ganze Weile nicht mehr gesehen, allerdings kam er jetzt nur noch ein-, zweimal im Monat geschäftlich nach Arraial.

Und wenn Joana uns an der Nase herumgeführt hätte? Ein wenig verunsichert war ich schon.

Auf dem Weg nach Ilhéus machen wir Rast an einem Strand, gehen ein paar Schritte, und dann, ich weiß wirklich nicht, warum, geraten Andrea und ich uns maßlos in die Haare.

Die Stimmung kippt, die Kilometer machen sich bemerkbar, und ich werde so wütend wie noch nie. Der Streit entzündet sich an Andres Obsession, meine Hände festzuhalten: Er packt sie und drückt sie an mich, dann lässt er sie los. Tausendmal. Egal, was ich gerade vorhabe, er verhindert es.

Ohne es zu wollen, verliere ich die Beherrschung. Es geht nicht immer alles glatt. Man kann nicht jede Schwierigkeit rational bewältigen. Ab und zu explodiert man.

Plötzlich sehe ich schwarz, pechschwarz. Dass Andrea die Sätze ständig wiederholt wie eine gesprungene Schallplatte, dass sich die Selbständigkeit nicht einstellen will, dass das Gespräch so leicht abreißt, dass er gebissen und an den Haaren gezogen werden will und dass er andauernd den Leuten an den Bauch fasst und sie unversehens umarmt: All das scheint mir auf einmal unerträglich zu sein, endlos, es geht über meine Kräfte. Am liebsten würde ich Andrea auseinandernehmen und neu zusammensetzen. Ich beginne damit, ihn zu fragen, was er tun will, und lasse nicht locker. Als würde ich ihn nicht kennen.

»Was willst du tun, Andre, sag mir, was du tun willst…«

»Hierbleiben.«

»Wozu?«

»Hierbleiben.«

»Ja, aber was machen wir hier?«

»Hierbleiben.«

Sprung in der Platte.

»Hierbleiben.«

»Wenn du hierbleiben willst, ohne was zu tun, gehe ich weg und lasse dich allein.« Ich würde gern neue Wörter von ihm hören, wenigstens eins. Ich entferne mich und sage: »Dann bleibst du jetzt alleine hier!«

Andrea reagiert nicht.

Hundert Meter weiter setze ich mich unter ein gut hinter

Palmen verstecktes Dach und beobachte ihn. Reglos steht er an genau der Stelle, wo ich ihn stehengelassen habe, den Blick starr auf den Ozean gerichtet, eine Stunde, die länger dauert als die ganze Reise. Die Gedanken überschlagen sich. Sei doch ehrlich, sage ich mir: Du hattest bestimmte Erwartungen, und jetzt kommt es dir so vor, als sei alles umsonst gewesen. Ich quäle mich mit der Frage, was besser ist: unendliche Geduld oder herbe Vorwürfe. Niemand kann mir sagen, welche Methoden bei Andrea am ehesten wirken. Ich glaube, ich tue mein Bestes, und dann rege ich mich auf, wenn er sich danebenbenimmt.

Ich betrachte ihn, wie er unter der gnadenlosen Sonne wie angewurzelt an dem menschenleeren Strand steht, vor den Wellen, die auf einmal feindselig geworden sind.

Nein, denke ich, bei ihm kann man nicht den gewohnten Maßstab anlegen, die exakte Wissenschaft taugt hier nicht. Man bräuchte eher eine Fehlertheorie. Wie man mit vielen Fehlern umgeht, wie man sie wirklich annehmen kann.

Sosehr ich auch fluche, ich liebe ihn. Ich weiß nicht, woraus diese Liebe besteht. Ich glaube, dass es Eltern nie leichtfällt, diese Frage zu beantworten. Manchmal ist die Liebe wie verschüttet. Manchmal ist sie einfach da. Manchmal ist sie nichts anderes als Eigenliebe. Manchmal ist sie das Gefühl, dass das Leben durch dich hindurchgeht: Es kommt zu dir, du nimmst es in Empfang und gibst es an jemanden weiter.

Ich stehe auf und winke ihm. Andrea saust los, schnell wie der Blitz. Er hat diese Augen, die man nicht deuten kann, nie wird man wissen, aus welcher Höhe oder Distanz er einen seiner raschen Blicke wirft. Ich sprinte los, fordere ihn zum

Wettlauf heraus, laufe, bis mir die Luft ausgeht. Er überholt mich und könnte wohl ewig weiterrennen.

Wie gewöhnlich schließen wir Frieden.

Fünfzehn Jahre lang schwierige Momente. Auch jetzt bleibt mir ein bitterer Nachgeschmack. Es ist nicht leicht, wirklich nicht.

Als wir vom Strand zurückgehen und unser Auto suchen, sehe ich ein Mädchen mit einem T-Shirt, auf dem steht: »Gib nie auf, eine Hoffnung gibt es immer.« Das Wort »immer« in Großbuchstaben. Seltsames Wort, so einfach, tröstlich oder schrecklich. Es klingt wie ein Märchen. Ein mächtiges Märchen. Und doch habe ich noch Hoffnung – die Zuversicht, dass die Zukunft in unseren Händen liegt. Dass wir handeln können, nicht nur erdulden.

Ich fange wieder an, mit Andrea zu scherzen, wir gönnen uns ein Eis. Man strauchelt, und anschließend versucht man, auf dem dünnen Seil sein Gleichgewicht wiederzufinden. Andere, bequemere Wege stehen leider nicht zur Wahl.

Als wir am späten Nachmittag in Ilhéus ankommen, beschließen wir, das Auto auf Hochglanz zu bringen. Wir vertrauen es einer Bande Straßenkinder an. Sie arbeiten, als polierten sie einen heiligen Stein, lachen und schubsen sich, spucken auf den Lappen, bevor sie über die Scheinwerfer wischen, und hoffen, dass ich es nicht sehe. Zum Schluss funkelt das Auto wie neu.

Hier war einst das Reich des Kakaos.

Mit unserer blitzblanken Karosse fühlen wir uns, als ob wir die Botschafter aller Schokoladenesser Europas wären.

Ich gehe über den Hauptplatz, schwenke die Arme und

spreche Zauberwörter wie »Milchschokolade«, »Nussschokolade«, »Nougat«. Andrea umarmt sich selbst voll wilder Vorfreude: auf Schokoladenfabriken und Schiffe, beladen mit Schokoladentafeln wie mit Goldbarren. Ich zeichne Ostereier in die Luft, die großen, die eine Überraschung enthalten – wie die blaue Raupe, die aus einem Superei aus zartbitterer Schokolade herausgekommen war –, dann die kleinen Schokoeier, die Andrea so gern auf der Zunge zergehen lässt, dann die Goldmünzen, die er nie auswickeln möchte, die Röhrchen mit den Smarties, die er runterschluckt wie eine Pythonschlange. Denn von Schokolade lässt er sich seit je gern verführen.

Die alte Bar Vesuvio ist mit Fotos tapeziert, die an die glorreiche Geschichte des Kakaos erinnern und an Jorge Amado, der hier gelebt hat. An einem Marmortisch im Freien sitzt eine Statue des Schriftstellers, wie ein Gast.

»Andre, das ist Jorge.«

»Jorge schön.«

Einen Moment bin ich versucht klarzustellen, dass der hier nicht der Jorge ist, den wir in der elenden Hütte in Costa Rica zurückgelassen haben. Aber das ist natürlich vollkommen unnötig: Andrea wird sich noch lange in allen Einzelheiten an jenen Tag erinnern.

Wir sitzen da wie drei Stammgäste, Amado ist allerdings nicht sehr gesprächig. Andrea lehnt sich an seine Schulter, sie wirken sehr vertraut, irgendwann sind sie sogar Wange an Wange.

»Möchtest du Amado was sagen?«

»Ruhe haben.«

Arraial d'Ajuda

Drei gleiche Antworten ergeben eine Gewissheit: Wir fragen, und unterschiedliche Personen stimmen darin überein, dass es nicht mehr weit bis Arraial ist.

Die Landschaft entlang der Straße ist genau so, wie sie uns der Mann in Ilhéus beschrieben hat: Ihr werdet an einem großen Lastwagen vorbeikommen, der seit Jahren dort verrottet, an Baracken mit kleinen bunten Fähnchen rundherum, an Kuhherden, die auch mal die Fahrbahn überqueren, ohne dass die Viehhüter sich darum kümmern, an Straußengehegen und großen Plakaten, die eines der wichtigsten Ziele der Regierung in dieser Region verkünden: Strom für alle. Wirklich, der Mann aus Ilhéus hat ein hervorragendes visuelles Gedächtnis. Zu dumm nur, dass er sich nicht erinnern konnte, in den letzten Monaten Roxana begegnet zu sein.

Wir lassen das Städtchen Porto Seguro hinter uns, wo wir über einen Fluss setzen müssen, um nach Arraial weiterzufahren. Die Fähre ist ein großes Floß, das etwa zwanzig Autos pro Fahrt transportieren kann. Es geht zu wie auf einem Marktplatz: Man hört Musik, es wird getanzt, Kokos- und Zigarettenverkäufer preisen ihre Ware an. Manche Leute, die mit uns an Bord gegangen sind, steigen auf der anderen Seite gar nicht aus, sondern lassen sich weiter zwischen den Ufern hin- und herschaukeln und genießen so den Tag.

Die Autos rollen vorsichtig an Land, Reifen für Reifen, und es gibt jede Menge Zwischenfälle: Ein Lieferwagen qualmt wie ein Dampftopf, plaudernde Damen bilden unüberwindliche Hindernisse, dann Knirschen und Knarren, aufheulendes Getriebe und dann wieder die üblichen Schlaglöcher. Langsam nähern wir uns Arraial.

Wir suchen irgendein Zeichen, das uns weiterhilft. Und was sehen wir? Ein orangefarbenes Schild mit der Aufschrift »Italia«, darunter ein Mann in einem Strohsessel. Ich bremse. Das kann kein Zufall sein.

»Senhor«, frage ich, »was bedeutet dieses Schild?«

»Dass ich Italien mag«, erwidert der Mann und mustert mich aufmerksam. »Seid ihr Italiener?« Und ohne die Antwort abzuwarten, ruft er strahlend: »Willkommen in Arraial.«

Er steht auf: ein Hüne von einem Mann, braungebrannt wie ein Fischer von der Algarve. »Schickt euch Joana?«

Ich steige aus dem Auto, stelle mich vor. Seltsamerweise bleibt Andrea reglos auf seinem Platz sitzen.

»Ich soll Senhorita Roxana einen Brief übergeben.«

»Ich bin Odisseu, Joanas Bruder und Roxanas Großonkel. Meine Schwester hat mir die Sache am Telefon erklärt. Sie war sicher, dass Sie kommen würden.«

»Und Sie sind dauernd hier auf der Straße gesessen, um auf uns zu warten?«

»Nein, vor ein paar Tagen habe ich dieses Schild aufgestellt. Ich bin Koch in einem kleinen Restaurant und habe mich in meiner Freizeit hierhergesetzt. Heute hatte ich Glück!«

Ich gehe zurück zum Auto, suche im Rucksack nach dem Tütchen mit den Briefschnipseln und halte es ihm unter die Nase.

Ungläubig starrt der Mann auf das Häufchen Konfetti, und ich erkläre hastig, dass ich den Brief wieder zusammensetzen werde, sobald ich kann. »Mein Sohn Andrea hat ihn – wie soll ich sagen? – einfach zu sehr gewürdigt.«

»Aber davor haben Sie ihn gelesen?«, fragt der Mann, jetzt leicht gereizt. Er sieht Andrea durchdringend an – wie konnte er nur den Brief seiner Schwester zerreißen?!

»Nein«, wehre ich ab, »das hätte ich mir nie erlaubt.«

»Sie haben ihn doch nicht etwa gelesen und danach absichtlich zerrissen?« Es klingt aggressiv.

»Aber was sagen Sie da!«

»Ganz sicher? Fremde Post darf man nicht lesen!« Seine massige Gestalt richtet sich vor mir auf. Hände wie Kneifzangen, an den Füßen Schlappen, so schwer wie unsere Rucksäcke.

Er murmelt etwas, dann versucht er die Tüte an sich zu nehmen, er werde sie Roxana bringen, sagt er.

Nein, ihm eine Handvoll Schnipsel übergeben, das mache ich nicht.

»Senhor, der Brief ist doch an seinem Bestimmungsort angekommen«, drängt er.

Die Empfängerin ist Roxana. Ich bleibe stur.

Andrea, der auf seinem Beobachtungsposten die Funken sprühen sieht, macht die Autotüre auf, schießt heraus, dreht sich nach ein paar Metern um, man weiß nicht, wo er hinschaut, sein Blick streift Odisseu. Der Mann zuckt zusammen, kratzt sich an den Armen und beruhigt sich sichtlich.

»Senhor, vielleicht muss ich Ihnen ein paar Dinge erklären …«

Ich stehe in Brasilien in Arraial d'Ajuda, und ein Mann

erzählt mir, dass seine Schwester Joana mit ihrer Tochter Imacolada in São Paulo wohnte. »Mit der Göre gab es von klein auf Schwierigkeiten, ständig war sie mit irgendwelchen Halunken unterwegs, mit einem hat sie sogar ein Kind gekriegt, dann ist sie verschwunden und hat das Baby, Roxana, der Mutter aufgehalst. Ich habe meine Schwester überredet hierherzukommen, und sie hat das Kind großgezogen, jetzt ist Roxana schon achtzehn, eine hübsche junge Frau…«

Roxana ist da. Ich atme auf. »Andre, Roxana ist da.«

»Warten Sie, leider ist sie genauso aufsässig wie ihre Mutter, die arme Joana musste ziemlich viel erdulden, man kann sagen, das Leben hat meiner Schwester ziemlich übel mitgespielt, und dann hat sich auch noch so ein mieser Kerl an sie rangemacht, der sie unbedingt heiraten wollte, als fünfte Frau, vier hatte er schon erledigt und wollte noch eine fünfte…«

Der Mann in Ilhéus hatte mir sogar den Namen genannt, Alvaro Dias Barbosa, aber das behalte ich für mich.

»Wegen diesem miesen Subjekt musste ich ihr zuletzt helfen, nach Panama zu ziehen, zu Freunden, die einen Job für sie gefunden hatten, von dort schickt sie weiterhin Geld für Roxana, die nichts davon wissen wollte, mit der Großmutter zu gehen. Wir haben uns alle um das Mädchen gekümmert, doch vor drei Monaten ist sie ausgerissen, nach São Paulo, weil sie, wie sie sagte, dauernd von ihrer Mutter träumte und sehen wollte, wo sie geboren ist. Seitdem haben wir nichts mehr von ihr gehört.«

»Andrea, Roxana ist nicht da!«, schreie ich.

»Niemand hat den Mut, es Joana zu sagen. Wenn sie uns anruft, behaupten wir immer, dass es dem Mädchen gutgeht, dass sie arbeitet, sie solle sich keine Sorgen machen. Junge

Leute denken nicht an die Familie, das ist normal. Natürlich hoffen wir alle, dass sie wiederkommt. Wir haben Bekannte in São Paulo, die suchen nach ihr …«

Ich hebe das Plastiktütchen mit den Briefresten hoch. Mir ist, als wehte mir Joanas Gemütsverfassung daraus entgegen. Mit ihrer Hoffnung hat sie uns bis hierher gepustet.

Na gut, wir suchen uns ein Hotel, lassen uns alles noch mal durch den Kopf gehen und entscheiden, was zu tun ist. Vor allem will ich versuchen, den Brief wieder zusammenzusetzen.

Während Odisseu das Schild mit »Italia« abmontiert, sagt er, dass Joanas Häuschen jetzt leersteht und dass wir dort wohnen können, wenn wir uns damit begnügen. »Bleibt doch eine Weile bei uns«, fügt er hinzu, »es ist schön hier.«

Andrea geht auf Odisseu zu, beugt sich vor, als wollte er ihn umarmen, tritt plötzlich einen Schritt zur Seite und läuft in Richtung Ortszentrum. Hinter der ersten Kurve verschwindet er. Da er auf meine Rufe nicht reagiert, springe ich ins Auto und halte neben Odisseu, der seine Leibesfülle schnaufend auf den Beifahrersitz zwängt – gelenkig ist er nicht. Bei den ersten Häusern hole ich Andrea ein, er rückt eine Glocke zurecht, die an einer Türe hängt, und lässt sie klingeln.

»Steig ein«, sage ich, und weiter geht's. Odisseu hält die Hand aus dem Fenster und dirigiert mich durch bunte, stille Gässchen. Irgendwann breitet er die Arme aus: Ab hier müssen wir zu Fuß weitergehen. Über einen schmalen Pfad gelangen wir auf eine Klippe, an deren Rand ein paar kleine Behausungen stehen, mit Blick auf den Ozean. Die Haustür ist nicht abgeschlossen. Die Küche ist winzig, es gibt zwei gemütliche, schlichte Schlafzimmer, man hört das Geräusch der Wellen. Ich fühle mich wie im Paradies. Andrea inspiziert jeden Winkel, öffnet alle Schränke, findet unter anderem ein paar Töpfe, reiht auf dem Fensterbrett einige Gläser auf, die alle verschieden sind.

Odisseu kramt in einer Schublade und zeigt uns einen Rahmen mit drei Fotografien. Ich erkenne Joana, obwohl sie hier noch jünger aussieht. »Das ist Imacolada«, sagt er, »und das Roxana.« Sie ähnelt mehr der Großmutter als der Mutter, die gleichen Lippen, die stechenden schwarzen Augen. Imacolada ist die Einzige, die einen fragenden Blick hat. Offenbar konnte ihr niemand eine Antwort geben.

Ich zeige Andrea das Foto von Roxana. Schön, natürlich.

Odisseu ist wie ausgewechselt. »Bis später«, sagt er, »wenn ihr was braucht, findet ihr mich im Restaurant.« Schon ist er fort. Keinerlei Formalitäten. Wir können ein und aus gehen, als ob alles auf der Welt ganz einfach wäre.

Wir haben ein Häuschen ganz für uns, und gleichzeitig befinden wir uns im luftleeren Raum: Wir sind mit einem in winzige Stücke zerrissenen Brief nach Arraial gekommen, und es ist niemand da, um ihn entgegenzunehmen. Mein Bauch ist ein wenig durcheinander. »Andre, was machen wir hier?«

»Baden«, sagt er, entschlossen wie immer.

Nun ja, wir sind kreuz und quer durch Amerika geflattert wie Wildenten, die die Orientierung verloren haben, jetzt brauchen wir mal etwas Normalität, einkaufen, Wasser, Brot, ein paar Kekse fürs Frühstück.

Ich weiß nicht, wie lange, ich weiß nicht einmal genau, warum, aber jetzt will ich erst einmal hierbleiben. Das könnte die letzte Station unserer Reise sein.

Kaum haben wir die ersten Schritte in Arraial d'Ajuda getan, begegnen wir wieder Odisseu, an der Tür seines Lokals. Soeben hat er ein Schild angebracht: »Der Brief für Roxana ist angekommen.« Er fragt uns, ob es Probleme gibt, »nein«, antworte ich, und es ist die Wahrheit.

»Ausgezeichnet, dann kann Andrea übermorgen bei einem Fest mit dabeisein. Da sind die jungen Leute unter sich, am Meer. Eine gute Gelegenheit, um Freundschaften zu schließen…«

»Ich weiß nicht recht«, sage ich.

»Wieso? Fehlt dem Jungen irgendwas?«

Ich reiße die Augen auf, als würde er mich auf den Arm nehmen. »Machst du Witze? Der Junge ist autistisch!«

»Ach so, du hast mir schon einen Schrecken eingejagt. Ich dachte kurz, er hätte womöglich eine Krankheit…«

Odisseu meint es ernst.

»Und, was ist mit dem Fest?«

Wir werden es uns überlegen, ich kann mir nicht vorstellen, dass er allein zurechtkommt, unter lauter Leuten, die er nicht kennt.

Mit Taschen voller Lebensmittel gehen wir wieder zu unserer Klippe hinauf, zum ersten Mal seit unserer Abreise koche ich, in Joanas Töpfen und mit ihren Kochlöffeln. Wahrscheinlich riecht sie es bis nach Panama. Nach dem Essen legen wir uns in die Hängematten auf der Veranda und schauen hinunter aufs Meer. In meinen Händen drehe ich eine Rolle Tesafilm hin und her. Endlich. Ich werde ihn wieder zusammensetzen, diesen Brief. Stille umgibt uns, und wir versinken in der Nacht von Arraial.

Postboten

In der Nacht hat der Wind die Hängematten, die Kissen, die Handtücher und alles, was sonst noch da war, von der Veranda gefegt. Von dem Krach bin ich aufgewacht und in den Regen hinausgelaufen, den davonkullernden Kissen hinterher, und habe die Handtücher eingefangen, bevor sie sich in Drachen verwandelten.

Andrea hat nichts gehört, er schlief fest.

Danach habe ich auf dem kleinen Tisch in meinem Zimmer einige Fragmente von Joanas Brief zusammengefügt und auf ein Blatt Papier gelegt, darauf ein weiteres Blatt und dann noch einen Stein, damit nichts davonfliegt. Joana hat den Briefbogen beidseitig beschrieben, das hilft leider nicht. Und Andreas Manie, Papier in Briefmarken für Liliputaner zu verwandeln, ebenso wenig. Ich werde mich mit viel Geduld wappnen müssen.

Zum Frühstück gibt es Wasser, Kaffee und Kekse. Zu wenig für zwei Mannsbilder wie uns. Wir marschieren ins Zentrum von Arraial und plündern das erste *barzinho*, das wir finden. Sie besorgen uns zwei Stühle, und wir setzen uns auf die Straße und knabbern süßes Gebäck.

»Hast du ein neues Wort gelernt?«

»Ja.«

»Lass hören.«

»Ja.«

»Komm schon, Andre, was heißt Strand auf Portugiesisch?«

»Ja.«

»Praia!«

»Praia!«, ruft Andrea.

»Sieh mal an, du kannst sogar ein bisschen Portugiesisch!« Er grinst, und ich finde sein Lächeln wunderbar, so scheu und schlau zugleich.

Unsere Ankunft ist nicht unbemerkt geblieben, es hat sich rasch herumgesprochen, dass zwei Extrapostboten angekommen sind. Tulio, eine Art Dorfhippie, kommt auf uns zu, um uns ein selbstgemachtes Mandala zu schenken, und die Eisverkäuferin am Straßenrand eröffnet unerwartet eine Verhandlung, die Andrea zum Gegenstand hat.

»So ein schöner Junge!«

»Grünes Eis, grünes Eis!« Andrea drückt ihr als Antwort auf beide Wangen einen schmatzenden Kuss.

Die Eisverkäuferin ist hingerissen.

»Gibst du mir den Jungen?«

»Hey, wie käme ich dazu …?«

»Ich biete dir zwanzig Kilo Schokoladeneis.«

»Zwanzig Kilo …«

»Plus zehn Papaya- und fünf Guaveneis.«

»Interessant …«

»Na gut! Ich lege auch noch dreißig Kilo Eislutscher drauf.«

»Mmmm, abgemacht! Allerdings fürchte ich, dass du ihn mir schon morgen wieder zurückgibst.«

Die Eisverkäuferin sieht mich sanftmütig an: Sie würde Andrea gerne behalten, sagt sie, weil sie seine spirituelle Aura fühlt, sie sieht ihn neben dem lieben Gott sitzen.

Selig spazieren wir mit einem Eis in der Hand durch den Ort, dann strebt Andrea zielsicher ans Meer.

Der Abend in Arraial ist wunderbar: Der Platz füllt sich mit schwatzenden Menschen, manche Diskussionen klingen theatralisch, fast wie einstudiert, und doch wirkt es, als nähmen sich alle ernst. Wir bleiben eine Weile stehen und schauen zu. Dann sondiert Andrea die Lage, mischt sich unter die Grüppchen, fasst hier und da jemanden an, Schulterklopfen, wer bist du?, eine Umarmung. Odisseu kommt schnaufend angerannt, Pause in der Küche; er stellt uns Freunde und Bekannte vor und betont immer wieder, dass wir einen sehr wichtigen Brief mitgebracht haben.

»Mitgebracht, na sozusagen.« Er seufzt.

»Ich arbeite dran«, beruhige ich ihn.

Wir schütteln Nadia, Sebastião, Tadeu, Imacolada, Jojoma, Odélia, Futebòl und Reginaldo die Hand. Dann verlieren wir den Überblick.

Odisseu kehrt in sein Restaurant zurück. Kurz darauf kommt Donald, ein Kanadier, auf uns zu. Er begreift sofort, was mit Andrea los ist, seine Mutter arbeitet in einem Projekt, das sich mit Autismus beschäftigt, und er erzählt mir von einer Methode, die Schwermetalle aus dem Körper leiten soll. Bestimmt würde seine Mutter uns gerne treffen.

Die Gruppe erweitert sich, einige legen Wert darauf, ein paar giftige Bemerkungen über dieses Schwein von Alvaro Dias Barbosa loszulassen, der Joana um jeden Preis haben wollte. Er schlief vor ihrer Tür, bedrohte sie, drohte ihren Bekannten und schreckte vor keiner Schandtat zurück. Dann erzählen sie uns von Italien: Sie wissen, dass es in Europa liegt beziehungsweise dranhängt wie ein langer Schwanz, dass wir den Papst haben, Rom und Venedig, eine großartige Fußballmeisterschaft, und dann fragen sie, ob es stimmt, dass der Sänger Andrea Bocelli blind ist, oder ob er nur so tut.

»Er ist blind«, sage ich.

Jemand ist skeptisch und will eine Wette abschließen.

Lehm

Wirklich seltsam, einfach zu Fuß loszugehen und den unbewegten Hintergrund betrachten zu können, wenn man so lange immer motorisiert durch die Gegend gedüst ist. Die Fenster stehen still, ich zähle die Blütenblätter der Blumen auf dem Sims, streife ein paar Klingelknöpfe. Ich frage niemanden nach dem Weg, erwidere die Grüße der Alten, die auf den Bänken sitzen, betrete kleine Kramläden. Sie locken den Kunden mit netten handgeschriebenen Schildern: »Glückstassen«, »Kauf nur, was dir gefällt«. Auf einmal möchtest du alles haben, die Händler sind freundlich, zurückhaltend, sprechen von anderem, nicht von ihrer Ware, sondern davon, was im Dorf passiert, vom Sohn des Nachbarn, von einer entlaufenen Katze, von den geheimnisvollen Booten, die am Strand aufgetaucht sind und von denen keiner weiß, wem sie gehören. Mit ihren Geschichten weben sie einen bunten Teppich, jeder steuert ein bisschen Garn bei, ein Bild, einen Schnörkel.

Wie aus dem Nichts erscheint Odisseu und fragt, ob er Andrea mitnehmen darf, er möchte ihm ein paar Jugendliche vorstellen.

»Willst du mitgehen?«

»Ja.«

Ich spule die üblichen Ermahnungen herunter: Bleib bei

Odisseu, lauf nicht weg, störe nicht. Odisseu ist ein starker Mann, entschlossen und gleichzeitig doch aufmerksam. Ich vertraue ihm. Nachdenklich beobachte ich, wie die zwei nebeneinander hinter den bunten Häusern verschwinden.

Zwischen durchsichtigen Bächlein, die sich im Ozean verlieren, schlendere ich am Strand entlang.

Jetzt setze ich Roxanas Brief zusammen, sage ich mir, und dann ist Schluss, dann fahren wir heim. Ich habe die Nummer eines Reisebüros, mal hören, wie es mit einem Rückflug aussieht. So schnell gibt es keine Direktflüge. Ich hinterlasse meine Nummer, sie rufen mich zurück.

Dann trinke ich ein Bier bei Tremendão, einem Rastafari, der eine einsame Baracke bewirtschaftet und über Gott, die Frauen und die Kunst, Pommes frites zu machen, philosophiert. »Doch um wirklich etwas vom Leben, vom Kosmos und von Arthritis zu verstehen«, fügt er hinzu, »musst du unbedingt in der Lagoa Azul baden. Sie ist nicht weit von hier, du kannst auch gleich hingehen.«

Aber erst nach einem letzten Bier.

Den Beschreibungen Tremendãos folgend, gehe ich in ein zwischen Bäumen verborgenes Sträßchen hinein. Nach einer halben Stunde komme ich zu einer riesigen Höhle, wo von oben ein dünner Wasserfall herunterplätschert, der große Mengen Lehm mit sich trägt. Vor der Höhle haben sich schlammige, teilweise rötliche Pfützen gebildet, der Lehm sieht aus wie Blut, Rost und Matsch. Männer und Frauen haben sich damit eingerieben, ihre Haut wirkt rissig, grau, gepanzert wie bei Schildkröten oder Nashörnern. Manche gleichen Ziegelsteinen mit Armen und Beinen, Wesen aus

Terrakotta, Tränen ohne Flüssigkeit, Lungen, denen vom vielen Seufzen die Luft ausgegangen ist.

Zärtlich umfängt einen das Wasser unter der Kaskade, es tröpfelt ganz sanft auf den Körper, rinnt leicht ölig daran herunter.

Ich möchte Leere in meinem Kopf schaffen. Stattdessen erscheint das Bild von Joana, die Andrea den Brief anvertraut. Mich überläuft eine Gänsehaut.

Schlaff wie ein zu oft gewaschener nasser Lappen kehre ich nach Arraial zurück. Odisseu und Andrea erwarten mich auf einer Bank am Rande des kleinen Platzes.

»Odisseu, ich muss dir was sagen…«

»Was?«

»Ich muss mit deiner Schwester reden, kannst du mir nicht die Telefonnummer geben?«

»Na, hab ich's mir doch gedacht! Willst du ihr von Roxana erzählen? Willst du uns verpetzen?«

»Ich verpetze niemanden! Ich will ihr die Wahrheit sagen: dass ich den Brief nicht übergeben konnte.«

»Bravo! Und was soll sie mit deiner Wahrheit anfangen? Meinst du, sie lebt besser, wenn sie weiß, dass ihre Enkelin sich irgendwo in São Paulo rumtreibt, anstatt sich vorzustellen, dass sie hier ist? Glaubst du das wirklich?«

Ich verstumme.

»Überlass das uns…«

Odisseu fügt hinzu, dass für das Fest alles geregelt ist, Andrea hat schon eine Menge Jugendliche kennengelernt.

»Andre, gehst du wirklich auf das Fest?«

»Fest schön, Papa.«

Wir essen in Joanas Häuschen, das wir schon beinahe als

das unsere empfinden. Ich habe Nudeln gekauft, eine Dose Tomaten gab es noch, und damit habe ich einen annehmbaren Sugo hingekriegt.

Wir sitzen gerade auf der Veranda und schlagen uns den Bauch voll, als ich von weitem Odisseu mit einem Mädchen daherkommen sehe. »Hey, schau mal, Andrea, wir kriegen Besuch!« Das Mädchen geht zügig und hat einen eindringlichen Blick. »Das ist Angelica«, sagt Odisseu.

Sie trägt helle Jeans, Sandalen, eine geblümte Bluse und hat kleine, feine Kinderhände. Dennoch merkt man, dass sie eine selbstbewusste junge Frau ist, in dieser Gegend wird man schnell erwachsen.

Ich drücke ihr die Hand, lade sie ein, sich zu setzen.

Angelica möchte Andrea in aller Form zu dem Strandfest einladen. Es ist auch ihr Geburtstag. Sie sieht mich herausfordernd an, offenbar hat Odisseu ihr von meinen Zweifeln berichtet. Ich erkläre, dass es mich freut, wenn Andrea Momente der Freiheit erlebt, das sei bestimmt nicht der Punkt. Doch seine kleine Freiheit müsse immer vorbereitet werden, er müsse erst üben. Angelica bleibt stur: Ihre Freunde sind anständige Leute, niemand betrinkt sich sinnlos, es besteht keinerlei Gefahr. Bei dem Wort »Gefahr« blickt sie mir direkt und beharrlich in die Augen. Ich merke, dass ich ihr etwas mehr zu Andrea erklären muss, sie hört aufmerksam und nachdenklich zu. Odisseu hat sich wohl sehr allgemein ausgedrückt.

Andrea küsst derweil Angelica auf die Wangen, drückt ihre Hände und Arme.

Nachdem sie mir das Versprechen abgetrotzt haben, Andrea auf das Fest gehen zu lassen, verabschieden sich die beiden wieder.

Als sie weg sind, kann ich mich kaum einkriegen: »Was sagst du dazu, Andre? Hast du gesehen, wie wichtig es ihnen ist, dass du zu dem großen Ball erscheinst?«

Andrea umarmt sich selbst und antwortet nicht.

»Und diese Angelica, ist sie nicht süß?«

Andrea reißt die Augen auf, so dass ich fast bereue, was ich gesagt habe.

Schwermetalle

Andrea ist weit weg. Er sieht mich kaum an, egal, was er tun soll, ich muss immer drängen.

Der junge Kanadier Donald schaut herein, um uns zu sich nach Hause einzuladen. Seine Mutter möchte uns unbedingt kennenlernen.

Wir werden sehr herzlich empfangen: Donalds ganze Familie ist an der Tür versammelt, und alle fangen an zu winken, sobald wir auf dem Weg erscheinen.

Die Mutter steht in der Mitte der Gruppe und lässt uns nicht aus den Augen, auch nicht, als wir drinnen sind und uns hingesetzt haben.

Während ich einen guten Kaffee genieße, bemüht sie sich, mit Andrea Kontakt aufzunehmen. Sie streichelt ihm die Hand, Andrea zieht sich zurück, hebt die Arme, sucht mich mit dem Blick und verschwindet dann zusammen mit Donald, der ihm eine Banknotensammlung zeigen möchte, irgendwo im Haus. Er ahnt nicht, welche »Zerreißprobe« ihm droht. Die Mutter nutzt die Gelegenheit, um mit mir über die Chelat-Therapie zu sprechen, eine Methode, mit deren Hilfe der Körper von den Spuren giftiger Metalle gereinigt werde, insbesondere von Quecksilber, das mit den Impfungen in den Kreislauf gelangt sein könnte.

Ich seufze: Wir haben diese Therapie schon eineinhalb

Jahre lang ausprobiert. Im Vertrauen auf einen Arzt, der sich in Amerika sowohl theoretisch wie auch praktisch darauf spezialisiert hatte.

»Dann glaubst du also nicht daran?«, fragt mich Donalds Mutter ganz direkt.

»Es geht nicht um Glauben, ich habe keine Resultate gesehen«, antworte ich, »aber ich spreche nur für mich, das sind meine Erfahrungen.«

Als wir gehen, nehme ich einen Satz von Donalds Mutter mit: »Wenn nicht einmal die Chelat-Therapie funktioniert hat, musst du dich damit abfinden, dass er nie gesund werden kann. Nie.«

Aus der blauen Raupe wird nie ein Schmetterling? In meinem Kopf läutet es Sturm.

Brasilianische Nacht

Für das Fest sind keine großen Vorbereitungen nötig, kein frisch gebügeltes Hemd mit Krawatte: Sandalen, T-Shirt und viel Energie.

Wir sehen, wie die Jugendlichen ankommen, beladen mit Gitarren, Bier und Spirituosen. Einer zündet ein Feuer an, andere haben etwas zu essen mitgebracht und schicken sich an, Fleisch zu grillen.

Es herrscht Bewegung, aber keine Hektik, vielmehr friedliche Stimmung, Gelassenheit auch in der Begrüßung und Umarmung, im Zusammensein.

Ich habe Odisseu gefragt, ob er mir Gesellschaft leistet, und jetzt sitzen wir ein paar Dutzend Meter entfernt. Laute Musik schallt über den Strand, sie tanzen.

Andrea habe ich Angelica anvertraut und sie mit dem Blick um besondere Aufmerksamkeit gebeten.

»Keine Sorge«, sagt Odisseu zu mir.

»Andrea kann unberechenbar sein.«

»Wir sind ja hier.«

»Stimmt.«

»Hast du Angst, dass Angelica was Schlimmes anrichtet?«

»Was willst du damit sagen?«

»Dass die brasilianischen Mädchen nicht so kompliziert sind wie die Europäerinnen. Wenn Andrea ihr gefällt…«

»Wenn Andrea ihr gefällt?«

»Dann passiert es. Das ist doch nur natürlich!«

Natürlich. Was für ein einfaches Wort. Ich traue mich nicht, Odisseu zu gestehen, was mir durch den Kopf geht. Ich weiß so wenig über Andreas Wünsche. Spezialisten und Ärzte mahnen zu großer Vorsicht, was die Sexualität von Menschen mit Autismus betrifft. Vielleicht wollen sie nur Zeit gewinnen. Kein einziger hat mir sagen können, wie ich mich mit einem autistischen Sohn verhalten soll, der zum Mann wird. Andre, es hilft mir niemand, aber ich gebe nicht auf, da muss ich nun mal durch.

Während des gesamten Festes atme ich tief. Vier- oder fünfmal gehe ich nachsehen. Andrea hüpft mit anderen Jungen herum, umarmt Angelica und sieht auch ab und zu reglos den anderen beim Tanzen zu. Alles okay.

Es wird sehr spät. Angelica sucht nach mir, gefolgt von Andrea. Sie fragt, ob sie bei uns schlafen darf.

Donnerwetter! Einen Augenblick bin ich verwirrt. Dann sage ich: »Das ist nicht unser Haus, wir sind nur zu Gast.« Angelica rührt sich nicht, die Fäuste in die Seiten gestemmt, wartet sie weiter auf eine Antwort.

»Ja, Platz ist genug im Haus.« Ich ahne Verwicklungen und beobachte, wie sie Seite an Seite gehen. Andrea überragt sie, sie reicht ihm kaum bis zur Schulter, aber sie bewegt sich locker, ohne Verlegenheit. Andrea ist auf Zehenspitzen, sein Schritt ist nervös, er dreht sich oft verstohlen zu ihr um und betrachtet dann zerstreut den Himmel. Ja, Angelica ist bei ihm, ganz konkret und zartfühlend. Sie trägt bunte, klirrende Armreifen.

Zu Hause frage ich sie höflich, ob sie Lust hat, einen Tee

für alle zu machen, ich möchte Andreas Stimmung sondieren.

»Willst du, dass Angelica heute Nacht bei dir bleibt?«

»Die Angelica willst du.«

»Willst du sie?«

»Ich will sie.«

»Wenn sie hierbleibt, schläft sie bei dir.«

»Ja, bei dir.«

»Andrea, hör zu, es könnte eine schöne Nacht werden.«

»Nacht schön, Nacht schön.«

Ich weiß, dass ich mich nur bis zu einem gewissen Grad auf das verlassen kann, was Andrea mit Worten sagt, aber er scheint mir fest entschlossen und vor allem sehr glücklich zu sein.

Wir trinken den Tee. Andrea und Angelica bleiben auf der Veranda. Sie turteln und zwitschern fröhlich und arglos. Vor dem Schlafengehen duschen sie zusammen: Er lacht, und es klingt ganz unbefangen.

Sie schlafen im selben Bett.

Nur Stille.

Angelica

Lautlos betritt Angelica die Küche. Sie muss mich ein paar Sachen fragen, sagt sie. Ich deute auf einen Stuhl, biete ihr einen Kaffee an. Ein Glas Milch ist ihr lieber. Nach dem ersten Schluck teilt sie mir ohne Hemmungen mit, dass Andrea ihr gefällt. »Er ist hübsch«, sagt sie. Tja. »Seine Augen sind seltsam.« – »Was siehst du darin?«, frage ich. »Ziehende Wolken«, antwortet sie.

Ich schweige. Was soll ich sagen? Ohne um den heißen Brei zu reden, fragt mich Angelica, ob Andrea Jungfrau sei. Du lieber Himmel! Nun, er ist siebzehn, für weibliche Schönheit scheint er empfänglich … na gut, ja: »Er war noch nie mit einer Frau zusammen!«

Angelica sieht mich stumm am. Wir warten, dass auch Andrea aufwacht, die beiden frühstücken zusammen, und ich begleite sie an den Strand.

Andrea fängt an, Zeit mit anderen Menschen zu verbringen. Das hat es bisher auf unserer Reise noch nicht gegeben.

Wenige hundert Meter weiter vorn, wo ein kleiner Fluss ins Meer mündet, sehe ich ein Restaurant, das heißt, eine sympathische Bretterbude, wo sie frischen Fisch braten, der quasi noch herumschwimmt. Der Duft ist unwiderstehlich. Heute gibt es *isca de peixe* und *bobó de camarão*. Ausgezeichnet, ich bestelle schon mal und unterhalte mich mit dem Koch, während Andrea und Angelica sich in die Wellen stürzen. Der Anblick macht mich selig. Ich rufe sie, schaue ihnen beim Essen zu und sehe nur ein junges Paar, fast ein Liebespärchen; zum ersten Mal betrachte ich Andrea in diesem Licht, für andere Väter mag das etwas Selbstverständliches sein, für mich ist es aufregend wie eine Mondfahrt.

Nach dem Essen begleiten wir Angelica nach Hause und verabreden uns für den Abend. Sie vertraut mir an, dass sie sich kaum mit Andrea verständigen kann und dass ihr das leidtut, sie würde gerne ein Mittel finden, um ihm näher zu sein. Ich verstehe sie: Selbst für mich ist es oft schwierig, Kontakt aufzunehmen, wie viel mehr dann für ein Mädchen, das ihn gerade erst kennengelernt hat.

Jetzt sind wir allein, Andrea geht auf Abstand, verloren in seinen repetitiven Gesten, und erst nach mehrmaligem Rufen gelingt es mir, seine Aufmerksamkeit zu erregen. Mühsam gibt er mir zurück, was ich sage, antwortet mechanisch und läuft davon, sobald er kann.

»Erzähl mir was über deine neue Freundin Angelica, ist sie lieb?«

»Lieb, die Angelica.«

»Hättest du sie gern zur Freundin?«

»Freundin will ich.«

»Möchtest du reden oder nicht?«

»Nein.«

»Okay, Privacy über alles …«

Ich habe mich angestrengt, um ein schönes Abendessen zu kochen, habe die Eisverkäuferin eingeladen und auch Tulio, den Hippie. Wir verbringen einen lustigen Abend. Andrea ist präsenter. Er bewegt sich viel, setzt sich neben die verschiedenen Gäste, scheint allen zuzuhören. Er beteiligt sich, auf seine Weise.

Angelica ist im Gespräch sehr zurückhaltend. Ich frage sie nach ihrer Familie, doch sie gibt nicht viel von sich preis. Als sich alle anderen verabschieden, kommt sie, knetet ein bisschen ihre Hände, fixiert mich und sagt, dass sie mit Andrea schlafen will. Sie wartet nicht auf die Antwort, sondern fragt mich um Rat, wie sie sich ihm gegenüber verhalten soll. Innerlich schwitze ich, bemühe mich aber, mein Unwohlsein nicht zu zeigen, und erkläre noch einmal Andreas Rituale, die Zeichen, an denen man, meine ich, erkennen kann, dass er nervös wird.

Ich gehe zurück auf die Terrasse, lasse die beiden allein. Mein Herz rast. Wenige Minuten später höre ich einen lauten Krach. Die Tür fliegt auf, und heraus kommt Angelica mit geweiteten Augen. Andrea hat heftig ihre Brüste gedrückt und ihr dabei weh getan, das hatte sie nicht erwartet. Es hat sie erschreckt. Ich versuche sie zu beruhigen, hole Andrea und sage zu ihm, er solle sich entschuldigen. Er ist sehr aufgeregt.

»Andrea, hör zu, Mädchen darf man nur ganz zart streicheln, wie eine Blume!«

Er antwortet nicht, sein Blick verrät, dass er weit weg flüchtet. Nein, Andre, bleib hier.

»Sollen wir Angelica nach Hause bringen?«

»Nach Hause die Angelica.«

Ich sehe das Mädchen an und begreife, dass es auch für sie das Richtige ist.

Wir machen uns auf den Weg, ich spüre die Verwirrung

des Mädchens, und als sie sich an der Tür von Andrea verabschiedet, hört man aus ihrem Tonfall die Niederlage heraus. Oder bilde ich mir das bloß ein, ist das meine eigene Gemütsverfassung, und sie ist nur etwas durcheinander?

Zurück spazieren wir am Strand entlang, Andrea und ich. Die Nacht ist hell, im Wasser spiegelt sich der Mond. Um uns ein wenig zu beruhigen, gehen wir noch einmal zu dem Restaurant von heute Mittag, wo der kleine Fluss in den Ozean mündet. Das Glitzern und die Strömung erzeugen seltsame, ineinanderfließende Wellen. Andrea möchte sie durchwaten, ich halte ihn fest. Schwierig einzuschätzen, wie tief dieses quecksilbrig schimmernde Gewässer ist. Andrea streicht mit der Hand darüber, er ist ganz fasziniert. Ich muss ihn gewaltsam wegziehen, um ihn nach Hause zu bringen.

Skilehrer

Der Morgen ist bewölkt, wir bleiben auf der Veranda, knabbern Kekse und lassen zu, dass die Zeit uns zwischen den Fingern zerrinnt.

Was ist los? Frei fuhren wir durch die Gegend, und jetzt sind wir hier und müssen uns mit einem Wirbelsturm menschlicher Gefühle auseinandersetzen. Andreas Welt kann man nicht mit einem einzigen Blick oder einem einzigen Leben erfassen. Ich muss wohl noch tausendmal geboren werden und Andrea folgen, bevor ich seine eleganten Bewegungen und ihr Geheimnis verstehe.

Ich rufe Odisseu an, um mit ihm über gestern Abend zu reden, er möchte lieber persönlich darüber reden und bestellt mich zur gewohnten Bank am Platz.

Als er uns sieht, schlägt er vor, Andrea solle ein wenig bei der Eisverkäuferin bleiben. Ich zögere.

»Lass nur, da hat er Spaß«, beharrt Odisseu.

Wir setzen uns wie alte Vertraute. Odisseu beruhigt mich: Er hat schon mit Angelica gesprochen, das Mädchen ist erschrocken, hat aber begriffen, dass keine aggressiven Absichten dahintersteckten, dass es eine instinktive Reaktion war. Sie wirkte ganz gefasst.

»Aber ich vermute, sie will ihn nicht mehr sehen, oder?«, frage ich ängstlich.

»Das weiß ich nicht.«

»Aber wer ist diese Angelica eigentlich?«

Odisseu sieht mein Gesicht und wird finster.

»Angelica ist ein anständiges Mädchen! Komm nicht auf dumme Gedanken! Es reicht, ihr nicht zu sagen, was sie tun soll und was nicht.«

»Okay.«

Verwirrt stehe ich auf, sehe aus dem Augenwinkel Andrea an der Ecke des Platzes, die Eisverkäuferin läuft hinter ihm her. Er taucht auf der anderen Seite wieder auf, diese Art zielloses Versteckspiel liebt er.

Beim Rundgang durchs Dorf entdecke ich eine kleine Mechanikerwerkstatt, wo es aussieht wie früher: aufgehängte Fahrräder, die auf die Reparatur warten, Berge von Motoren, Geruch nach Schmieröl, eine einzige brennende Glühbirne, zum Verkauf stehende Motorräder mit dem Schild »Wie neu«. Ich überrede den Mechaniker mit Lobeshymnen auf Ducati und Gilera, mir ein Motorrad auszuleihen. Ich streichle es gerührt.

»Wohin soll ich fahren, was raten Sie mir?«, frage ich. Er mustert mich und sagt: »Trancoso, das lohnt sich.«

Wieder *on the road*, wieder wir zwei allein. Die Reiselust kehrt zurück, ein Stück fahren, kurze Badepause, und weiter geht's. Der Dorfplatz von Trancoso ist eine blühende Wiese, hier ist sich die Welt seit hundert Jahren gleich geblieben. Ich trinke einen wunderbaren Espresso, während Andrea ein Stück Schokoladenkuchen verschlingt.

Wir setzen uns auf eine Bank und betrachten die Menschen, als einige Männer in T-Shirts mit dem Aufdruck »Skilehrer«

vorbeikommen. Skilehrer? Neugierig frage ich sie, was das zu bedeuten hat. Es stellt sich heraus, dass sie Italiener sind und den Skiclub Porto Seguro gegründet haben, der nichts zu tun hat mit Bergen, Schnee, Abfahrten auf malerischen Pisten und dem gebräunten, versnobten Lächeln jener Animateure, die Damen der besseren Gesellschaft begleiten. Es geht ihnen nicht um das richtige Setzen von Skistöcken, sondern um Solidarität.

»Willst du mitkommen, Yuri besuchen?«

Warum nicht? Wir lassen das Motorrad stehen und steigen in einen Kleinbus mit der Aufschrift »Skiclub«. Yuri ist ein kleiner Junge, der in einer Favela wohnt.

»Willst du wissen, welchen Preis Yuri gewonnen hat?«

Danke, ich werde es ja sehen, ich ahne schon, dass es wieder so eine Geschichte ist, die einem an die Nieren geht. Wir fahren durch eine Ansammlung von Baracken aus Holz, Eisen- und Plastikteilen, die mehr als einen Umzug und mehr als eine Müllkippe überlebt haben müssen.

»In den Favelas«, sagt einer der Skilehrer zu mir, »geht es zu wie in anderen Gegenden auch. Klar, mit der Rolex solltest du hier nicht rumlaufen. Wenn du zeigst, wie hoch dein Einkommen ist, wirst du gerupft. Es ist unnötig, die Menschen daran zu erinnern, dass sie im Leben nicht das große Glückslos gezogen haben. Das wissen sie sowieso.«

Wir halten vor einer kunstvollen Blechkonstruktion: Yuris Behausung. Du kannst noch so viel Phantasie haben, nie reicht sie aus, um dich auf die Tatsachen vorzubereiten. Der Junge ist vollständig bandagiert. Ich will den Namen der Krankheit gar nicht wissen. Was würde das ändern? Sie begrüßen sich, stellen uns vor. Andrea ist hinter mir, ein wenig versteckt.

Wahrscheinlich haben sie Geschenkpakete dabei, denke ich, Lebensmittel, Medikamente, etwas Geld. Doch nein, heute geht es um geistige Aufmunterung. Die Hilfspakete kommen auf anderen Wegen. Yuri liebt Clownsnummern, die Witze, die Späße, die Knüffe und Püffe, das gespielte Wehgeschrei. Und die Skilehrer geben ihr Bestes. Der Kleine lacht Tränen über die Herren, die die Fernsehkomiker nachahmen. Es muss sich um Szenen handeln, die in bestimmten Sendungen vorkommen und die der Junge auswendig kennt. Man sieht es ihm an: Wenn er könnte, würde er sofort aufstehen und mit den Skilehrern herumhampeln. Auch die Eltern lächeln. Wer weiß, wie lange das schon nicht mehr vorgekommen ist.

Sie begleiten uns zurück zu der Stelle, wo wir das Motorrad geparkt haben. Wären wir jetzt noch mit unserer Harley in den Staaten, würde ich losbrausen und ein paar Kilometer über den Asphalt fegen. Aber im Reich der Schlaglöcher ist das nicht möglich. Seufzend liefern wir das Motorrad wieder beim Mechaniker ab, der nur ein bisschen Geld fürs Benzin haben will.

Versuchungen

Ein entschiedenes Klopfen an der Tür, dann auch ein leiseres Pochen kleiner Hände. Als ich öffne, steht draußen Tulio, der Hippie, mit einigen Kindern und einer Frau, die ich, scheint mir, noch nie gesehen habe. Sie fragen nach Andrea.

»Der Herr ist nicht zu Hause«, scherze ich. Es macht mir Spaß, mich ein bisschen aufzuspielen: Alle reißen sich um meinen Jungen! Doch er erscheint hinter mir mit einem Kochlöffel, den er irgendwo aufgestöbert hat. Er segnet uns.

»Andrea, Andrea, komm mit!«, schreien die Kinder. Sie müssen Stände für heute Abend aufbauen, an denen sie dann alles verkaufen, was die Familien von Arraial ausrangiert haben: Nagelfeilen, gestopfte Socken, Bücher ohne Schluss, abgelegte Kleider … Es wird bestimmt superlustig, fügt Tulio hinzu.

»Andre, willst du mit Tulio mitgehen?«

»Tulio schön.«

»Gehst du mit?«

»Ja.«

Ich zögere. Tulio kann etwas Italienisch, sie werden sich schon verständigen. Auch Odisseu kennt ein Dutzend Wörter: sì, no, va bene, buongiorno und so weiter. Ich sehe zu, wie Andrea mit dem Grüppchen loszieht, sich an die Spitze setzt und vorwärtssprintet mit seinem federleichten, ausgreifenden Schritt. Er hat eine eigene, mitreißende Vitalität: Hier, an diesen Orten, wo man zu Fuß unterwegs ist, wo die Zeit ungleichmäßig, wellig und sanft verstreicht, verleiht sie ihm eine andere Rolle, eine andere Anziehungskraft.

Geh, denke ich, geh nur. Sie verschwinden. Ein klein wenig Bauchweh gehört wohl dazu.

Ich spaziere in der Nachbarschaft herum, laufe am Rand der Klippe entlang, aber nicht zu weit weg. Plötzlich höre ich das Echo eines Klingelns und renne besorgt nach Hause. Wahrscheinlich ist Andrea schon nach ein paar hundert Metern durchgedreht, vermute ich.

Stattdessen steht Donald, der Kanadier, an der Tür. »Gestern hab ich dich auf dem Motorrad vorbeizischen sehen«, sagt er. »Schöne Knatterkiste! Was hältst du von einer Spritztour mit einem Motorrad, das diesen Namen verdient?«

»In Nordamerika habe ich schon ein paar tausend Kilometer auf zwei Rädern hinter mich gebracht…«

»Okay, aber dort ist das ja wie Rolltreppe fahren. In Brasilien gibt es Straßen, die hauen rein wie Muhammad Ali.«

»Die sollten sich vor meiner Beinarbeit in Acht nehmen.«

»Das möchte ich sehen! Komm doch mit mir nach Cumuruxatiba. Wir fahren durch den Urwald bis zu einer Villa, die ein verrückter Beatles–Fan entworfen hat, eine tückische Strecke zwischen Gewässern und Ufern, die kurz auftauchen und gleich wieder verschwinden.«

»Wie kurz?«

»Du hebst den Blick und hast schon nasse Füße. Einhundertfünfzig Kilometer, wir fahren morgen früh los und sind am Abend zurück.«

»Und Andrea?«, frage ich.

»Man muss Motocross-Maschinen nehmen, das wäre für ihn nicht so angenehm, glaube ich«, antwortet Donald.

Die Versuchung ist groß, aber ohne Andrea…

»Wo ist das Problem? Er kann doch bei Odisseu und den anderen bleiben.«

»Ich soll ihn einfach seinem Schicksal überlassen?!«

»Natürlich nicht! Bloß für einen halben Tag…«

Cumuruxatiba

Ich stehe sehr zeitig auf und lausche ein wenig bang Andreas regelmäßigem Atem. Es scheint ihn nichts zu beunruhigen, sonst wäre er längst auf den Beinen und würde Wegen folgen, die nur er sieht mit seinen Infra-irgendwas-Antennen, diesen speziellen Sensoren, mit denen er die Straßen der Ameisen genauso wie die Bahnen der Lichtteilchen erkennen kann. Ich wecke ihn sanft, um ihm noch einmal zu erklären, dass ich den ganzen Tag fort sein werde. Seit einer Ewigkeit habe ich Andrea nicht mehr für mehr als ein, zwei Stunden allein gelassen. Ich warte auf Odisseu, der versprochen hat, sich um ihn zu kümmern. Als er eintritt, sieht er sofort, wie mir zumute ist, und lacht schallend.

»Nur keine Panik, ich passe schon auf, dass ihn niemand zerlegt und in Einzelteilen verkauft, heute Abend bei der Rückkehr kriegst du ihn unversehrt zurück.«

Andrea bleibt im Bett. Ob er damit seinen Unmut über meinen kleinen Ausflug zeigen will, weiß ich nicht. Ich habe ihn gefragt, ob ich fahren darf, und er hat mehrmals ja gesagt.

Donald hat mich ermahnt, nichts Unnützes in den Rucksack zu packen. Eine Flasche Wasser, ein T-Shirt und ein Regenschutz, das muss reichen.

Anfangs fahren wir langsam. Schon bald aber gibt Donald Gas, und ich muss dranbleiben, also schnell hinterher. Der Trampelpfad, in den wir nach wenigen Dutzend Kilometern einbiegen, wird immer schmaler, taucht ein in die Vegetation. Über lange Strecken gibt es kein Anzeichen menschlichen Lebens. In der Nähe eines Flusses lichtet sich der Wald, und wir suchen nach einer Fähre, die uns mitsamt unseren Motorrädern ans andere Ufer bringen könnte. Wie aus dem Nichts tauchen lautlos einige Indios in einem Boot auf. Wir laden die Motorräder ein, hocken uns daneben, und vor dem Aussteigen zahlen wir ein bisschen was. Das Boot dreht um, macht einen Schlenker, verschwindet. Wir kommen in ein Dorf und biegen dann erneut Richtung Ozean ab. Einige Kilometer fahren wir am Strand entlang, überqueren einen Bach, der nur sehr wenig Wasser führt, und tauchen wieder im Urwald unter. Gras und Sträucher peitschen über zwei Stunden lang unsere Beine, bis am Ende einer Abzweigung ein herrliches weißes Gebäude erscheint, ein Leuchtturm über dem Ozean, und Donald mir ein Zeichen macht, dass wir angekommen sind.

Seine Freunde erwarten uns schon. Er stellt sie mir vor: ein paar berühmte Architekten, ein Werbefachmann und eine reiche Kanadierin, eine Freundin seiner Mutter. Bevor sie uns das Haus zeigen, führen sie uns an den Rand der Klippe, damit wir die Aussicht genießen; die Weite ist berauschend, wir könnten schwören, dass wir Südafrika sehen.

Ein seltsames Gefühl für mich, ohne Andrea hier zu sein und mich ganz zwanglos ein wenig gehenzulassen.

Donald fühlt sich sichtlich wohl unter den Leuten in der Villa; ich fange an, auf die Uhr zu sehen, rechne aus, wie lange wir gebraucht haben, um hierherzukommen, und schätze, dass wir bald wieder aufbrechen müssen. Doch Donald denkt offenbar überhaupt nicht daran. Ständig schneidet er neue Themen an, und als die Dame des Hauses uns anbietet, über Nacht zu bleiben, breitet er die Arme aus, als wollte er sagen: Nun, wenn es keine Umstände macht…

Da gibt es nur ein kleines Problem, sage ich, mein Sohn ist in Arraial geblieben, und ich möchte ihn nicht allein lassen.

»Wie alt ist er denn?«, fragt die Frau überrascht.

»Siebzehn.«

»Mit siebzehn, mein Lieber, kann man auf die Gesellschaft der Eltern gut verzichten!«

Donald versucht zu schlichten, er merkt, dass die Antwort mich geärgert hat. Die Dame hat natürlich keinen blassen Schimmer von Andreas Situation, ich kann nicht verlangen, dass sie in meinen Gedanken liest oder das Beben in meiner Stimme wahrnimmt. Also ruhig Blut, sage ich mir, sie hat einen Nerv getroffen, nämlich meine Schuldgefühle, weil ich gar nicht hätte herkommen dürfen. »Ich fahre zurück«, sage ich zu Donald.

»Nein, bleibt bei uns«, drängt die Kanadierin. »Nachts sieht man hier die Milchstraße in ihrer ganzen Pracht, es ist, als würde man dem Universum in die Augen schauen. Machen Sie sich keine Sorgen um Ihren Sohn, rufen Sie ihn an, er nimmt es Ihnen bestimmt nicht übel, wenn Sie hier übernachten.«

Anrufen…

Ich wende mich direkt an Donald: »Ich fahre.« Die Gesichter der Anwesenden verraten, wie unhöflich sie mich finden. Donald ist verlegen. Ich nehme meinen Rucksack, entschuldige mich, verabschiede mich.

Als ich aufsteige, geht Donald ebenfalls zu seinem Motorrad, richtet etwas, kontrolliert den Treibstoff. »Warte!«, brüllt er, aber ich bin schon fort.

Ich beschleunige – wäre doch nur das Sträßchen gleich zu Ende und Arraial läge hinter der nächsten Kurve. Aber der Dschungel wird dichter und dunkler, ich versuche mich an die Orientierungspunkte zu halten. Nach etwa fünfzig Kilometern ist mir, als hätte ich mich verirrt. Vor mir fliegen Vögel auf, und die Bäume wirken noch höher als zuvor. Ein Maultierkarren, gelenkt von einem Jungen, weckt Hoffnung; auf meine Frage nach dem Weg nach Arraial zuckt er die Achseln, als wollte er sagen: Nie gehört. Er hält den Karren an, steigt ab, denkt nach, nennt Cumuruxatiba, das ich schon eine Weile hinter mir gelassen habe, und rät mir, dorthin zurückzukehren. Ich frage ihn, auf welcher Seite der Ozean liege, und er weiß es nicht. Er lächelt entschuldigend, er weiß es wirklich nicht.

Ich lehne das Motorrad an einen Baum und blicke mich um. Reglos stehe ich da, sehe nichts und begreife plötzlich eine Menge. Dass diese ganze Hast und Sorge keinen Sinn hat. Wir haben eine endlos lange Reise hinter uns. Wir hätten uns verirren oder irgendwo hängenbleiben können. Aber wir sind hier. An meinen grundlegenden Fragen und den Antworten, die ich jeweils darauf finde, hat sich dadurch nichts geändert.

Ich steige wieder auf und beschließe, mich einfach ohne Angst von meinem Instinkt leiten zu lassen.

Der Nachmittag vergeht rasch, Arraial ist irgendwo.

An der Kreuzung zweier unbefestigter Straßen steht ein Kiosk, ich bestelle etwas zu trinken. Der Mann, der mir die Tasse reicht, kennt Arraial und sagt, ich sei auf dem richtigen Weg, in zwei bis drei Stunden sei ich dort. Ich zahle, erleichtert. Ich bilde mir ein, die Gegend wiederzuerkennen, nach ein paar Kilometern führt die Straße am Meer entlang, ich folge dem Strand wie auf dem Hinweg. Das Flüsschen, das wir durchquert haben, ist angeschwollen, ich traue mich nicht hindurchzufahren. Was soll ich tun? Ein Geräusch. Das Geräusch, das ich auch im Wald immer wieder gehört habe, als verfolge es mich. Nun zeigt sich, was es war: das Motorrad von Donald, der hinter mir hergefahren ist, um dem rasenden Flüchtling Geleitschutz zu geben.

»Siehst du, was passiert, wenn man mit dem Kopf durch die Wand will? Man muss sich mit den Gezeiten auskennen, sonst kommt einem die Flut in die Quere.«

»Okay. Und jetzt?«

»Wir müssen umkehren, eine andere Straße fahren.«

»Aber schaffen wir es heute Abend bis Arraial?«

»Wir versuchen es«, sagt Donald.

Kurz nachdem wir wieder losgebraust sind, bricht ein fürchterliches Gewitter los. Es gießt in Strömen, ich habe nicht einmal den Mut, meinen Regenschutz überzuziehen. Zum Glück erscheint ein knallbuntes kleines Haus am Straßenrand. Selbst die Wassermassen können seiner Farbenpracht nichts anhaben. Durch die Fenster dringt das schwache, aber unverkennbare Flimmern des Fernsehers. Fröstelnd klopfen wir an. Eine Frau öffnet uns, erfasst unsere Lage sofort und bittet uns herein. Auch innen ist alles fröhlich, jede Wand eine andere Farbe, lustige Gegenstände und eine auf den ganzen Raum verteilte Kinderschar. Im leicht autoritären Ton einer erfahrenen Matrone lässt uns die Frau auf einer Bank Platz nehmen, hinter sämtlichen Kindern oder Enkeln, die alle gebannt eine Telenovela verfolgen. Draußen Sturm, drinnen eine spannende Geschichte, die man nicht versäumen darf. Wie von den Bildern hypnotisiert, schlafen die Kinder nacheinander ein: auf dem Sofa, auf dem Tisch, auf dem Boden. Die Telenovela geht zu Ende, doch ich fürchte, die an der Fernsehfront Gefallenen werden liegen bleiben. Fast gleichzeitig hört auch das Gewitter auf. Es ist dunkel, die Matrone blickt uns kopfschüttelnd an. Weiterfahren undenkbar. Donald flucht leise, er weiß, wie mir zumute ist.

»Odisseu ist ein zuverlässiger Mann, du kannst ihm vertrauen.«

»Aber es ist das erste Mal, dass Andrea eine Nacht mit Fremden verbringt.«

»Odisseu ist nicht irgendein Fremder.«

Ergeben blicke ich zum Himmel und sage: »Hey Andre, du hast schon etliche dunkle Nächte gesehen. Und hast sie immer gut überstanden.«

Wir sind sehr müde, und unsere Beine schmerzen: Jetzt machen sich die Peitschenhiebe der Pflanzen bemerkbar. Die Frau stellt eine Flasche Cachaça zum Desinfizieren vor uns hin. Donald trinkt zuerst einen ordentlichen Schluck. Dann Hosen runter und Cachaça auf die geröteten, geschwollenen Striemen: Wir möchten schreien, reißen uns aber zusammen, um die Kinder nicht zu wecken.

Eine gerechte Strafe, und noch dazu müssen wir auf dem Fußboden schlafen.

Vielleicht hat Andrea es besser als ich.

Romantische Momente

Telenovelas wirken wie eine leichte Dosis Kohlenmonoxid: Als wir aufwachen, liegen die Kinder noch immer im Tiefschlaf. Die Matrone braut uns einen wundertätigen Kaffee, durch den Kopf und Blick wieder klar werden.

Das Gewitter hat die Schlaglöcher in perfide Schlammseen verwandelt, wir kommen nur langsam voran. Arraial ist noch weit. Der Wald ist glitschig, tropft und spuckt. Wir sind durchnässt bis auf die Haut, unsere Wunden brennen trotz Cachaça. Selbst der jugendliche, kräftige Donald sieht mitgenommen aus. Erschöpft halten wir alle zehn Kilometer inne.

Nach einer Pause springt mein Motorrad nicht mehr an, und ich denke allmählich, dass sich die Umstände gegen mich verschworen haben, um mich von Andrea fernzuhalten. Donald fummelt am Motor, probiert, säubert, überlegt, vielleicht das Benzin, irgendwelche Rückstände. Er hält ein vorbeikommendes Auto an und fragt nach einer Tankstelle in der Nähe. Dann macht er sich auf die Suche nach gutem Benzin.

Als wir endlich wieder loskönnen, ist es Nachmittag, Donald musste sehr weit fahren, bis er eine Tankstelle fand. Bei Sonnenuntergang treffen wir in Arraial ein. Nachdem wir die Motorräder zurückgegeben haben, klopft Donald mir freundschaftlich auf die Schulter.

»Nie mehr?«, fragt er.

Ich bin ihm nicht böse, umarme ihn zum Abschied und gehe dann endlich Andrea abholen.

Odisseu ist nicht erstaunt über diese Verspätung und schon gar nicht verärgert. »Alles okay mit deinem Sohn«, sagt er. »Er ist hier bei mir geblieben, hat alle Schachteln, die er finden konnte, geradegerückt und die Scheren, die Küchenmesser und die Schlappen, die im Haus herumlagen, ordentlich nebeneinander aufgereiht. Natürlich hat er den Kühlschrank weit offen gelassen.«

»War er auf dem Klo?« Ich denke ans Konkrete.

»Also, da habe ich wirklich nicht aufgepasst! Komm mit und schau, was er angestellt hat...«

Hoffentlich nichts Schlimmes? Doch Odisseus Miene verrät Bewunderung, das beruhigt mich. Er schleppt mich mit bis zu dem Gebäude, wo die Jugendlichen ihre Feste veranstalten. Aus einiger Entfernung sehe ich Grüppchen von Leuten, die außen herumgehen, die Wände strahlen Helligkeit aus, eine Art Widerschein.

Ich erkenne Andreas Farbkompositionen. Er hat fast die gesamte Fläche mit seinen Worten bedeckt: kalkweiß, chromgelb, flaschengrün.

»Die Idee stammt von Angelica«, erzählt mir Odisseu. »Sie hat Tulio zu Perpétuo geschickt, der früher die Häuser anstrich, sie meinte, er wird noch Farbe übrig haben, wenn er die Dosen nicht an der Sonne vergessen hat und sie nicht alt und vertrocknet ist wie er. Perpétuo hatte tatsächlich noch jede Menge Farbe, mit der er nichts mehr anfangen konnte, er streicht nämlich keine Häuserwände mehr, weil er alle Pinsel verbraucht hat. Dein Sohn ist ein Künstler!«, ruft Odisseu und klatscht in die Hände.

»Wo ist er jetzt?«

»Spazieren mit Angelica. Sie haben heute Nacht zusammen geschlafen, bestimmt sind sie gleich wieder da.«

»Wie meinst du das, sie haben zusammen geschlafen?«

»Bei mir zu Haus. Alles in Ordnung. Kein Problem.«

»Halt, warte mal. Was heißt kein Problem?«

»Sie haben geschlafen, sind aufgestanden, sind losgezogen...«

Es ist beinahe dunkel, besser, wir gehen ihnen entgegen. Wir finden sie nicht, bei uns zu Haus sind sie auch nicht. Sie werden irgendwo etwas essen. Wir kehren auf den Dorfplatz zurück, in den Lokalen keine Spur. Nichts. Langsam mache ich mir Sorgen. Odisseu ebenso. Wo mögen sie wohl sein?

Was weiß ich!? Am liebsten mag Andrea den Strand, auch nachts.

»Bloß das nicht!«, ruft Odisseu. »Der Strand ist nachts gefährlich für zwei Jugendliche allein.«

Beim Klang seiner Stimme saust mein Blutdruck hoch wie eine Rakete, und schon laufen wir beide zum Strand. In solchen Augenblicken kommen dir die schlimmsten Dinge in den Sinn: Entführungen, Morde, Organhandel. Die Panik steigt von Minute zu Minute. Als ich stehen bleibe, um Atem zu holen, fällt mir wieder ein, dass ich vor ein paar Tagen abends mit Andrea bis zu dem Flüsschen gewandert bin, das hier ins Meer mündet. Der Platz gefiel ihm unheimlich gut, den hat er sich sicher eingeprägt. Ich erzähle Odisseu davon, und wir rennen weiter, das Herz pocht uns bis zum Hals. Es ist eine wunderbare Mondnacht – und da sitzen sie: Andrea und Angelica, sie umarmt ihn, er hält ihr Gesicht in den Händen. Sie küssen sich und schauen sich an wie ein Liebespaar, vielleicht sind sie ja wirklich verliebt, in diesem Moment. Mir kommen die Tränen.

»Alles in Ordnung?«, rufe ich.

»Es ist so schön hier mit dem Mond«, sagt Angelica.

Die Angst ist wie weggeblasen. Andrea läuft mir entgegen. Ich umarme ihn, spüre seine Lebendigkeit, seine Energie. Angelica erzählt, dass Andrea sie an der Hand genommen und an diesen wunderschönen Ort geführt hat.

Bravo, Andre, du bist ein Romantiker und weißt, wo man mit Mädchen hingeht. Scherzend und lachend machen wir uns alle zusammen auf den Heimweg.

Angelica und Andrea gehen vor mir. Mir ist, als wüchsen mir Flügel.

Erdenbewohner

Die Beine holen mich aus dem Schlaf in den hellen Tag. Sie brennen und schmerzen, auch die Arme leiden nach unserer Fahrt am Strand. Ich steige aus dem Bett, will mich aufrichten, doch der Rücken macht nicht mit, riesige, abgrundtiefe Schlaglöcher haben mich gestern zweimal bös gestaucht. Die brasilianischen Schlaglöcher haben es in sich, das merkt man spätestens am folgenden Tag.

Aber gute Laune hilft, ich dehne und strecke mich wie eine Katze und fühle mich gleich wieder besser. Ich fange an zu hüpfen, mal auf einem Fuß, mal auf dem anderen, und so nähere ich mich Andreas Bett – er ist schon aufgestanden. Ich halte in meinem Tanz inne und blicke mich um.

Er hat etwas gegessen, die Haustür ist angelehnt. Es muss schon spät sein, der Schlaf hat mich überwältigt, weil ich von Glücksgefühlen wie betrunken war.

Ich spähe hinaus, der Himmel ist verhangen. Ein Schauer überläuft mich, aber nicht vor Kälte und auch nicht vor Sorge. Wie oft habe ich geträumt, sein Zimmer sei leer, und es bedeutete, dass alles gut war, dass er geheilt war: Es war ausgestanden, vorbei.

Während ich mich anziehe, läutet das Telefon. Das Reisebüro: Übermorgen gibt es einen Rückflug. Unwillkürlich seufze ich, und die Angestellte fragt mich, ob alles in Ordnung sei.

»Übermorgen ist perfekt«, erwidere ich.

Andrea steht zwischen den Bäumen ganz in der Nähe. Er sieht mich und kommt auf mich zu.

»Andrea, wir fahren bald nach Hause.«

Er sagt nichts, hält sich den Arm. Lächelt.

Wir gehen zum Strand. Andrea sieht Angelica und sprintet los. Was für eine Freude! Es ist zu schön, ihn so zu erleben. Ich lasse die beiden allein.

Odisseu finde ich im Restaurant; er fasst sich ein Herz und sagt mir, dass er Angelica versprochen hat, ihr heute Abend sein Haus zu überlassen.

»Sie möchte mit Andrea allein im Haus sein?«

»Das heißt, dass sie ihm vertraut.«

Ich schnaufe hörbar.

»Na, na«, brummt Odisseu, »mach nicht so ein Gesicht. Denk nur, Angelica hat Tulio sogar gebeten, ihr ein paar Sätze Italienisch beizubringen, damit dein Sohn sie besser versteht. Ist das nicht süß?«

»Was denn zum Beispiel?«

»›Kann ich mit dir reden?‹, ›Hörst du mir zu?‹, ›Darf ich dich streicheln?‹, ›Lass dich küssen‹, solche Sachen. Mach dir keine Sorgen. Vielleicht küssen sie sich, wie schon öfter. Vielleicht schlafen sie wie zwei Kinder. Vielleicht schauen sie sich einen Film an.«

Odisseu lacht schallend.

»Du lachst? Weißt du, was ich bei der Rückkehr aus Cumuruxatiba beschlossen hatte? Ganz offen mit Angelica zu sprechen … Ich hätte sie sogar bezahlt. Egal, wie viel. Hörst du, Odisseu? Das hätte ich getan! Ich schäme mich nicht! Das wirkt vielleicht armselig, aber ich hätte es getan!«

»Komm schon«, sagt Odisseu, »hör jetzt auf zu grübeln, lassen wir das Leben nur machen, es hat genug Erfahrung.«

»Dann können sie ja auch in Joanas Haus übernachten.«

»Ja, warum nicht. Und du und ich, wir ziehen durch die Gegend wie zwei Trottel.«

Ich genehmige mir einen Kaffee auf dem kleinen Platz von Arraial, und zwar allein.

Ich frage mich, ob Andrea mit einem Mädchen schlafen kann, ob er seine Sexualität entdecken und sie als etwas erleben kann, das ihm Befriedigung, wenn nicht gar Glücksmomente schenkt. Eine Landkarte, die einen vor Dummheiten bewahrt, ist nicht im Handel. Experten sagen, autistische Jugendliche interessierten sich nicht sonderlich für Sex, es sei eine zu intime Beziehung zum anderen. Das klingt ganz so, als hätten sie einen Brief aus jener Welt erhalten, in dem steht: »Wir interessieren uns nicht für Körper und Sex, wir mögen Primzahlen und abstrakte Malerei und rücken gern Zahnstocher gerade.« Ich habe keine Wahrheiten, doch brauche ich Andrea nur anzuschauen, um zu begreifen, dass er Triebe fühlt und Wünsche hat. Wenn wir offen über diese Themen sprechen, breitet sich ein Lächeln über sein Gesicht, das gar nicht mehr weggeht.

Ich verbringe den Nachmittag mit ihm. Beobachte jede noch so kleine Bewegung. Er wirkt nicht angespannt, es gab schon stürmischere Tage. Zuerst hat er ein bisschen Musik von seinem iPod gehört, dann ist er ums Haus geirrt und hat verschiedene Einzelheiten mit seinem geistigen Mikroskop untersucht. Ich suche zwischen meinen Sachen Andreas letzten Text heraus.

Bist du eher glücklich oder traurig?

glücklich

Bist du nicht traurig darüber, dass der Autismus dich an so vielem hindert?

parallele welt ist autismus, ich muss von erdenbewohnern lernen

Und du … bist du kein Erdenbewohner?

erdenbewohner lerne ich sein

Ich zerreiße den Zettel in winzige Fetzchen.

Wir lassen Andrea und Angelica auf einer Bank am Platz zurück. Ich schlendere mit Odisseu durch Arraial und komme mir vor wie damals in meinem Dorf, wo ich aufgewachsen bin, als wir noch den Provinzgrößen nacheiferten, die unsere Phantasie anregten und uns Lektionen fürs Leben erteilten. Gelegentlich waren die Vorbilder auch negativ, aber nützlich. Man lernte beim Zuhören und Hinschauen, denn an starken Persönlichkeiten fehlte es nicht.

Manchmal denke ich, dass wir immer schwächer werden.

Wir gehen Richtung Klippe. Odisseu hat eine Kühltasche mit Bier und einer Flasche Cachaça dabei, für alle Fälle. Ich sage, dass der Cachaça brennt, doch Odisseu überhört den Einwand. Wir suchen Zuflucht hinter einem Mäuerchen, stellen die Kühltasche ab und setzen uns, wirklich wie zwei Trottel. Ich werfe einen Blick auf das Haus fünfzig Meter weiter vorn. Ich betrachte Odisseus Sandalen und er meinen Gesichtsausdruck, ich fürchte, er sieht eine Mischung aus Besorgnis und Hoffnung. Die Prinzessin wird den Frosch küssen, und er wird sich verwandeln: Was für alberne Gedanken, und damit öffne ich die erste Bierdose.

Wir sehen sie kommen. Andrea vorneweg und sie leicht-füßig und ein wenig scheu hinterher. Auf einmal bleibt er stehen, dreht sich um, sucht sie mit dem Blick, weicht aus, sie streift seine Hand und geht dann voraus.

In Joanas Haus geht ein Licht an, und die Wände verbergen die beiden wie ein Vorhang.

Ich nippe an meinem Bier, schmecke aber fast nichts.

»Weißt du, Odisseu, bei manchen Menschen hat das Leben im letzten Augenblick etwas durcheinandergebracht.«

»Wie meinst du das?«

»Es hat ein Komma übersehen oder einen Punkt gesetzt, wo keiner hätte sein dürfen. Hat ein Auge vergessen, ein Ohr, ein bisschen Gehirn, eine Hand. Es war verwirrt und hat einen Millimeter zu früh angehalten. Geringe Versäumnisse, gemessen an all den Verpflichtungen, die das Leben so hat.«

»Tja.«

»Weißt du, wovon ich träume?«

»Nein.«

»Von einer Steuer. Die gesamte Menschheit besteuert sich selber, um mit den Verirrungen des Lebens fertigzuwerden. Da geht es nicht um Geld, sondern um Anstand. Denn es hätte jeden treffen können, es ist eine Lotterie, bloß dass wir keinen Gewinn, sondern einen Verlust teilen müssen. Wer einen Gewinn gemacht hat, soll ihn genießen, das ist in Ordnung, doch den Verlust sollten wir alle miteinander tragen.«

»Das ist ein Traum.«

»Du meinst, er lässt sich nicht verwirklichen?«

Odisseu greift zu der Flasche Cachaça, fixiert sie, als wartete er auf ihr Einverständnis, und nimmt dann einen tiefen Schluck.

»Ich weiß nicht.«

»Ist das so undenkbar?«, hake ich nach.

»Es liegt wohl nicht in unserer Hand.«

Auf der Veranda entsteht Bewegung: Andrea und Angelica setzen sich für einige Minuten eng umschlungen hin und gehen dann wieder hinein. Kurz darauf stürmt Andrea heraus und rennt in unsere Richtung. Ich möchte ihm zurufen, dass nichts geschehen muss, wenn er es nicht will. Ich möchte ihm sagen, dass er stark ist, möchte ihm Vertrauen einflößen. Aber ich flüstere nur ganz leise, dass ich ihn liebhabe.

Andrea läuft an dem Mäuerchen vorbei, ohne uns zu sehen, bleibt ein paar Meter weiter stehen, dreht sich um, hebt den Arm, berührt den Mond, läuft zurück. Angelica ist auf der Veranda und schaut zu.

Herrgott, Andre, was für eine Nacht dich erwartet … und was für eine Nacht ich vor mir habe. Ich bin so unbeschreiblich aufgeregt wie nicht einmal bei meinem eigenen ersten Mal!

Ein Licht flammt auf und erlischt wieder. Nichts mehr. Daraufhin vergesse ich alles, was ich je über Autismus erfahren und gelernt habe, denn man informiert sich ja, man versucht zu verstehen, Erfahrungen auszutauschen, man hofft, dass die Welt sich schneller dreht, dass alle Wissenschaftler der Welt eifrig forschen und dass das Leben eines Tages an der Türe läutet und einem irgendeine Lösung überreicht. Hier genügt jetzt aber ein wenig Stille, ein wenig Illusion, damit das Herz einen Augenblick ruhiger schlagen kann.

Wir lehnen uns mit dem Rücken an das Mäuerchen, trinken Bier und Cachaça, ohne Rücksicht auf Verluste. Es weht ein herrlicher Wind.

Gute Nacht, Andre. Gute Reise.

Der Brief

Odisseu war gegen das Mäuerchen gesunken und eingeschlafen; beim Aufwachen wollte er nur noch nach Hause. »Kommst du mit?«, brummte er. Ich bin wortlos aufgestanden, habe ihm zugewinkt und bin so leise wie möglich in Joanas Haus hineingegangen. Dunkelheit und Stille. Rasch bin ich in mein Zimmer geschlüpft. Mit einer kleinen Taschenlampe habe ich Joanas Brief auf dem Nachttisch beleuchtet. Den Rest der Nacht habe ich damit zugebracht, die letzten Papierfetzchen einzukleben. Und folgende Zeilen zu lesen:

Liebe Roxana,

wer weiß, wie oft Du zu hören bekommen hast, dass Du aus einer Unglücksfamilie stammst, in der es nur Frauen ohne Männer gibt. Nun, auf den ersten Blick könnte es so aussehen. Deine Urgroßmutter hat, als sie sich selbst nicht mehr gefiel, niemanden mehr sehen wollen und sich im Haus eingeschlossen. Deine Mutter hat nur einen einzigen Mann gewollt, auch wenn es der Falsche war, und ich selbst habe zu viele Geliebte gehabt, von denen ich mich nicht trennen konnte. Doch das hat nichts mit Unglück oder Pech oder Einsamkeit zu tun. Pech hast Du, wenn Du stolperst und deshalb den Bus versäumst oder wenn Dir ein Ast auf den Kopf fällt. Wenn wichtige Sachen passieren, auch solche, die Dir weh tun, dann ist

es nicht Pech, sondern Dein Leben, und Du musst nur her-
ausfinden, wie Du möglichst gut weitermachen kannst. Und
was die Einsamkeit betrifft, so lass Dich nicht von dem Wort
erschrecken. Eine Frau, die allein ist, muss nicht zwangsläu-
fig unter Einsamkeit leiden, das war nie mein Problem, denn
Du kannst immer ein Fenster öffnen und saubere Luft atmen,
eine Katze auf dem Sims beobachten, Dir übers Haar strei-
cheln, mit offenen Augen von einer Welt träumen, die Deinen
Wünschen entspricht. Einsamkeit entsteht nur, wenn Du nicht
genug atmest, wenn Du Veränderungen nicht bemerkst und
wenn Du einen einzigen Traum hast, der jede Nacht in Dei-
nem Kopf anklopft. Ich schreibe Dir also nicht, weil ich mich
allein fühle. Ich schreibe Dir und würde gern mit Dir spre-
chen, um Dir zu sagen, dass Du nicht allein bist. Dass Du diese
falsche Vorstellung loslassen sollst. Wenn Du Dich selbst liebst,
liebst Du das Leben, und das Leben lässt uns nie allein. Manch-
mal sind wir müde, ja, aber nie allein.

Joana, die Mutter Deiner Mutter

Wenn du dich selbst liebst … Wird es Andrea je gelingen, sich selbst zu lieben?

Lautlos wie ein Geheimagent versuche ich, in der Küche das Frühstück vorzubereiten, und schraube die Espressomaschine zu wie Schalldämpfer und Pistole.

Angelica erscheint, sie sagt nichts, will nur Milch. Während ich das Milchtöpfchen aufs Feuer stelle, werfe ich ihr unwillkürlich einen fragenden Blick zu. Gewissenhaft rückt das Mädchen die Tasse, das Löffelchen und die Serviette zurecht. Ich halte es nicht mehr aus: »Wie war's?«

Langsam rührt Angelica den Zucker um, und ich werde schon fast ärgerlich. Nach langem Schweigen sagt sie: »Andrea kennenzulernen war eine schöne Erfahrung.« Sie schaut mich mit klaren Augen an. Ich würde ihr gern Fragen stellen, auf die Andrea mir niemals antworten würde, doch dann beherrsche ich mich, das wäre wirklich zu viel, und wahrscheinlich ist es auch gar nicht wichtig.

»Heute Nacht fliegen wir zurück.«

»Odisseu hat es mir gesagt.«

»Vielleicht kommen wir ja bald mal wieder.« Ich weiß nicht, was ich sagen soll. Andrea ist aufgestanden und ins Bad gegangen, ich höre Geräusche, irgendetwas ist ihm heruntergefallen. Ich rufe ihn.

Andrea betrachtet Angelica, sein Verhalten ist seltsam, sein Blick fragend. »Andrea«, sage ich, »verabschieden wir uns von Angelica? Willst du ihr ein Andenken geben?«

»Andenken für Angelica.«

»Was möchtest du ihr hierlassen?«

»Ein Andenken.«

»Dein Armband? Ist das okay?«

»Okay.«

Ich helfe ihm, es abzunehmen und um Angelicas Handgelenk zu legen. Sie rührt sich nicht und sieht Andrea eine Weile an.

»Andrea, warum begleitest du Angelica nicht bis zum Gartentor?« Ich will, dass sie noch einen Augenblick für sich haben.

Während sie hinausgehen, bleibe ich regungslos sitzen. Der Abschied schmerzt mich, und Andrea sagt vielleicht nur ganz normal »ciao«, so wie jeden Tag.

Von außen gesehen. Aber innen?

Morgen

Der Tag dauert eine Minute oder hundert Stunden, wir wissen es nicht. Wir fangen an aufzuräumen. Ich bestehe darauf, dass Andrea mir hilft, unsere treuen Rucksäcke zu packen. Als wir fertig sind, setzen wir uns auf die Veranda, das Wetter ist bewölkt. Ich versuche ihn zu fragen, wie das für ihn ist, nach der langen Reise zurückzukehren, wieder in die Schule zu gehen, die Mama, den Bruder, unseren fliegenden Hund Filippo wiederzusehen. Andrea ist heute überaus präsent, ich habe den Eindruck, mich wirklich mit ihm zu unterhalten.

Letzte Abschiede, letztes Essen, gekocht von Odisseu, der uns anschließend an den Flughafen fährt. Vier Stunden Verspätung. Morgen sind wir dann wirklich zu Haus.

In meinem Gemüt ziehen Wolken auf, ich weiß nicht, warum. Vielleicht ist es das Flugzeug, das Gerüttel, die Luftlöcher. Bestimmte Gedanken, die ganz oben im Regal lagen, sind heruntergefallen.

Ich denke an etwas Unvermeidliches: Andreas Mutter und ich werden eines Tages sterben. Und die ebenso unvermeidliche Folge wird sein, dass Andrea noch mindestens dreißig Jahre allein auf dieser Erde lebt. In seiner Indianerwelt, seinem Reservat. Er ist gesund und kräftig, wirklich ein schöner

Junge, es ist gut möglich, dass er bei bester Gesundheit hundert Jahre alt wird.

Es ist also anzunehmen, dass Andrea in irgendeiner Einrichtung landet: Speisesaal, Regeln, Medikamente. Ohne echte Beziehungen, ohne echte Zuneigung. Umgeben von einer Einsamkeit, die noch zu seiner eigenen hinzukommt. Sich damit abzufinden ist nicht leicht. Jetzt habe ich noch Energie und genügend Geisteskraft, um meine Existenz um seine kreisen zu lassen. Doch die Zeit ist keine Verbündete, es wird nicht der Tag kommen, an dem es Andrea plötzlich gelingt, seine Welt mit dieser Welt in Einklang zu bringen. Der Tag, an dem er mich auf einer Parkbank sitzen sieht, sich mit seinem verschmitzten Lächeln heimlich anschleicht und sagt: »Alles klar, Papa, du kannst jetzt gehen, wohin du willst, ich komme allein zurecht.«

Die Vorstellung, dass das eigene Kind eines Tages vor dem Nichts steht und keine Perspektiven hat, ist für jeden Vater entsetzlich. Der Tod als solcher schreckt mich nicht. Was mich angeht, ich könnte schon heute sterben, ich habe ein erfülltes Leben gehabt: Arbeit, Reisen, Liebe, Freunde, Bestätigung, gute und schlechte Erlebnisse. Ich bin zu allem bereit. Aber ich denke an ihn: Ist das ein Leben, geistig im Autismus und physisch in einem lieblosen Heim eingesperrt zu sein, und das über Jahrzehnte?

Instinktiv überfällt mich, vielleicht aus reinem Egoismus, die grauenhafte Idee, dass ich ihn mitnehmen könnte, wenn es so weit ist. Wir geben ein großes Fest als Probelauf für unsere ewige Irrfahrt. Wir verabschieden uns von allen: Andrea reißt die Blätter der Pflanzen ab, mit denen wir den Saal geschmückt haben, er fasst allen Personen an den Bauch, und wir trinken ein letztes Glas zusammen. Wir lassen einen Schwarm schillernder Seifenblasen zum Himmel steigen wie bunte Heißluftballons und veranstalten ein Feuerwerk mit Raketen, deren dunkelblaues Leuchten die Sterne überstrahlt.

Zurück bleiben nur Papierfetzchen, zerkrümelte Seiten, die Andrea überall hinterlässt, wie eine Saat, die uns den Weg von unserer irdischen Existenz ins Paradies weisen soll.

Vielleicht sind es die Luftlöcher, die solche Gedanken auslösen, vielleicht ist es das Ende der Reise, vielleicht auch, dass das Leben kompliziert und schön ist und wir nicht wissen, was auf uns zukommt. Doch die Vorstellung, egal, ob schön oder hässlich, trägt uns weiter.

Weiter bis morgen.